库克

苹果的后乔布斯时代

冷湖◎著

他，颠覆了苹果的旧『帮规』，却真正践行了苹果精神；

他，带领苹果进入『库克时代』！

他说：不做乔布斯，只做最好的自己。

台海出版社

图书在版编目（CIP）数据

库克：苹果的后乔布斯时代／冷湖著.
—北京：台海出版社，2015.10

ISBN 978－7－5168－0729－3

Ⅰ.①库… Ⅱ.①冷… Ⅲ.①库克，T. D. —传记
Ⅳ.①K837. 125. 38

中国版本图书馆 CIP 数据核字（2015）第 226248 号

库克：苹果的后乔布斯时代

著　　者：冷　湖

责任编辑：王　品
装帧设计：张子航　　　　　　版式设计：红　英
责任校对：陈　烨　　　　　　责任印制：蔡　旭

出版发行：台海出版社
地　　址：北京市朝阳区劲松南路 1 号　　邮政编码：100021
电　　话：010－64041652（发行，邮购）
传　　真：010－84045799（总编室）
网　　址：http://www.taimeng.org.cn/thcbs/default.htm
E - mail：thcbs@126.com

经　　销：全国各地新华书店
印　　刷：河北信德印刷有限公司
本书如有破损、缺页、装订错误，请与本社联系调换

开　　本：710 mm×1000 mm　1/16
字　　数：210 千字　　　　　　印　张：19
版　　次：2016 年 1 月第 1 版　　印　次：2024 年 1 月第 2 次印刷
书　　号：ISBN 978－7－5168－0729－3

定　　价：58.00 元

序

　　不是所有人都使用过苹果的产品，但是却会有很多人知道苹果这个品牌。苹果不是一个普通的 IT 公司，而是一个明星企业。一代天才乔布斯成就了苹果，让这个一度陷于财政赤字的企业迅速崛起，成为一个引人瞩目的世界级企业。由此，苹果和乔布斯二者实现了一体化：苹果就是乔布斯，乔布斯就是苹果。然而，当乔布斯离去之后，一句流传在苹果公司内部的话被人拾起："如果没有蒂姆·库克，也就没有今天的苹果。"

　　当乔布斯成为闪耀的"帮主""教父"以后，人们对苹果的认知也陷入到了非理性的泥淖之中，无数人狂热地崇拜他、迷恋他，然而只有一少部分人了解站在乔布斯背后的那个人——苹果新任 CEO 库克。的确，库克平淡无奇的人生似乎不够光鲜夺目，不足以成为话题人物，然而人们应当知道，临危受命、扛起大旗、顶住压力……这些却是库克在乔布斯离世后所要承受的重大挑战。

　　长期以来，乔布斯被认为是苹果的形象代言人，而库克被认为是苹果智囊团中的一员，可是这一不对等的头衔丝毫不影响库克在苹果神话中的角色和存在意义。和"乔帮主"一样，库克性格倔强，不畏竞争，敢想敢为……他被公认为是除乔布斯以外最理解苹果文化内涵的人。身为一个运营大师，库克善于调动团队的力量，也懂得联络合作伙伴，更是帮助苹果缔造了一条完美的供应链，让智慧和创意的火花经由这根链条，始终贯穿每一款苹果产品从设计到销售的过程。

或许是乔布斯身上的光环太过闪耀，让人们忽略了对库克的关注。然而，库克从不因为被公众忽略而失去他自身的能量。作为一个默默在天才背后奉献的二号人物，库克没有得到鲜花和掌声的赞誉，却赢得了"乔帮主"的信任，也经受了考验。在乔布斯时代成为历史以后，库克用实际行动证明了他堪当大任的能力，也展示了他高远宽广的视角和深思熟虑的战略。

苹果改变了移动互联网时代的格局，改变了人们的生活方式。而现在，库克正一步步将这种改变提升到新的层次。库克继承了乔布斯的遗志，竭尽全力地将苹果打造成行业内的领航旗舰，他将完美、创新、竞争等关键词写进了职场履历之中。

库克以细腻、温和、灵活的管理手段，让越来越多的人认识到了他的领导艺术。在苹果遭受谷歌、微软、三星等强敌围剿之际，库克带着他的精英团队无所畏惧地冲上前与之搏击鏖战。人们也由此看到：库克温和，但不懦弱行事；库克细腻，但不拘泥细节；库克灵活，但不践踏原则……库克充满着野心和活力，他正在一条险象环生的道路上浴血拼杀。

面对质疑，库克能够保持平常心态；面对比较，库克敢于彰显个人魅力。正如他所说："不做乔布斯，只做最好的自己。"

目　录

库克的苹果路

抉择 300 秒

300 秒，等于 5 分钟，这点时间能做什么呢？作为一天的 1/288，它可能成为构建美梦的组成部分，可能消耗于商业街的人流中，可能只够打个电话、看则新闻……如果这 300 秒能改变一个人的一生，你信吗？这听起来像戏言，尤其是对人的职业生涯而言，可却真实地发生了，且这种发生所引起的结果，让一个人蕴蓄了太多的时间承载不下的魅力。

乔布斯邀请蒂姆·库克加入苹果，而蒂姆·库克欣然应允，就只用了 300 秒，即 5 分钟时间，这无疑是高管面试案例中的传奇。他们究竟说了什么？是乔布斯给刚巧处于饥饿状态的蒂姆·库克画了一张又大又圆的饼，蒂姆·库克便"望梅止渴"，觉得这是雪中送炭，而欣然辞职入驻苹果吗？

其实，这件事看似传奇，但传奇的背后却是诸多因素综合一起的结果，少了哪一方面，或许即便再多给出无数个 300 秒，也无法达成预期效果。如若那样，真不知道会给苹果及世界留下多少遗憾。

早在 1994 年，蒂姆·库克便开始了他长达 12 年的 IBM 供职生涯，在 IBM 公司，他名声在外。而在入职苹果之前，即乔布斯邀他加入苹果前，他刚离开 IBM 加入康柏公司的半年时间里，主要负责康柏公司的材料采购及产品存货管理。

当时的 PC（Personal Computer，个人计算机）界，各大厂家已被利益冲昏了头脑，不求产品创新，一味以价格定输赢。价格战打得如火如荼，烽烟四起，内心骄傲、拥有梦想的蒂姆·库克看着血淋淋的价格战，不知何去何从，关键是他刚到康柏半年，而环境的变迁无法改变 PC 界这片天的事实，更让他安不了己心。

作为世界上最大的 PC 企业，康柏已经将自身产品价格大幅下调，当时最高的降价幅度，以台式电脑为例，已高达 25%。而作为最大竞争对手的 IBM 公司的新闻发言人也回应，他们不会坐以待毙。于是，PC 界的价格大战愈演愈烈。

对此，1998 年韩联社消息称——"康柏与惠普、苹果等主要电脑厂商陆续宣布降价。惠普表示近期将对硬盘进行最高 50% 的降价，对用于服务器的大容量存储设备进行 15% 的降价。康柏随即针锋相对地表示将对包括 Armada 笔记本电脑在内的所有产品进行降价，此外，康柏还宣布了一系列促销政策，包括硬盘免费升级，Armada7000 电脑升级费用降价，购买 Armada 系列产品免费赠送外接 CD 光驱等。"

蒂姆·库克对业内的失望可想而知，他心中有梦却又回天乏术，他想改变这种愚蠢、机械的市场斗争，焕发 PC 市场新的春天，他安分地等待，或许也在寻找机会，但遗憾的是，他那高耸冰山下的炽热之心暂时无人可感。

此时的苹果，虽然有乔布斯的经营，但一个人的能力是有限的，他有很多伟大的、改变世界的想法，可这是需要人来执行的，而混乱不堪、价格激斗的市场环境也让乔布斯心力交瘁。

屋漏偏逢连夜雨，1997 年，苹果前 CEO 詹姆斯·麦克鲁尼与苹果缘尽，宣布离开。一时间，乔布斯陷入无人可用的尴尬境地，他苦苦寻找那个他认为和他一样内心拥有梦想、憧憬梦想，又有能力实现的人，这一找就是整整 9 个月。

后来，乔布斯曾兴奋地坦言，"蒂姆·库克是我迄今招来的最好的员工。"让人不解的是，当时的苹果每况愈下，赤字一路狂飙，在外人看来，这家公司随时可能倾覆。而两人只是交谈了短短 300 秒，蒂姆·库克便欣然接受邀请，这实在令人费解。

蒂姆·库克后来接任苹果 CEO 后，曾在给董事会的信中写了这样一句话："为了苹果的光辉未来，我坚信史蒂夫（乔布斯）的坚定理想。"显然，打动蒂姆·库克的不是高额的薪水，从他的个性可以看出，他对金钱和乔布斯所持的态度一样，那只是一种衡量能力的标尺，他更在意的是超越、创新、挑战和改变世界的梦想。而乔布斯恰恰给了他最想要的，这或许就是"投其所好"的最高境界吧。

"在不超过 5 分钟的与乔布斯的面试后，我丢掉了谨慎与理性，加入了苹果。"蒂姆·库克说。

或许上帝都是念及两个人"寻找"的苦楚，故此圆了他们的梦。在蒂姆·库克进入苹果公司不久，康柏公司发生了巨变。

1999年——蒂姆·库克离开康柏一年之后，该公司业绩急转直下，继而总裁辞职、公司行将就木。这一年康柏公司的业绩，仅仅达预期值的半数，实在令人难以置信。而其自身的糟糕事儿也连累纽约股市遭遇震荡。显而易见，康柏这是自食其果：盲目收购扩张、难以为继的价格战，一连串的错误举措，令其进入了死胡同。

回过头来人们才恍然大悟，康柏的低价PC战略将其推至业内霸主地位，而这种"不正当"的竞争，最终又成了埋葬它的掘墓人。或许，没有比这残酷的现实更能证明持久的"价格战"伤人一千自损八百的道理了，而这也终究不是高科技产品，甚至不是任何产品的营销之道。

直到2002年，康柏公司终于筋疲力尽，被惠普收入囊中，昔日的枭雄只有名字暂存，却也不过成为惠普旗下的一个品牌。由此可见，只有乔布斯和蒂姆·库克心中的创新，才是永恒的不败之法。

不知康柏的下场，是否也与蒂姆·库克的离开有所牵连？更讽刺的是，当蒂姆·库克入职苹果后，苹果股价立即上涨了近17倍！如此反差，也难怪旁人联想了。

入职苹果之后，库克做起了老本行，且毫不留情地开始整治苹果的供应链条，同时率领苹果大军开辟新的市场。在库克进入苹果的第二个季度，即1998年的第二季度，苹果的业绩开始出现了蒸蒸日上的景象，当然，这也是乔布斯回到苹果后一年间励精图治的成果。

库克需要一个平台，他有自己的梦想，而乔布斯给了他这个平台，让他有机会去实现自己的梦想。

诚然，库克决心跳槽到苹果，与乔布斯的处世哲学亦是分不开的。乔布斯对人生、对事业的积极态度，对梦想、对改变世界的执著追求，都深深地震撼着库克，因此，两人会面虽只有短短的 300 秒，却足以让库克做出无怨无悔、义无反顾的选择。

后来，库克曾不止一次表示，他为自己能成为苹果家庭的成员而荣幸之至、感激不已，而选择加入苹果，也是他此生做出的最佳抉择。这恰好与乔布斯认为库克是他一生中聘请的最佳员工、将那 300 秒面试归结为其一生最成功的面试不谋而合。

日后库克曾说："在过去的 12 年之间，我每天都能够从事自己所热爱的有意义的工作，这都要归功于乔布斯与苹果。来苹果工作虽然是我人生中的意外之笔，但却毫无疑问是我人生中最明智的一个决定。"

300 秒赌上自己的未来，可谓人生豪赌，可喜的是，库克本人和苹果双获丰收。他们真心感谢那 300 秒的短暂面试，没有那 300 秒的惺惺相惜，真不知也不敢想苹果之未来，尤其是在苹果失去了帮主之后。

乔布斯重任 CEO 的两年前，苹果共背负 20 亿美元的天文赤字，至 2007 年 10 月至 12 月，苹果彻底转亏为盈。在这段"还债"的漫长岁月里，库克两次承担苹果临时 CEO 的角色，可谓功不可没，这或许正是乔布斯宣布卸任苹果 CEO 后，他成为不二人选的苹果人的心声。

苹果王国正继往开来，从成功迈向更新的成功，而这间伟大公司的两任伟大 CEO 的 300 秒面试，却一直被人津津乐道。在只言片语的背后，我们并不知道，其实那 300 秒独属库克，这是他未来生活的开端，也是开启或关闭一切操作系统的"圆形按钮"，难道不是吗？

新人 or 旧人

众所周知，苹果是目前世界上非常成功的 IT 企业之一，从 1976 年诞生于世，历经三十多年的成长和磨练，苹果帝国已经成为了同行眼中的巨无霸和客户眼中的良品制造者。在某种程度上来看，苹果以人们的娱乐方式为切入点，改变了人们的生活方式。

苹果之所以能够在人们心中保有重要的地位，与它出色的使用体验和强大的市场竞争力密不可分。那么，这样一个充满着"乔氏绝学"色彩的秘籍，对于在 1998 年加入苹果的库克来说，他是否真的参悟透彻了呢？

其实，对苹果的生存哲学，库克早已有了明确的认识。他一直认为，独特的企业文化，是构成一家公司不可缺少的重要组成部分，因为良好的企业文化能创造出良好的企业环境，能在公司的日常管理和经营中增强团队的凝聚力和战斗力，从而形成一种强大的精神内力。苹果正是因为培育了优质的企业文化，才让它的资源配置达到最优，提升了公司的竞争力。

从职业履历来看，库克是一个长期在 IT 行业摸爬滚打的人，他对本行业的生态环境、产品布局、竞争态势都有着充分的了解。曾经，在加盟苹果的时候，很多朋友劝他不要去，然而他经过审慎思考，还是选择加入乔布斯的队伍。

在苹果，库克不是元老级的成员，但他对苹果帝国的成长、领悟，绝对是教父级的。库克从骨子里是和苹果的企业文化相匹配的，他懂得"精""简"之道，也会另类思考。他的血液早已与苹果的精髓文化融为一体，故此，他与乔布斯的携手就显得顺应天意了。

最重要的是，对于乔布斯的古怪脾气和强悍作风，库克是了然于胸的，而这种难以被外人理解的工作作风，却被库克极力推崇。不管他是 1998 年进入苹果，还是 2008 年进入苹果，他都和这家公司存在着天然的感应和认同——他注定属于苹果。

当然，库克和乔布斯有着迥然相异的个性，但这并不影响他们在公司经营领域的一致看法。同样的观点，同样的立场，让库克始终追随着乔布斯"朝圣之旅"的路标。

库克与苹果的结合，正是一个新人迅速"旧化"的过程，这一成长速度远远超过了其他人。库克的战略眼光保有着强烈的预见性，他深知企业要想发展壮大，击败同行业的竞争对手，必须要有足够的自信，这个认识与乔布斯不谋而合。乔布斯也一样确信，只有让公司从管理层到基层员工都信心十足，才不会被外界影响，才能达到专注的境界，从而设计和生产出领先行业潮流的卓越产品。

库克是以新人身份进入苹果的，他来到苹果之后，很快凝练成了一种自信心汇聚的气场，这种气场帮助他成为公司人脉的"黏合剂"，能让全体员工紧密地团结起来，以强大的向心力全身心地投入工作，为苹果的近期和远景目标所奋斗和努力。另外，库克与苹果文化的天然契合，也让他能巧妙地运用文化理念来引导员工，激发他们的潜能，让苹果具备强大的吸引力。

到苹果去工作，是很多心怀抱负的年轻人的梦想，曾经作为新人的库克，也是被苹果自身的魅力所吸引，排除一切干扰，一门心思地投入乔帮主的麾下。在他由新人变成"旧人"之后，更是将苹果的这种吸引力推向了一个新的层面。

例如，在管理员工和运营产品以及整合供应链方面，他都力求尽善尽美。他相信，员工是企业发展的灵魂，要想让他们发挥自身的才干，就必须不断地激励他们，促使他们将工作的积极性、创新的主动性都淋漓尽致地发挥出来。员工有了可以展示自身技艺的舞台，就有了提高执行力的可能。

在成为苹果的顶梁柱之后，库克将公司的日常运营当做他主要的工作内容，虽然这其中充满了复杂性和挑战性，但他愿意让自己的思想和灵魂都与公司紧密融合。他经常会考虑如何与合作对象搞好关系、如何提升销售利润以及打造竞争优势等问题。不客气地说，了解苹果的人除了乔布斯之外，莫过于库克。乔布斯和库克一样，都希望将苹果的竞争力推进到最强的峰值上并加以保持。

事实的确如此，在苹果发展的几十年中，一直以推出革命性的产品为最大亮点，从 iPod 播放器到 iPhone 手机再到 Macbook 笔记本……几乎每一款产品都被赋予了奇妙的光环，成就了经久不衰的典范之作。正是因为这种成功策略被发扬光大，库克才坚定了推行乔布斯企业哲学的信念。尽管他没有伴随着苹果从初创到辉煌的早期发展阶段，他却深刻领悟到了苹果崛起的要诀——以技术创新的优势领先对手，从而赢得消费者的青睐。

半路杀进苹果的库克，敏锐地意识到，唯有技术创新才是公司开拓市场的有效途径。无论苹果推出过多少款产品，都遵循着"诞生—成长—成熟—衰亡"的复杂过程。库克能与苹果的战略理念糅合一处，在于他和乔布斯一样，都认识到了产品依靠技术来赢得竞争优势的重要性。

技术创新是一切品牌战略中的核心，更是一项实打实的硬功夫、苦功夫，几乎每一个知名品牌的背后，都有着强大的技术力量在支撑着。

库克像乔帮主一样喜欢竞争，他加入苹果，正是因他想帮助乔布斯在产品创新方面有新的突破。他的心愿，就是将苹果推向国际 IT 行业的顶层，使之成为一个无人能代替的品牌。

库克是苹果的高管，他对产品市场有着缜密细致的观察能力，更有一套真知灼见与之匹配。在他看来，只有将产品的新功能和新特点展现出来，才能让苹果独具过人的竞争优势和市场价值，才能牢牢把握住国际市场竞争的主动权，继而增强核心竞争力。

库克的过人之处还在于，他能在最短的时间内了解苹果的发展脉搏，作出正确决策。众所周知，苹果通常是隔一段时间推出一款新产品，这种有规律的商业模式正是库克的成功掌控：要想将一款产品运营成功，就必须要确保它的质量、创新性和体验性，苹果永远不会急于推给消费者新产品，哪怕他们的亿万"果粉"等得心急如焚。

库克的这种规律性运作与乔布斯完全一致。为了让产品趋近完美，他经常会带着团队去研究和分析市场的发展动向，接着，在第一时间将消息传递给设计人员，让苹果始终保持着文化、产品和品牌之间的良性循环。

从进入苹果的那一刻起，库克就将对产品品牌的重视写进了管理日志的每一页，他深知，一个产品一旦在口碑上得到了市场的广泛认可，它的竞争力就会持续加强，而推动这一切的必定是技术创新。

库克是"新人"，也比"旧人"更旧，纵然他没有亲眼见证苹果的诞生，但他个性中的诸多天然特质，与苹果的企业文化和乔布斯的战略理念如出一辙，这就决定着他能在最短的时间内适应苹果的企业时间轴，甚至成为苹果在离开乔布斯统率之后的新任精神领袖。

疯狂冒险，人生赌局

良禽择木而栖，这是世人皆知的道理，然而什么才是适合栖息的良木，这又是很多人难以搞清的问题，因为在现实生活中，"良木"并非有着闪耀光鲜的外表，而是很多时候会以"朽木"的身份出现。至于如何加以区分，人和人的方法各不相同：有人用金睛火眼去分辨，有人用直觉感性去找寻。

库克一生中的大部分抉择，都依靠着他理智的头脑，而在选择苹果时，他则是以直觉来判断的。

1998 年，库克在康柏电脑公司担任副总裁，这是他进军 IT 业多年之后的第三份工作。和同行业的竞争对手相比，当时的康柏无疑是一家实力雄厚的大企业，能与之比肩的公司寥若星辰。可就是这么一份很多人艳羡的工作，却被库克最终抛弃了。

让人目瞪口呆的是，库克选择的新东家，并非业内更有发展前景的大企业，反倒是一个被外界认为不怎么靠谱的公司——苹果电脑公司。

1998 年的苹果，是一个连年入不敷出的小公司，那时没有

iPhone，也没有 iPad、iPod，有的只是账面上的一连串赤字，很多
人都预言，这家公司距离关门大吉已经不远了。从 1994 年开始，
苹果由于资金极度匮乏，正在四处寻找买家收购，这其中有 IBM、
惠普等公司。

虽然一心想找个好东家收了自己，可在和收购方谈价格时，
苹果却一再遭遇挫败：IBM 给它的收购价是每股 40 美元，当时苹
果的老板迈克尔的心理价位是每股 60 美元，于是谈判失败。和其
他公司的谈判也是如此，最终苹果找遍了整个美国，也没遇到一
位慧眼识金的伯乐，最后不得不将视线移向遥远的亚洲。

很快，苹果联系上了十几家日本和韩国的企业，索尼、东
芝、三星都在其中。三星方面表示，他们看中的不是 Mac 电脑，
而是苹果的多媒体技术，如果能将技术部分出售，他们很乐于收
购，不过，这跟苹果的出售计划相去甚远，最终还是没有谈拢。

为什么苹果会遭遇如此狼狈的惨状呢？显然，当时的苹果在
经营策略上存在着严重的失误，另外，他们对整个市场的形势作
出了错误的预见，他们过于自信自己的产品是最优秀的，所以将
Mac 电脑推上了高价位的产品定位中，结果消费者都不愿意买账。
在消费者看来，Mac 电脑的优势也不过尔尔，为什么非得买它呢？
最终，Mac 电脑的市场占有率仅达到了 13%，将苹果的股价拖拽
到了每股 35 美元。

资金缺乏，让苹果当年遭遇的噩梦再度重演。

熟知苹果发展史的人都知道，它的诞生和成长离不开风险投
资的注入。在苹果成立的初期，曾经因缺乏资金，乔布斯四处寻
找投资者，先是找到了英特尔公司，得到了 9.1 万美元的投资。
此后，他又让英特尔的时任市场经理马库拉做了担保，从美洲得

到了 25 万美元的银行贷款。然而，这些钱对嗷嗷待哺的苹果来说只是杯水车薪，于是乔布斯几次活动之后，又找到了风险投资家罗克，从他手中获得了 60 万美元的投资。

乔布斯成功地为苹果寻找到了资助者，然而苹果从 1991 年开始，其净利润就严重滑坡，导致其元气大伤，即便是在乔布斯王者归来之后，这种现状依然持续着，苹果的股价不断走低。

1997 年 6 月，苹果不得不对外宣布，他们在第二季度亏损了7.4 亿美元。正因苹果经营不善，业内同行几乎都在看它的笑话，当时戴尔的创始人迈克尔·戴尔还说了一句话："如果是我的话，就赶紧关门大吉，把股东们叫过来，把钱还给他们。"可见，圈里圈外对苹果的未来都不抱有信心。

相比于苹果，库克当时就职的康柏可谓势头正盛，这家公司在 1993 年时就超越了苹果，成为 IBM 之后的业内第二，其计算机销量多达 311000 台，苹果为 249000 台。

为什么康柏能获得如此引人瞩目的成就？这大概要归功于其成功的战略。当时康柏瞄准了计算机市场中的低价位电脑，一经推出后，立即引起了大众的追捧，这种定位精确、质量可靠的策略，成了康柏的制胜法宝。

到了 1994 年，仅用了一年时间，康柏便超过了长期雄踞于业界顶端的 IBM，虽然在之后的 1997 年出现了业绩下滑的趋势，可1998 年的康柏依然是世所公认的计算机制造商，它的计算机在全球的市场占有率已达 13.5%，此时的苹果连和康柏过招的机会都没有。春风得意的康柏，甚至打出了这样的广告语："有落下去的 IBM，就有升起来的康柏。"

1997 年，正是库克加入康柏的第一个年头，当时他负责公司的材料采购和产品存货管理。在库克和公司其他成员的努力下，康柏在 1997 年的收入达到了 250 亿美元，年增长速度则高达 24%。然而，库克并没有继续留在康柏见证它的腾飞，入职半年后就去了苹果。

那时正值 1998 年。这一年，是康柏最辉煌的一年，当年 1 月 7 日，康柏被《福布斯》评选为 1997 年的最佳企业，等于承认了康柏超过了美国 1300 多个著名企业的人气。

就是这样一个如日中天的名牌企业，竟被它自己的副总裁库克抛弃了。从最优秀企业中跳槽去最差劲的企业，这实在让人费解，难怪库克的上司这样评价他："只有傻瓜才会从康柏跳槽去苹果。"

为什么库克"冒天下之大不韪"进入苹果？首先可以承认的是，他不是傻子，也不是疯子，他为此进行了反复细致的思考。库克曾坦言说，他完全是用一名工程师的思维来权衡利弊的。所谓工程师思维，就是一种不掺杂任何感情的客观理性的分析。可是，若他真的用这种思维分析去不去苹果的话，恐怕其结果只能让其对乔布斯敬而远之——孰强孰弱太明显了。

奇怪的是，当时库克在考虑是否去苹果工作时，理性思维占了下风，感性直觉反而最终占据了他的整个大脑——内心有一种强烈的声音在召唤着他：到苹果去！

在现实生活中，很多人思考问题其实都是用直觉和感性来进行抉择。对此，库克的观点是：当你将人生的决策交给直觉之后，你就必须要放弃对未来人生的规划，然而很多时候直觉作出的决定往往更靠谱。

1998 年，库克服从了他的直觉——入职苹果。时至今日，库克本人也未必能说清楚为什么要一心跟着乔布斯，据他所说，那5分钟的面试让他放弃了一切的逻辑和谨慎，他在冥冥中意识到：加入苹果只有一次机会，错过就永无追回的可能。库克还预感到，在苹果会将他的天才创意淋漓尽致地发挥出来，会让他的管理能力更有用武之地，尽管在当时似乎没有马上被验证的可能，但他还是那样决定了。

是安于现状，还是选择挑战？这个人生命题不仅是库克在1998年所要考虑的，也是很多人终其一生都在不断思索的问题。只是，库克的这次选择十分具有戏剧性，也更加艰难。放弃了一个最优的企业，步入一个最险的公司，这不仅是一场人生赌局，也是一场魄力和直觉的疯狂冒险。库克没有被苹果濒临倒闭的表象影响他的决策，反而被乔布斯天才的智慧和魅力所吸引，实现了人生中最关键的一次跳跃升级。

在库克离开康柏之后，他的老东家开始进入日薄西山的谢幕终曲，最终带着往昔的丰功伟绩一起消失了，留下的仅仅是一个子品牌的名字而已。对此，库克曾深有感触地说："如果在当初的思想斗争中，我的直觉输给了我的左脑，那么我根本不知道现在我会在什么地方。"

幸好，这只是一个"如果"。幸好，库克此时在苹果。

攀升之路

库克和乔布斯，虽然从个性上相比存在着很大差异：一个温良低调，一个强势霸道。然而，正是这种看似有些"奇葩"的组合，却让彼此发挥出各自的优势，助推苹果帝国朝着更宏伟的蓝图迈进。

用人不疑，疑人不用，乔布斯对库克正是如此。库克抛弃了康柏，一心一意地追随乔布斯，乔布斯回报给他的是无以复加的信任。这种不言自明的默契感，成为了日后二人之间关系最微妙的写照。

乔布斯交给库克的第一个任务是运营管理，可见乔帮主对他的信任度是很高的。从 1998 年到 2000 年，库克一直担任高级副总裁，负责着苹果的日常运营工作。

运营工作的精髓，是用最为科学的方法对企业进行管理，而库克主要负责的具体工作，是库存管理、生产管理以及设备管理等。这些事务对他来说并不陌生，他在康柏任职期间便一直从事相关工作。也正因如此，乔布斯对他的信任有了源头。

库克在公司运营方面有着卓越的才能，乔布斯逐步将更多的工作交给他去做。2000 年以后，库克还要负责苹果的销售服务以及后台支撑等工作。任务量的加大，意味着乔布斯对库克的器重与日俱增，更是库克个人综合能力的直接体现。有些人甚至预言，库克被提拔只是时间问题。

乔布斯对库克的倚重，足见两人之间存在着一种相见恨晚的感觉：库克能放弃康柏的优厚待遇来到苹果，这需要何等的勇气；而乔布斯能一眼看中库克隐藏的天才创新能力，这更需要敏锐的洞察力。因此，两个人既有惺惺相惜的肝胆相照，又有同舟共济的患难之情。

从 2002 年到 2005 年期间，库克开始负责苹果在全世界的销售和运营管理，此时他的职位也由原来的高级副总裁升为资深副总裁。不过，他的上升进度并没有就此停止。

2004 年，乔布斯又委派给他 Mac 硬件开发的工作，这时的库克，已担负着生产和销售两个重要环节的担子，在苹果内部可谓位高权重。

1998 年库克刚入职苹果时，他的年薪在公司里排名第五，在他前面的是乔布斯、首席财务官安德森、销售总监曼尼奇以及负责硬件开发的鲁宾斯坦。到 2002 年，他升职为资深副总裁之后，年薪排到了全公司第三，而 2004 年成为 COO 之后，其年薪一跃位居第二，将其他人远远甩在身后。

单从年薪递增这个趋势来看，几乎可用"火箭式上升"来形容他的迅速成长。即使抛开金钱而以权力大小来看，他依旧是一个后来居上的传奇人物。很多跟着乔布斯重新回归苹果的老将们，也比不上此时库克在乔布斯心中的位置。

当年，乔布斯被苹果扫地出门之后，他身边依然聚集了一群愿意和他共患难的忠实追随者，由此创建了 Next 公司，最后又传奇般地回归了苹果。应该说，这些人在乔布斯眼中当属心腹至交。然而库克的出现，却遮掩住了他们的光环，他一跃成为乔帮主身边的当红人物。这并非是乔布斯忘恩负义，而是库克的个人能力和魅力实在太过突出。

2004 年，库克毫无疑问地成为了苹果的二号人物，虽然在此之前，这个位置一直由不同的人担任，但他这个 NO. 2 有些与众不同，他能帮助乔布斯分担很多工作，是一个不可或缺的左右手。甚至从某种程度上看，他在帮助乔布斯引领苹果朝着更远大的目标挺进，不单单是一个优秀的执行者了。

2004 年 7 月，乔布斯要进行胰腺癌肿瘤切除手术，为此请了两个月的病假，这恰好给了库克代替乔布斯的重要机会，他出任了临时 CEO。从当时的反馈情况来看，乔布斯的手术是比较顺利的。次年 6 月，乔布斯在参加斯坦福大学的毕业典礼上，发表演讲时宣布自己已经康复了，很多人也为此松了一口气。可没过多久，他的身体状况变得逐渐糟糕，残酷的事实证明，他的胰腺癌复发了。

当乔布斯和死神进行搏斗之际，苹果内部也在考虑一个敏感但重要的问题：如果乔布斯健康状况恶化，谁能代替他成为新一代的 CEO？

公司内部人员的这种猜测和揣摩，并非是觊觎乔布斯的第一把交椅，而是源自一种心理恐慌：在乔布斯回归苹果之后，他已经成为了公司上下的精神领袖，员工对他产生了极度的依赖性，一旦乔布斯无法指挥苹果继续前进，似乎没有谁能具备和他一样的领导才能。也正因如此，苹果被称为是乔布斯的王国。

《华尔街日报》曾经如此评价乔布斯"一人独大"的情况：从外面引入的人才很难在苹果获得成功。也正是出于这样的原因，乔布斯才挑选库克为临时 CEO，因为除他之外，苹果找不到第二个可以委托重任的人了。

2005 年 10 月 14 日，库克被乔布斯任命为 COO，此时的他已经在苹果工作了 7 年零 7 个月，论资历不算是最老的，乔布斯却特地在向大家宣布消息时做了补充说明："在过去的两年多时间里，蒂姆·库克在业务上取得的成就有目共睹，这也是本次公司认可他升职的主要原因。"此外，乔布斯还让大家支持库克、理解库克，足见其用心良苦。

2005 年 11 月 18 日，库克被耐克的董事会选为第 11 位董事成员，对此耐克的解释是："蒂姆·库克拥有从全球化生产到经营管理方面的各种丰富经验，拥有在全球知名品牌企业工作的丰富经验以及专业技术方面的高深造诣，一定会成为耐克的宝贵财富。"

其后，库克负责起了耐克的网上销售和管理卖场消费者体验活动。对此，很多人大为不解：库克怎么可能担任另一家企业的董事呢？要知道，在苹果是没有任何一个人有兼职权利的，不过，乔布斯却允许库克这样做。

2009 年 1 月 14 日，乔布斯因病痛的折磨再次请假。就在前几天，他还在信中写到他因为荷尔蒙失调的问题体重大幅度减轻。库克再度被推到前台，他又一次出任苹果的临时 CEO。

2011 年 8 月 24 日，乔布斯正式宣布辞职，乔帮主的时代也离人们远去。或许是天妒英才，一个对苹果有着巨大贡献的传奇人物，最终因身体健康而被迫止步。伴随着乔布斯的离去，库克也由临时 CEO 成功晋升为正式 CEO，他将以全新的身份对苹果的 8 位董事会成员全权负责。

至此，库克的时代来临了。

"我的苹果"

有能力管理一个企业，是一个企业领导者的必备素质，然而光有能力并不足够，还需有一种发自内心的情感。如果缺乏对企业的热爱，能力只不过是被别人挖走的砝码而已，并不能帮助这个企业稳定持续地发展下去。对苹果来说，库克是带着一种深情和激情加入进来的，苹果不仅是他展现个人才能的舞台，更是他事业理想的归宿之所。

据库克在杜克大学时的校长谢普德说，库克在他的朋友圈子里非常具有领导气质，而且他和同学们的关系都很不错，总是会努力地学习，浑身上下充满着激情，当然最重要的是库克本人为人正直。正是对库克有了如此高的评价，所以谢普德早就预料到库克会大有成就。

事实上，库克之所以能被乔布斯委以重任，和他当时入职苹果的时间段有着重要关系。1998年，苹果濒临破产，其中面临的最严峻的问题就是产品滞销，而滞销所涉及的管理环节是库存——这正是库克最为擅长的方面。乔布斯深信，库克在来到苹果之后，会以其在库存管理、制造以及分销运营等方面的才能，改变苹果当时效率低下的现状，让人浮于事、机构臃肿的难题得到彻底解决。

果不其然，库克进入苹果之后，以百分之一千的效率开动起来，誓将苹果从泥淖中拽出。库克上任之后做的第一件事，就是对电脑制造业务开始大量的账面减记，认真核算出苹果究竟在哪些方面一再亏损。当然，账面减记只是一个管理策略，对不堪重负的苹果来说，顶多是从人力上进行的一种缓解手段罢了，并不能从根本上解决问题。要想真正让苹果摆脱困境，必须从"治标"转移到"治本"这个方向上。

那么，如何才能治本呢？库克经过冷静缜密的分析之后，决定从库存抓起。

当时，苹果的库存问题相当严重，公司居然让从亚洲运回来的部件放到爱尔兰的工厂进行组装，组装完毕之后又卖回到亚洲——这完全是在浪费人力物力，直接造成了运输成本始终居高不下，而且大大增加了产品制造周期。

为了提高生产效率并降低成本，库克决定，让苹果的部件供应商和制造商缩短距离，只有这样，才能让供应商的部件保留在他们自己的库存中，而不必占用苹果自己的仓库。除此之外，他还决定关闭苹果在世界各地的工厂和仓库。

库克的决策很英明，苹果很快给自己减了负，库存产品在资产负债表上存在的时间从按月计算变成了按天计算。1998 年 9 月 25 日，苹果保持着 6 天的库存量，相当于 7800 万美元的商品价值。而在 1997 年时，这组数字分别是 31 天和 4.37 亿美元。一年之后，库克再次削减成本，将这组数字变成了 2 天和 2000 万美元。

库克的管理才能终于显露出来了，这对苹果是一件力挽狂澜的壮举，对他本人也是一个绝好的证明自己的机会。因为在他刚进入苹果时，公司上下只有乔布斯信任他，其他人则抱着侧目而视的态度。在他们眼中，连天才人物乔帮主都不能让苹果转危为安，更不要说新人库克了。毕竟，苹果当时处在其企业发展中最可怕的低谷时期，宛若一座摇摇欲坠的大厦，随时都有崩塌的可能。

遭人怀疑，困难重重，库克仍未急于为自己辩解，他生性温良，不喜和别人争论，即使作出了一点成就也不会到处宣扬。他的这种低调，其实好坏参半：坏的是让他自身的优势不易于被人发现，好的是在他真的作出了大成就之后，会成为高尚的品质。

当然，无论低调还是高调，对库克并不重要，他看重的是自身的行动和努力的结果，只有这两样东西才是回敬他人质疑的最好方式。

在苹果工作的十几年间，库克一直保持着这种工作状态和处世之道，永远不以过激的言辞回敬，永远不以傲慢的姿态示人。

特别从乔布斯手中接过重担之后，他更是拼出了"鞠躬尽瘁，死而后已"的架势，不仅让苹果从颓废的状态中走出来，更是沿着乔帮主的战略方向继续前进。

苹果是库克的福地，而库克是苹果的福将。他们彼此融合，相互促进。

2001年10月时，苹果推出了鼎鼎大名的iPod数码音乐播放器，进入市场之后立即受到了消费者的青睐。库克并没有陶醉于这种成功中，他瞅准时机，提出了一个大胆方案：配合其他独家的iTunes网络付费音乐下载系统，以此来扩大市场份额。事实证明，他的这个决策相当正确，他让iTunes成功地击败了索尼出品的walkman系列，一跃成为全球最具便携性的音乐播放器。

在数码视听领域，索尼的实力不容小觑，就连苹果也不能将其等闲视之，因此这一次对战索尼的胜利自然值得纪念。可是，就在苹果上下准备庆祝一番时，头脑冷静的库克依旧没有放手，他又构想出一个新的方案：乘机推出iPod系列产品。

很快，新产品进入市场，消费者再次被苹果卓越的设计能力所折服，纷纷购买iPod，将它当做日常生活中必备的消遣工具。库克力推新品的决策，让苹果在初战告捷之后，马上巩固了它在商业数字音乐市场的地位，对索尼构成了巨大的威胁。

或许在库克身上，看不到乔布斯所拥有的那种天然禀赋，但他也一样能做出正确的决断，这是与他个人的素质分不开的，也和他的过往经验密不可分，更与他对苹果的深情寄予关系密切。库克深谙一条真理：市场竞争不进则退，一拳放倒对手只是暂时的胜利，唯有压在对手身上才是永久的威胁。

正是凭借着丰富的企业管理经验，库克很快在苹果找到了属于自己的位置，也让曾经质疑他能力的人统统闭上了嘴。

在库克的率领下，苹果建立并完善了严格的成本控制体系和供应链机制，从而促进了整个产品线的利润率进一步提高。当然，库克仍不会满足于此，他还在对新产品的市场需求进行着预测和分析。在他的商战哲学中，从来没有"休息"这个词，他十分清楚：一旦你停下了冒险和探索的脚步，对手就会直逼而上，甚至将你远远地甩在身后。

库克继承了乔布斯身上野狼般的进取心和攻击性，也领悟了乔布斯追求卓越的偏执，他将自己和苹果牢牢捆绑在了一起，感受着这个传奇帝国的呼吸和脉搏，继续其伟大的征程。

2 库克其人

不忘本的优等生

库克的英文全名叫 Timothy D. cook，在他还没有走进公众视野之前，他的名字会被一些国家的媒体翻译成蒂莫西·库克等，在他正式成为苹果的新任掌门之后，蒂姆·库克这个名字才被固定下来。

1960 年 11 月 1 日，库克生于美国阿拉巴马州的罗伯茨代尔市。这是一座具有着美利坚风情的南部小城市，即便是对美国历史很感兴趣的人也未必了解它。罗伯茨代尔被称为是鲍德温郡的中心，面积约为 5.45 平方英里。当时人口只有 3782 人，在 2010 年美国的人口普查中，它的人口也只增长到了 5276 人，人口密度达到了 967.72 人/平方英里。

罗伯茨代尔紧挨莫比尔港口，在南北战争期间曾经是重要的军事港口，现在变成了韩国现代汽车公司进出口汽车元件的海外生产基地之一。

在 20 世纪 60 年代，整个罗伯茨代尔只有 1444 个家庭，其中 94.3% 是白人。小国寡民的城市生态，让库克从小就感受着一种田园牧歌式的生活情趣。在他的记忆中，印象比较深刻的是莫比尔海岸，幼年时代的他经常在海滩玩耍嬉戏。在他充满童趣的眼中，罗伯茨代尔就是在一条通往海滩的公路上，有着浪漫潮湿的海滩气息和一望无际的美丽海景。

库克的家庭很普通，父亲名叫唐纳德·库克，是一个在船坞里上班的工人，母亲名叫杰拉尔，是一个寻常的家庭主妇。库克有两个兄弟，一个叫麦克，另一个叫杰拉尔德。

在库克的少年时代，他像很多美国孩子那样当过报童，骑着自行车挨家挨户地投送报纸。不宽裕的家境让库克从小养成了勤俭节约的习惯，甚至在他进入苹果之后还一度在加利福尼亚租房度日。

如今，库克的家人依旧生活在罗伯茨代尔，他们习惯了小城的安宁祥和，对大都市的繁华和热闹并不喜欢，他们想远离工业文明带来的喧哗和躁动，全家只有库克一人，为了梦想一路独行前往。2010 年，库克带着一抹乡愁回到了母校奥本大学，在毕业典礼上发表了一段讲话："在我的人生中，父母为我做出了超过任何人的巨大牺牲。而我的老师、朋友、人生知己们，给予我的厚爱与关心更是远远超出了他们所应该给予的。"

库克离开家乡之后，经常独自一人生活，常年忍受着孤独，但也收获了思想。他每年都会回家乡一两次，到了周末也会给父母打电话——即使去国外出差也不会忘记。库克的父亲这样评价儿子："每到周日，他都会给我和他妈妈打电话，一次都没有忘记过。"虽然只是简单的一个电话，却证明了父母在库克心中的位置，也显示出库克是一个家庭观念很强的人。

在学校学习的日子，库克是一个出类拔萃的优等生，他的成功秘诀就是恒心。不管做什么，他都善始善终，绝不会三分钟热血。虽然库克是老师和同学眼中的模范学生，但是他并不张扬，无论考试取得如何优异的成绩，都不会挂在嘴上四处宣扬，也不会急于告知父母。从他上七年级到十二年级期间，一直是学校中的优等生，库克的父母竟然对此毫不知情。可见库克的沉稳和低调，在少年时代就凸显无疑。

1978年，库克从罗伯茨代尔的公立高中毕业。在毕业典礼上，库克以全校第二名的身份向在场的来宾致辞。那一刻，库克终生难忘。

库克不仅成绩优秀，也是一个广泛参加各种课外活动的积极分子：他在演讲比赛中多次获奖，引人注意；他不仅在学校里是风云人物，在校外也小有名气；在美国退伍军人协会组织举办的面对高中生的领导能力培训中，库克还被选为罗伯茨代尔市的代表；库克也是一个乐队的成员，业余时间和一些小伙伴陶醉在音乐的海洋中……库克从来都不是只知道死读书的书呆子，而是一个努力在各方面力求上进的实践型人才。

罗伯茨代尔是一座小城，它的教育水平并不高，教学设备也相对落后，库克所就学的高中里，当时没有一台计算机，而从这里走出来的库克最后竟然和个人电脑、智能手机结下了不解之缘。

　　高中毕业后，库克面临着考大学的问题，当时阿拉巴马州一共有两所大学可供他挑选，一所是奥本大学，另一所是阿拉巴马大学，库克经过考虑选择了奥本大学。

　　奥本大学是一所公立综合性大学，于1856年建校。2013年，它在全美大学的排行榜中位列第82名。奥本大学是美国南部的老牌名校，它在130多个领域提供学位，而且很多领域中提供了阿拉巴马州仅有的公共支持项目，比如农业、林业、建筑、建筑学等。另外，奥本大学在文学、科学、数学等领域都有很强的研究项目。

　　从奥本大学毕业的社会名流也很多，其中有维基百科的创始人吉米·威尔士，有第84届奥斯卡最佳女配角奖得主奥克塔维亚·斯宾瑟，还有参与了阿波罗13号行动的航天员肯·马丁利等。奥本大学的体育项目历来是它的骄傲，它的Tigers体育队，即奥本虎队在NCAA的各项赛场中都取得过优异的成绩，为美国和全世界贡献了一批篮球、橄榄球、体操、高尔夫等健将。

　　奥本大学的美式橄榄球非常出名，而库克也是一个铁杆的橄榄球迷。他最喜欢的球队就是奥本大学的校队——奥本虎队。2010年，奥本大学的橄榄球队在大学联赛中创造了不败的神话，成为了从1957年之后的第二次夺冠的队。

　　在库克的办公室里，摆放着很多奥本虎队的纪念品，库克将对母校的深情和对橄榄球的喜爱和谐地融为一体。当初他放弃康柏选择苹果时，有人开玩笑说，康柏的总部在德克萨斯州，距离奥本大学要比苹果近得多——库克身为球迷可是舍近求远了。对此库克并不在意，虽然他距离母校远了，但内心依旧关注着母校的橄榄球队。当他得知奥本虎队夺冠的消息时，坦言说那是人生中最美妙的时刻。

在校学习期间，库克的政治立场显得不太清晰，他起初加入了北加利福尼亚的共和党，后来在奥巴马当选总统前，又为身为民主党的奥巴马竞选捐了款。尽管他的政治态度比较暧昧，但他还是有着明确的认同感，他最欣赏的政治家是罗伯特·肯尼迪，他认为肯尼迪是一个为民众利益着想的人，其所作所为也让人感动。

经过四年的学习，库克于 1982 年从奥本大学毕业。在毕业典礼上，库克深情地说："奥本大学对我来说就像家一样，我在这里留下了许多美好的回忆。奥本大学在我的人生中扮演了重要的角色，对我来说意义非凡。"

1988 年，库克获得了北卡罗莱纳州杜克大学福库商学院的工商管理硕士学位。有意思的是，他一直不承认自己是商管出身，反而以工程师的身份自称。他解释说："当我决定从康柏离职进入苹果的时候，脑海里想的是我即将担任'工程师'，在新职务上能得到不同的训练'工程师'的新身份，让我学到不感情用事，根据自己的分析做出判断。"

离开奥本大学之后，库克对母校依然一往情深。他在苹果的办公室和加利福尼亚的家中都摆着母校的各类纪念品，让人一进他的办公室或者家中，就能感受到一种浓浓的思念之情。母校留给库克的，不仅仅是一份厚重的情感寄托，也对他的学业有重要的帮助。库克曾经对他的学弟学妹们说："教授们的各种 idea 和研究，对我们来说是有很重要的积极影响的，各位在最好的学校里接受了最高水准的教育，希望大家今后也将奥本大学的精神铭记于心。"

库克曾经用自己的名义对他毕业的工业工程学院进行过捐

赠，而奥本大学在值得尊敬的校友名单中，也将库克排在了最前面。不过要是没有媒体的报道，这件事恐怕不会有人知道，因为库克对捐款一向是低调的，他不想让别人知道自己和母校有了经济上的联系，他觉得值得一提的，是他对奥本大学难以割舍的思念。

2010年，库克出席了奥本大学的毕业典礼，重新回到母校，让他情绪激动，难以自已，控制了半天，他才颤抖着连说了两遍"站在这里，我不禁有些激动"这句话。

库克就是这样一个充满念旧之心的性情中人，他寡言却不意味着薄情，他少语却不意味着冷漠，在他的内心深处，始终藏着一团炽热的炉火，默默地温暖着人性之根，也默默地温暖着他身边的每一个人。

从 IBM 到康柏

乔布斯能够在苹果最困难的时期邀请库克入伙，是看中了他出色的运营能力，所以当他加盟之后立即被任命苹果的首席运营官，将公司日常运营的大事统统交给他负责。库克不仅被乔帮主赏识，也被他曾经供职十二年的 IBM 看中。

库克在大学念书期间，素有"蓝色巨人"称号的 IBM，就盯上了他。IBM 认为库克性格稳健，做事谨慎，是一个不可多得的人才。在库克刚进入大学时，就被 IBM 邀请入伙。在未出校门时就能够得到国际级别的大企业欣赏，这在同龄人当中实属罕见。很多同学纷纷向他投来羡慕的目光。

库克由此进入 IBM，从 1983 年到 1994 年，他为 IBM 效力十二年。在 IBM 任职期间，库克主要负责 PC 部门在北美地区和拉丁美洲地区的制造和分销工作。

20 世纪 80 年代，IBM 的 PC 业务在世界范围内是相当辉煌的。1981 年 8 月 12 日，IBM 正式推出了世界上第一台 IBM 计算机。消息一出，轰动全世界，不亚于今天的苹果手机上市开售的热闹场面。那时，人们已经开始注意到计算机在未来生活中的重要作用，也就产生了强烈的购买欲望。

IBM 推出的第一台计算机，采用了主频为 8MNz 的因特尔8088 处理器，操作系统是微软提供的 MS-DOS。IBM 给这款计算机定名为"个人电脑（Personal Computer）"，很快它的英文缩写"PC"就在业界和用户群体中广泛使用。在计算机进入市场之前，IBM 内部预估其销量会在一年内达到 241683 台，然而让他们意想不到的是，当 IBM PC 进入市场后，立即得到了用户的广泛认可和追捧，一个月的销量就超过了一年的预估量。几个月之后，IBM 的个人电脑已经超过了同样辉煌的苹果计算机。

1983 年 1 月 3 日，美国的《时代周刊》破例将个人电脑列为"年度风云人物"，所配的图片正是 IBM 生产的计算机。在介绍文字中，《时代周刊》这样写道："有时候，在一年中最有影响力的不是一个人，而是一个过程；而且整个社会都普遍认定，这一过程将改变所有其他的进程……因此，《时代周刊》将 PC 选定为1982 年的年度人物。"

这是 IBM 发展史上最值得纪念的一幕，库克也是其中的见证人之一。当时他负责的就是 PC 的分销工作。库克的优秀营销能力，让 IBM 的 PC 销量节节攀升。1985 年，IBM 售出了 100 万台以上的个人电脑，PC 事业部一举成为当年收入较高的大部门——年度 45 亿美元，拥有员工过万。

库克供职时期的 IBM，是一个说一不二的业内龙头。身为老牌的计算机企业，IBM 只要生产出电脑就不必考虑能否卖出去的问题。当时的市场上对 IBM 的 PC 认可度相当高，消费者都知道 IBM 的 PC 结实耐用而且科技含量很高。在垄断效应的影响下，IBM 能够随意更改计算机的标价，牢牢把控行业话语权。

在 IBM 将用户扩展到个人之前，他们锁定的目标客户基本是各类企业，同时他们的盈利方式也是以 IBM 系统推销和租赁为主，仅凭这个渠道就给公司带来了巨大的收益。当时，客户需要接受 IBM 的软硬件套装策略——软硬件和服务合约同步，这才能真正享有 IBM 系统和服务的权利。在相当长的一段时间内，IBM 不需要做任何广告就会有大批的客户找上门来。

IBM 风光的时代在 70 年代到 80 年代初期，随着时间的推移，国际计算机市场也在悄然变化着，有更多实力雄厚的竞争对手进入了这块战场，直接影响到了 IBM 业界龙头的地位。伴随着 IBM 个人电脑的火爆，这种现状依然没有改变，IBM 的发展道路上存在着巨大的隐患。

这个隐患被库克清晰地看到了，他意识到如果 IBM 继续奉行吃老底的策略，PC 事业部迟早会从今天的辉煌掉落到明日的颓废。最好的解决办法就是做广告，凸显产品优势，让更多的人了解 IBM、认可 IBM。于是，库克向公司提出建议：提高对广告营销的重视程度。

由于库克有着一言九鼎的威信，IBM 很快采纳了他的建议，逐渐加大了广告宣传的力度。这样一来，库克在管理北美和拉美地区的分销工作时就有了用武之地，他继续发挥自己的营销才能，帮助 IBM 在 PC 市场中竖立大旗，没过多久，IBM 的计算机就在北美和拉美地区占据了一席之地。

在 IBM 调整营销策略的同时，乔布斯也在朝着计算机领域高歌猛进，只是他和库克在此时还是陌生人，但命运就是充满戏剧性，在未来的不久，乔布斯就要和库克联手缔造一个更为可怕的 IT 王国。

1994 年，劳苦功高的库克离开了 IBM。至于为何离去，库克似乎没有提及，也可能是他意识到 IBM 的 PC 事业正在走着下坡路。结局的确如此，2005 年 5 月，IBM 将 PC 业务出售给了联想，并允许联想在后续产品中继续使用 IBM 商标。或许，库克真的是抽身而退。

离开 IBM 以后，库克来到电脑批发商 Intelligent Electronics 工作，在经销商事业部出任首席运营官。可惜这份工作没有做太长，该公司在 1997 年被微软并购，库克转而来到了康柏。

论资历，康柏似乎比 IBM 要稚嫩很多，却是一个后起之秀。它创立于 1982 年 2 月，专门从事计算机生产。1984 年，康柏的年收入是 1.112 亿美元，创造了美国的商业纪录，而在 1985 年收入增长到了 3.29 亿美元，再创行业纪录。很快，康柏的股票也在美国纽约证券所上市。

1986 年，康柏的年收入达到了 5.039 亿美元，刷新了美国商业纪录，PC 销售量达到了 50 万台，直接挺进全球财富五百强。1987 年，康柏推出了第 100 万台 PC。1988 年，康柏的销售收入达到了 12 亿美元。1989 年，康柏推出了康柏笔记本，并同时推出了第一台服务器 server。1998 年，《福布斯》将康柏称作 1997 年度公司。

康柏是一家世界级别的高科技企业，从 1997 年到 1998 年，康柏进入了企业发展的快车道。当时，为了增强公司在原料采购和产品存货管理的能力，库克被邀请加入。尽管库克在康柏的任职时间只有短短 6 个月，却为公司做出了不小的贡献。

众所周知，存货管理是公司日常管理中最重要的一个内容，因为存货代表着资产，只有将其顺利卖出去公司才能实现盈利，如果卖不出又会导致公司亏损。而一旦存货量达到了一定程度时，公司就不得不通过科学有效的管理降低库存成本，所以这并非一个简单的事情。

存货管理是有成本的，管理者必须尽可能地将成本压缩到最低。存货是有形资产且有很强的流动性。由于存货经营始终处于不断销售、损耗和购买等过程中，具备较强的变现能力。在正常的生产经营过程中，存货能够有规律地转化成货币资产或者其他资产，然而长期不能变现将会造成积压物资或者降价销售，企业将蒙受损失。

由于存货管理的复杂性，这就要求管理者要时刻关注成品、半成品以及原材料等各类存货的数量是否适合，如果彼此之间的比例关系错位，也会给企业带来损失。库克在康柏所要做的就是这些。在他入职之前，康柏在存货管理方面存在漏洞。经过库克的分析研究之后，他将戴尔公司的存货管理机制运用在了康柏身上。在他看来，当时的戴尔在这方面是相当有借鉴性和参考性的。

据说，戴尔的存货周转周期只有 8 天。高效的管理机制让戴尔在 PC 行业中保持着比平均水平高出好几倍的增长速度，帮助戴尔迅速地实现资金变现，加快了其市场运营的活性。

库克将戴尔模式引入到康柏之后，公司的存货管理状况得到了明显的改善，存货周转最短只有四个星期。库克认为，康柏的存货必须要保持在一定的限度才行，这主要是由两方面的因素造成的。

第一，要保证生产或者销售的经营需求。库克认为，即使市场供应量充足，康柏也很难实现随时购入生产或销售所需的物资，这主要是由市场上的某种原材料缺货和康柏距离供货点较远的原因造成的。一旦康柏生产或销售所需的物资短缺，只得被迫停止正常工作，损失也就来了。

第二，要充分考虑到价格。库克认为，零星采购原材料等物资不易实现价格优势，只有批量购买才能充分节约成本，可如果进货过多也会占用资金并降低资金的使用效率，而且大批量采购还会导致仓储、报关和维护等相关费用的增加。

基于以上两点，库克讲道："存货管理的目标是要最大限度地降低存货投资上的成本，即以最小的成本提供公司生产经营所需的存货。企业应当在两者之间作出权衡，达到最佳结合。"为解决这个问题，库克运用了经济订货批量的办法。他认为公司如果不能对存货采购进行高效的财务管理并缺乏相应的进货定额的话，康柏的存货管理将落后于市场的变化速度。于是，库克开始着手考虑康柏的存货决策问题。

通常存货决策包含四个内容：决定进货项目，选择供应单位，决定进货时间以及决定进货批量。库克对这些问题都进行了充分的分析对比，最后为公司量身定制了一套行之有效的改革策略。

正是在康柏负责存货管理的工作经历，提升了库克的管理能力，也增加了他的管理经验，为他日后进入苹果奠定了坚实的基础。从这个角度看，康柏帮助苹果培养了一个天才级的管理大师，而这个大师的诞生，将给苹果的未来带去难以估量的价值。

与死神擦身而过

人生不会一帆风顺，当我们翘首以盼等幸福来敲门的时候，难免厄运也会突如其来，让我们的生活乌云密布，然而"塞翁失马，焉知非福"，厄运，未必会真的黑暗我们的人生。

1996 年，库克 36 岁，原本是风华正茂的年龄，却突然遭遇了一道晴天霹雳：他被医生诊断为多发性硬化症！

多发性硬化症属于一种脱髓鞘疾病。髓鞘是什么？它是包裹在人体神经细胞轴突最外面的一层薄膜，能够保护神经元促进神经冲动的传递。顾名思义，脱髓鞘疾病就是髓鞘脱落的疾病，由于髓鞘的脱落，能够让神经冲动传递遭到严重的影响。以现代医学的能力来看，多发性硬化症很难根治，而且是一种容易复发的顽固疾病。患者很容易在身上遗留各种功能性障碍。一般来说，这种病的发作年龄在 20—40 岁期间。

在患者患上了多发性硬化症之后，比较常见的症状是丧失知觉和行动能力，所谓知觉的丧失一般是指完全失去知觉或者会持续地感到疼痛。而行动能力的障碍，一般是指下半身瘫痪、半身不遂或者四肢瘫痪等等。关于多发性硬化症的病因，目前医学界还没有得出统一的定论，只能推测是因遗传因素所导致的。

当库克得知自己患上这种病之后，内心是极度震惊的，他万万没有想到正值壮年的自己会患上如此难以医治的顽疾。按照医学界的临床观察规律，库克很可能会渐渐地变成一个废人，这对心怀着理想和抱负的他来说，实在太残酷了。

库克在情绪无限低落中度过了一段难熬的时光，他不敢再轻易描画未来，因为他不知道自己将在哪个时刻突然卧床不起。就在他遭遇了人生最灰色的厄运时，故事突然发生了逆转。

经过复查，库克得知了一个惊人的消息：医生"判给"他的多发性硬化症竟然是误诊，他依然是一个神清体健的健康人！库克的亲友们终于松了一口气，不过，在死神面前匆匆走了一遭的他，人生观却发生了转变。从这以后，库克无论是看待生活还是看待人，都有了全新的认识：他变得更加宽容和理性，也变得更加深沉和豁达。当时，库克的朋友是这样评价他的："这一次误诊的经历，使蒂姆·库克的人生观发生了巨大的改变。"

1999 年，库克在母校奥本大学的校友杂志中，发表了一篇名为《你可以换个角度看待世界》的文章，文章中提到了他对这次误诊的感受："这使得你看世界的眼光都变了。"

尽管库克从多发性硬化症的阴影中走了出来，但他却和这种病结下了"不解之缘"。他开始向相关治疗此种疾病的组织和活动进行捐款，而且从来没有留下过他的名字，保持了他为人低调的一贯作风。另外，库克对身体健康也更加重视了，他在闲暇时参加自行车运动，锻炼自己的肌肉和反应能力，避免病魔来敲门。

在库克的世界观发生转变之后，库克从一个工作狂变成了一个运动狂。每天他很早就会起床，最早的时候会在凌晨四点半，五点时他已经站在健身房里。除去早上，他只要有闲工夫就会做各种锻炼，媒体送给他一个绰号——"健身房的老鼠"。

库克在进入苹果之后，一天的大部分时间都被填满了，他在公司里都是最早来最晚走的那个，有时候还要在世界各地飞来飞去，但他的身体并没有被高强度的工作压垮，这跟他坚持不懈的锻炼很有关系。库克做的运动，既有有氧运动又有无氧运动，为他锻造出一副好身板。在出席一些公共场合时，库克健美的身姿为他的形象加了分，也等于为苹果的企业形象增添了一笔闪亮的颜色，让万千"果粉"对苹果更充满信心和兴趣。

在各种锻炼活动中，库克最痴迷的还是自行车运动。对他来说，骑自行车能让自己找到一种自由自在的感觉，而且还能享受独处的快乐时光。另外，库克是著名自行车运动员阿姆斯特朗的死忠粉，他干练的短发也被认为是对偶像的效仿。不仅如此，在库克和员工开会的时候，也会把阿姆斯特朗当成一个例子讲给大家听。在库克心中，阿姆斯特朗正是代表着一种不屈不挠的硬汉精神。

兰斯·阿姆斯特朗于 1971 年出生在德克萨斯州的橡树崖镇，他的妈妈琳达生他时只有 17 岁，当时很多人都说琳达生下了一个累赘，可是琳达却抱着孩子说："这是我的孩子兰斯，你们会记住他的！"后来，兰斯还不到 2 岁时父母离异，琳达被抛弃，她为了生存，当过女佣、邮差和清洁工，带着阿姆斯特朗过着朝不保夕的生活。母亲再嫁之后，继父却将阿姆斯特朗当成"杂种"，经常殴打他。在阿姆斯特朗 7 岁的时候，他拥有了一辆山地车。那时候他相信只要骑得足够快就能离开这个鬼地方。

5 年级时，阿姆斯特朗夺得校长跑冠军，又在州游泳赛中荣获第 4 名以及州少年组铁人三项赛冠军。在 1987 年的"总统杯铁人三项"赛上，15 岁的阿姆斯特朗在上千名成年选手中排 32 名，到了 1988 年则变成了第 5 名。从此，他开始参加各种比赛，依靠奖金养活他自己和母亲。阿姆斯特朗是一个非常拼命的人，他在一次训练中被卡车撞飞，头部缝了 9 针，大腿 17 针，膝盖骨错位，可仅仅过了 6 天他就用指甲剪拆了线，借了辆自行车歪着脑袋进入赛场，最后还闯入三甲。1993 年，阿姆斯特朗在美国职业冠军赛上获得百万美元冠军奖，他扑在母亲怀里放声大哭。就在他春风得意之际，病魔悄悄来到他身边。1996 年，阿姆斯特朗被诊断为睾丸癌并全身广泛扩散，然而他并没有就此放弃，忍着病痛坚持和病魔做斗争，最后 1999 年的环法赛，27 岁的他以绝对的优势摘取了桂冠。

阿姆斯特朗的故事一直在激励着库克，不仅让他爱上了自行车运动，也学会了以乐观勇敢的信念来笑对人生。当然，库克除了骑自行车之外，还喜欢徒步。只要有大段的空闲时间，他就会去加利福尼亚州的美地国家公园远足，或者去其他名山来一次动人心魄的长途跋涉。位于美国西部的犹他州的锡安国家公园，也是库克的最爱。

库克就是以这种积极生活、直面挫折的态度生活着，感染着身边的每一个人，正是这种阳光之心，让他的创造才能更有发挥的空间，带领苹果朝着更光明的成长之路迈进。

从单身汉到秀恩爱

库克是一个生性腼腆的人，喜欢安静且不苟言笑，在他工作之后，很多下属和他相处时，都不得不忍受长时间的安静或冷场。库克与生俱来的沉默，让大家不会轻易发言，而这时候库克会从容不迫地撕开一种名叫"能量棒"的食品包装袋。库克说话声音不大，给人一种文静儒雅的感觉，但他并不是性格抑郁，也非冷漠无情，而是很开朗。库克难得一笑，即使笑出来也显得比较拘谨。不过，他的幽默感人尽皆知，可惜冷笑话比较多。

库克的这种个性，让他更喜欢独来独往。他曾经说过，金钱并不是他工作的动力。此话一语中的，库克和乔布斯一样都是力求完美、生性好斗的人。在他们眼中，金钱和成就感相比显然后者的诱惑力更大。因此，库克保持着对金钱的理性态度，他喜欢过节俭的生活，对豪宅名车没有兴趣，连高尔夫这样的贵族运动对他来说也不过是社交上的需要罢了。

库克崇尚的是属于自己的生活，而不是金光闪闪地在他人面前作秀或者炫耀。

2012 年 4 月 9 日，美国的《纽约时报》报道了一则消息：因为 2011 年薪酬比 2010 年增加了 2%，所以库克成为了 2011 年度美国薪酬最高的 CEO。根据报道，库克在这一年的总收入达到了 3.78 亿美元，而媒体预言在未来的十年间，库克还会赚到更多的钱，2016 年他可能得到 100 万股受限奖励股票的 50%，而剩下的将在 2021 年一并都归库克所有。

库克获得这样的财富是受之无愧的，假设他能够让苹果的股票在未来十年都一直保持在较高水平的话，那么他将会得到平均每年 4000 万美元的收入。相反，如果苹果陷入困境，那么现有的股票价值在未来十年间差不多会维持在每股 200 美元的水平，即使这样，库克还是能得到平均每年 2000 万美元的回报。

每个人都梦想着成为一个富翁，过上纸醉金迷的生活，也都向往着众星捧月般的感受。不过对于库克而言，金钱不是他工作的动力，他享受的是获得成就的过程，与财富本身无关。库克很少以金钱为话题，他甚至很讨厌提到这个词，与金钱有关的组织他也不喜欢。

当库克将他超过 1 亿美元的苹果股票出售之后，只是在距离乔布斯很近的地方租了一所公寓，直到 2010 年才买了一处属于他个人的房产。就是这样一个亿万富翁，他的房子也是相当普通，不比美国的中产阶级的住宅好到哪儿去。有人估算了一下，库克的住宅大概价值190万美元，在他居住的PaloAlto地区十分平常。

有人问库克，为什么要住这么不符合身价的房子，库克说，这是他想时刻提醒自己来自什么地方，只有身处普通的居住环境才能让他保持清醒。对库克来说，健康比金钱更重要，他认为健康才是人生最大的财富，有了强健的体魄才能做自己想做的事情。库克说过："虽然我们在工作时要全情投入，但工作并不是生活的全部，我们必须要为自己留出足够的时间去进行体育锻炼，否则当有一天我们发现自己身患疾病时，我们就会手足无措。"

由于库克长期保持单身，所以很多人一直猜测他是同性恋，美国的一些媒体将"gay"这个词用在了他的身上，而著名的同性恋杂志《Out Magazine》还将库克排名进了"最具影响力的男同性恋人物"中，库克被排名第二，而脱口秀女王艾伦被排在了第一。库克没有作出明确的回应，这种猜测也一直断断续续地保持着。

2014年10月30日，库克在接受《彭博商业周刊》采访时，爆出了一条惊人的消息：他正式宣布"出柜"，公开承认自己正如外界猜测的那样是一名同性恋者。很快，库克的秘密情人也被台湾媒体三立曝光。

库克的同性恋爱人名叫本杰明·林，是亚裔，当时年纪为37岁，现在在硅谷做投资顾问。本杰明·林不仅人长得帅气，而且拥有斯坦福大学资讯工程博士的学位，曾经在谷歌、Facebook、YouTube等网络公司担任项目经理。2014年，本杰明·林入职硅谷投资公司Khosla Ventures，担任天使投资人及顾问。

库克在《商业周刊》中真情告白说："在我的整个职业生涯

中，我都在试图维持一个隐私的基本尺度。我来自草根阶层，并不寻求个人的关注度。苹果已经成为世界上最受关注的公司之一，我喜欢让众人的焦点集中在我们的产品，以及用户利用这些产品实现的不可思议的事情上。我深信马丁·路德·金所说的那句话，'生命中最持久和最紧迫的问题是：你正在为其他人做什么？'我经常用这个问题挑战自己，我已经意识到，保护个人隐私的渴望已经成为阻止我去做更重要事情的障碍。这就是我今天做此选择的原因……"

库克认为，一个同性恋者对社会上的边缘群体有着深刻的认识，为他提供了一个窗口，让他了解了少数群体所承受的压力和面临的挑战。为此，库克变得更加善解人意，当他面对挫折和困难时，会给予自己更多的信心和决心，这对于一个苹果的首席执行官来说，是必须具备的能力。

在美国社会，婚姻平等自由的观念由来已久，这个年轻的国度对人们的性取向更有包容性，现在也有越来越多的公众人物站出来，表明自己是同性恋者。不过，这并不能证明美国人能完全接受，在一些州有相关的法律规定：老板有权力以性取向来解雇某个员工，房东也可以因此驱逐租户。还有些地方，同性恋者没有继承伴侣遗产的权利。库克承认他并非是一个激进的同性恋者，但他深知自己从那些激进分子的牺牲中获得了不少好处。

公开"出柜"对库克而言，是一个艰难的决定，毕竟每个人都渴望隐私得到保护，库克希望自己能以正面阳光的形象示人，能够继续带领他的团队推动苹果帝国前进。库克觉得，一个人不应该被性取向的身份所限制，比如他还有工程师、自然爱好者、健身狂和体育迷等多重身份，他希望大家能尊重他的选择，让他专心去做某件事。

虽然同性恋在美国不算什么新闻，也没有背负太过沉重的伦理抨击，但对一个公众人物而言，库克还是感受到了外界评价的压力。他说："多年来，我向许多人公开了我的性取向。苹果的许多同事也知道我是一个同性恋者，但他们对待我的态度没有什么不同。"

库克认为，他之所以当初勇敢地放弃康柏而追随乔布斯，是因为苹果具备了其他公司少有的特质：热衷于创造、迷恋于创新、能够接受人和人之间差异的地方。在库克正式公布"出柜"之前，他并没有否认过他的性取向，直到2014年他才清楚地表达自己的立场："我很自豪成为一个同性恋者，我认为，成为一名同性恋者是上帝赐予我的最伟大的礼物。"

库克深知，自己公开站到了同性恋者的队伍以后，等同于进入了"少数派"的阵营中，时刻都将接受各种舆论指摘。不过这恰是库克敢于面对的挑战，他开玩笑地说，他给自己加装了一张"犀牛皮"般的脸——无惧闲言碎语，无惧冷嘲热讽，只求无愧己心！库克相信，身为苹果公司的CEO，即便他不是同性恋者，他也需要具备强大的抗压能力，和随时袭来的指责和非议对抗到底。

这就是库克，温柔但不软弱，低调但不怯懦，他和他的同性恋爱人勇敢地站在阳光之下，等待着支持者的祝福，也做好了回应质疑之声的准备。

为苹果"出柜"

有人认为，库克公开了自己的gay身份，并非是对其隐私的大胆袒露，而是和苹果的一次精心策划，是带有强烈个人意志和企业意志相互作用的产物。库克毕竟是一个做事低调的人，他可能通过公布"出柜"来表达被压抑已久的情感：走出乔布斯的阴影，给处于转型期的苹果以全新的注解，从而适应日后市场竞争中的创新要求。

库克的性取向并非是秘密，所以这次面对《商业周刊》，他只是做了一次确认而已。库克身边的人更是了解他的同志身份，所以这次发布消息的目的不会那么简单。特别是在库克激情告白中有着明显矛盾的语句，比如"现在意识到，我保护个人隐私的渴望已经阻止了我去做一些更重要的事情"。这表明库克曾经很忌讳"出柜"这个话题，但他还是光明正大地宣布，给人的感觉是，库克在等待一个宣告的机会，对"同志"身份的确认是水到渠成了。

需要注意的是，库克在这段告白中，并没有将个人隐私和苹果撇清，而是融合在一起去阐述，这就推翻了一种可能：库克的"出柜"不是被迫的，否则他会抛弃自己是苹果CEO的身份，毕竟gay也不是什么光彩的身份，而苹果是全球知名的上市公司，品牌形象需要得到保护。所以从库克的"出柜"言论来看，他将个人性倾向和苹果的立场相匹配，反复强调苹果对政府同性恋政策的批评。行文中，库克措辞相当谨慎，既有个人立场又有公司立场，还能将视野放到全球这个大环境中，可见他是准备充分，或者不客气地说是"蓄谋已久"的。

我们可以大胆地推测，以苹果成熟的舆论运作经验和用户好评，他们是不会轻易在敏感问题上犯错误的，而库克又是一个做事严谨的人，这次告白并不像源自本能的呐喊，倒像是精心谋划的宣言。库克敢将苹果和同性恋放在一起，必定得到了董事会和高层的许可。

从这个角度来看，库克以"同志"身份帮助苹果实现了某些商业目的。

第一，库克重新塑造了个人地位。

回顾库克在苹果16年的经历，他一直是站在乔布斯光环之外的幕后精英，很少有人知道他的名字，而他的一些功绩也被外界认定是乔布斯做的，这对于一个心有大志的人来说，无疑是痛苦的，因此库克一直在努力摆脱乔布斯带给他的压力。

库克是"空降兵"出身，能够在乔布斯身边存活下来实属不易。乔布斯具有强烈的控制欲，很像是一个"暴君"，又对哲学、禅宗和艺术有着独特的鉴赏和审美能力，外界对他的评价也相当之高。现在，库克公布了"同志"身份，等于给自己笼罩了一层特殊的光环：他是gay，他有着男性的创新力和决断力，也有着女性的细致和顺从，非常适合在乔布斯身边，也符合苹果对高层人才的要求。

在乔布斯辞职之后，苹果也一度遭遇了被动，创新的脚步停滞不前，产品面临着各种危机。如果库克在接班之后不能有颠覆性的改变，他就很可能为苹果的一蹶不振而埋单，成为罪人。所以，库克通过宣布"出柜"，让被压制的情感得以释放，确立自己在公司的地位，也向公众宣告他就是乔布斯离去后最合适的继承者。在告白中，库克强调了他会将个人命运和公司命运紧密联系在一起，这就是暗示着：乔布斯 = 苹果，库克 = 苹果。

在求同的基础上，库克不忘记"存异"。乔布斯在职期间从不来中国，而他却频繁造访，乔布斯很少接受采访，而他总是亮相在媒体的聚光灯下。

第二，重建苹果的品牌形象。

虽然苹果不是 PC 时代的尖端王者，但它得到了一个有利的发展契机：抓住了第一波消费电子浪潮和第一轮移动互联网浪潮。苹果一直采用的是半封闭商业模式，长期对产业链的利润过量汲取，导致产业土壤越来越贫瘠，特别是下游血汗工厂引发的一系列问题，让苹果不得不通过创新思维来走向开放。

和苹果相比，谷歌塑造的开放模式已经对它造成了严重的威胁，如果不进行调整，在品牌和创新力上做出改变，苹果会越来越被动、难堪。库克宣布"出柜"，将自身命运和苹果的前途捆绑在一起，无疑吸引了全世界的目光，可以将其看做是一次成功的品牌广告。虽然"同志"身份会引来极大的争议，但欧美和亚洲的舆论相对更宽松一些，特别是苹果的死忠粉——年轻人。

库克"出柜"，其实是在向年轻人传递这样的印象：他会更关注少数群体和弱势群体，会充满同情，而这正是象征着民主、自由的苹果的生态模式，它会以更强的包容性和创新性打动用户。换句话说，库克是在为苹果的未来代言。

第三，宣告了苹果的微创新。

苹果从诞生之日起，其定位是远离大众的，纯粹地走高端路线，对大众底层的消费土壤挖掘不够。在靠硬件赚钱的时代，这种模式自然行之有效，然而在硬件工业日益标准化、分工日益成熟的今天，单靠硬件盈利实在太难，IT 企业所要做的是将重点放在服务和应用上，所以库克必须带领苹果去改变陈旧市场定位的态势，让公司从硬件驱动向服务驱动平稳过渡。只有专注在人和服务这两个点上，才能更好地适应市场需求。

库克的"同志"身份，会让公众注意到他是一个能关注用户细微需求的人。这种舆论导向能旗帜鲜明地标榜苹果在新时期的创新方向，特别是在精神领域的创新。回顾最近几年苹果收购的几十家公司，其中不少都是集中在金融、娱乐、文化等领域，这正是紧抓人与服务这两点的体现。

"同志"身份带给库克的是一种"中性化"的个性标签，而这恰是目前的产业趋势。库克在出任 CEO 之后，很重视 O2O 模式，他或许是看到了线上线下被割裂的传统弊病，苹果在未来可能出现层次更多、价格更亲民的产品，为其下游落地服务创造更多生机，否则苹果会受制于其商业模式的羁绊。

库克的"出柜"也有一种"溢出效应"，因为他的男友是亚裔，而他频频现身亚洲，也是一种个人情感的展现，更与苹果要以中国为核心的亚洲市场布局有关。库克曾经表示，中国正在成为苹果在全球最重要的市场。

库克"出柜"是以个人牺牲隐私的方式，为遭受质疑的苹果引来新的话题和关注，并由此确立了一个库克时代，这个时代，苹果渴求的是生态的民主和开放。苹果能否在这个时代演绎得更辉煌，那要看库克如何运筹帷幄了。一个隐忍多年的人，一旦找到了发泄才华的机会，一定会迸发出惊人的魄力。库克时代的苹果，充满强大的生命力，也充满了悬念。

3
改变的苹果

苹果"储君"

苹果的强大源自乔布斯的运筹帷幄，他被人视作这个 IT 帝国的精神教主，然而在乔帮主身患绝症之后，人们又不得不正视一个问题：当帮主离去时，谁来接替他的位置？这个苹果的"储君"又该如何培养？

乔布斯或许早已考虑到这个问题，在他还能全力执掌苹果时，就开始有意识地扶植着一个极具潜力的接班人，他就是库克。

在乔帮主看来，库克是一个无可挑剔的好助手，他进入苹果之后迅速成为了乔布斯的左右手。如果用棒球运动来形容二人的关系，乔布斯就是投手，库克则是捕手：只有投手投出了球，打手才有机会击打让比赛进行下去；然而投手离不开捕手的帮助，只有他的存在才能准确地观察对手的动向，将打回来的球准确地接在手里。

乔布斯的"投手"职能是，他在产品设计、技术创新和管理理念上有着过人之处，为苹果披挂上了一层华丽的外衣。同时，乔布斯还是一个敢作敢当、不畏惧失败的人，他极度相信自己的能力，做事也敢于离经叛道，也因此曾被扫地出门，让他的队友承受着莫大的压力。正因为这段经历，乔布斯也审视过自己，他意识到单靠一己之力并不能带领苹果创造最优，他投球投得再远、力量再大并不意味着就能获得胜利，他需要一个能够适应自己的优秀捕手，否则他的"绝世武功"将没有用武之地。于是，他找到了库克。

乔布斯深知，一个企业要想在创新中发展，企业本身的组织结构也要进行相应的调整。如果没有坚实稳固的地基，即便树立起一栋高楼也会摇摇欲坠。在乔布斯重新接管苹果之后，他采取了很多新的改革措施并且都能顺利实施，这都是依靠着库克的执行能力，他以一个优秀捕手的身份帮助乔布斯完成了一个又一个目标。

乔布斯给了库克表演的舞台，库克也辅佐着乔布斯全速前进，让帮主的能力超常发挥。乔布斯为苹果谋划了一张宏伟的蓝图，库克则将蓝图中的每个细节完善并付诸实施。在乔布斯眼中，库克自然是苹果帝国的"储君"，他多次在公开场合对这位"贤内助"称赞不已。

"左右手"也好，"储君"也罢，库克对乔布斯来说的确是趋近完美的，时任苹果网上商店的总负责人迈克尔·詹尼斯这样评价库克："从很早以前开始，蒂姆·库克就一直是苹果的实际运营者，乔布斯可以说是苹果公司的脸面与产品开发的策划人，而蒂姆·库克则是那个负责所有产品的设计，并把它们变为现实的人。"

虽然贵为公司里的二号人物，但库克从未有过骄傲自满的情绪，他对乔布斯始终如一地尊敬和推崇，他深知苹果帝国只有一个帮主，那就是乔布斯，他宁可屈居乔布斯的光环之下，做一个"成功男人背后的男人"。正是这种低调的行事原则，外界对库克知之甚少，直到2004年7月库克出任临时CEO，人们才知道苹果还有这样一位奇才。

2008年初，随着乔布斯的病情恶化，苹果内部不得不讨论未来帮主的人选问题了，在当年3月的一次股东会议上，大家就是否让库克出任下一任CEO展开了讨论。乔布斯这样描述了那时的情景："当时对于CEO继任者的讨论进行得非常激烈，因为高层中的很多人都可能成为下一任CEO的人选。"

和苹果中的元老级人物相比，库克的确不是资历最深的，加上他低调的作风，让很多苹果员工对他并不了解，因此谁来接替乔布斯一度成了备受争议的话题，甚至有人对库克这个"储君"提出了严重的质疑，认为他不具备担当CEO的能力。争论就这样无止无休地进行着，直到2009年乔布斯再度因为病重而无法出席开发者会议，这时反对派也意识到了：库克已经被乔布斯"内定"为继任者，上任只是时间问题。

在群雄争夺CEO的日子里，库克并没有被搅乱情绪，他关注的不是自己的前途，而是他的本职工作。无论他有多大的胜算，他都淡然处之。在他代替乔布斯出席的一些会议和公开场合中，库克谨小慎微，每次的发言都滴水不露，不会让人抓住任何把柄。他所谈到的也只是符合 COO 身份的话题，而有关如何对抗竞争对手的言论，或是 CEO 对公司发展战略的"高瞻远瞩"等话题，库克从不涉及。在他看来，乔布斯的声望无人能及，他只是一个代理执行者，现在是，将来也是。

除去公开场合，库克在私下里也会面对一些人的询问，他们会开门见山地问库克："你是乔帮主退位后下任帮主的头号人选？"库克听到这类言辞时会如此回答："乔布斯的位子？不不不，没有人能够取代他，你们必须接受这一现实。就算等到乔布斯七十岁头发全都白了，等到我都退休了，他还会继续在苹果待下去的。"

只可惜命运弄人，在大家都希望乔布斯能够战胜病魔的时候，乔帮主还是不得不因病辞职。当库克正式接替了乔布斯的 CEO 职位后，他充满深情和感慨地说："能为史蒂夫·乔布斯工作 13 年，是我人生中最大的荣幸。史蒂夫·乔布斯对我来说是最伟大的领导与老师。"

苹果一向被称为"乔布斯王国"，其实真正推动这个帝国运转的是库克。在被用户公认的华丽设计和先进技术之下，苹果以单元化技术流而著称，但这并不意味着它只是一个花架子，它的内部结构相当牢固，而这个强大的内力支撑，为苹果的运营和发展奠定了基础。

库克对苹果最大的作用是，他为这个 IT 王国缔造了一副钢筋铁骨，让苹果不仅拥有华美的外表，更有坚韧的骨骼，无论面对何种竞争浪潮都有无坚不摧的气魄。正是库克的这个作用，苹果内部才流传了一句话："推动苹果运转的实际支配者不是乔布斯，而是蒂姆·库克。"

守成不冒进

2011 年 8 月，库克成为了苹果帝国的新帮主，尽管他是在老帮主的推荐和信任下走上前台的，但是人们对他还是充满了怀疑，毕竟乔布斯的光环太过闪耀，免不了要将库克和乔布斯进行比较。于是，质疑之声纷纷放出：库克能行吗？库克是经营天才和管理天才，但是苹果的核心企业文化是创新，库克能继续发扬光大吗？在智能手机满天飞的时代，库克会有新的高招吗？

众所周知，乔布斯的成功和人文学的合理运用分不开，苹果能打动如此多的用户，依靠的就是技术和人文学的结合，所以乔布斯被人称为"将人文学引入 IT 领域的 CEO"。

在 2011 年世界开发者大会上，乔布斯讲了这么一段话："苹果是一家单单重视技术的公司，虽然我们所拥有的一部分技术的确在业内属于世界领先，但我们的目标还远远不止于此。苹果所追求的，是将人文学与技术相结合。"显然，乔布斯极为重视产品的人性化。

苹果将 IT 元素和人文精神完美地契合在一起，造就了神奇的乔布斯王国。最具有代表性的就是苹果各类产品的操作界面，因为设计者考虑到了用户对产品的客观需求，所以界面非常人性，让用户在使用时感到舒心和体贴。

1972 年，乔布斯进入里德学院开始大学生涯，期间他去旁听过哲学和人文学的课程。虽然乔布斯只上了一个学期就退学，然而里德学院的校风影响了他的一生——这主要体现在乔布斯学习的字体课程。

　　字体课程，顾名思义是将文字设计做得更精美的技术学习，当时乔布斯对这门学问如痴如醉，他说："这种融合了美感、历史感与艺术感的学问有着科学完全无法企及的巨大魅力，我被它给深深地迷住了。"果然，乔布斯在创立苹果之后，字体课程变为了他开发 Mac 计算机的基础。

　　对人文学科的热爱，让乔布斯在理性和感性之间更偏爱后者。有意思的是，库克在理性和感性之间，更钟爱的却是前者。他在 2010 年出席奥本大学毕业典礼时说："当我从康柏跳槽去苹果的时候，就不是一个工程师应有的决定。因为工程师是不应该被自己的感性所左右的，做任何决定都应该理性一些。"这番话反映了库克对理性的崇尚精神，至于"稀里糊涂"地加入苹果，是库克被苹果的内在魅力所吸引，和理性及感性并无直接联系。总体而言，库克是一个理性主义者。

　　在乔布斯正式辞职之前，库克曾经出任过三次临时 CEO，加上长年在乔帮主身边陪伴和学习，他对苹果已经十分了解。

　　在乔布斯第三次请病假的时候，他将相关事情交给库克处理，却继续担任 CEO 的职务，并在 2011 年 1 月 7 日的公开信中写到："我非常信赖蒂姆·库克。领导层也相信他能够很好地执行我们 2011 年的各种计划。"可见，当时库克的临时 CEO 身份有些尴尬。

　　2004 年 7 月到 9 月，乔布斯为做胰腺癌摘除手术请了病假，当时库克是资深副总裁，典型的"储君"身份。当时乔布斯说自己会长期休假，这才将位置让给了库克并说："手术后的住院期间，苹果每一天的运营都交给他，公司的运营状况不会有什么不同。"当时库克的作用是，充当乔布斯的第二分身，协助帮主履行他因病住院无法完成的部分职责。

从这次任命可以看出，乔布斯已经想到了手术之后还有一段未知的恢复期，这时苹果需要有人来主持大局，另外乔布斯也不敢肯定自己会顺利渡过难关，自然需要有人接替他，毕竟在 2003年 10 月医生曾经告诉乔布斯他"最多能活 6 个月"。因此，乔布斯也担心这次手术变成和世界的告别。

第一次病假是让乔布斯放心的，因为在 2004 年苹果没有更新的年度计划，短期内只需要"守成之君"，而不是"开疆之君"，库克无论有多大的潜能也不会把事情搞砸，苹果毕竟有了 iPod 这样的明星级产品，只要将销售工作做好就没什么可担心的。

库克担任临时 CEO 的三个月里，iPod 继续大卖特卖，第一季度的出货量较之 2003 年增长了 900%，引起了同行的极度艳羡。2004 年 1 月，惠普也推出了和苹果类似的 MP3 播放器，同年 7月，索尼也推出了 MP3 产品并表示：这次推出的 walkman 是具有战略意义的一款产品，索尼将紧追苹果创造辉煌。另外，三星和LG 也迫切地想要分一杯羹……硬件领域的制造商们纷纷向苹果下达了战书。

在软件领域，对手们针对 iTunes 的猛烈势头也当仁不让，微软推出了自己的网上音频文件销售平台。虽然参与竞争的对手越来越多，但他们都无法超越 iPod 和 iTunes，而苹果的股票也在当年成为炙手可热的黑马，在纽约股市遭遇交易量减少的颓势下依然逆流而上，股价不断刷新纪录，投资者对苹果的信心越来越充足。

尽管有竞争对手叫板，但对库克来说，这三个月的临时 CEO生活并不紧张，因为没有一个对手能对苹果造成实质性的打击，对见惯了大场面的库克来说还是"风平浪静"的。7 月 14 日召开了 2004 财年第三季度业绩发布会，7 月 19 日又召开了 iPod 发布会，大概算是值得关注的两件大事，除此之外都是些日常运营的小工作小项目，库克轻松就可搞定。

在这三个月里，库克并非毫无作为，他没有沉醉在苹果的大好形势中，反而冷静面对，做了一件很重要的事情。2004 年 7 月 19 日，库克将 iPod 降价，在他的力主下，20GB 的 iPod 从 399 美元降到了 299 美元，40GB 的 iPod 从 499 美元降到了 399 美元，15GB 的 iPod 停止生产。库克的这个举动是为了守住苹果的市场占有率而打出的价格牌，毕竟，竞争对手正在追赶。

库克给 iPod 降价的真正原因并不是单纯的打价格战，而是为了给新产品提供更宽敞的空间——别忘了库克是存货管理大师。就在 iPod 降价的 3 个月后，苹果马上推出了一款新 iPod 产品——iPod Photo。进入市场后，再度受到全世界"果粉"的热捧。

在没有成为正式的 CEO 之前，库克采取了保守、低调的指挥原则——用苹果的品牌优势惯性去超越对手。有人认为这是库克魄力不足，其实这恰恰体现了掌控一个行业巨头公司的必备素质：与其"勇敢"地冒进，不如"懦弱"地防守。库克深信"一着不慎，满盘皆输"的道理，他在磨练自己的领导能力，也在观察着市场动向，更等待着能让他一展抱负的机会。

加冕"乔布斯二世"

2009 年，外界流传的关于乔布斯病情恶化的言论愈演愈烈，为了安定人心，1 月 5 日，乔布斯对外发表了一篇公开信："我没事，因为一些荷尔蒙失调的问题，我的体重大幅减轻。营养方面的治疗不是什么大问题，在养病期间，我将继续坚守在 CEO 的岗位上。"

就在当天，苹果董事会也发布了一则声明："假如史蒂夫·乔布斯将要退休或者因为其他原因无法再继续以苹果 CEO 的身份履行他的职责，我们会及时让大家知道的。苹果能够拥有史蒂夫·乔布斯这样一位领导者与 CEO，是一种无比的幸运。在他恢复之前，我们将全心全意毫不动摇地支持他，他也值得我们这样去做。"

乔布斯的信，给关注他、支持他的人一颗定心丸，他们知道乔帮主还能挺住，也明白了乔布斯对苹果的重要意义。可过了不到十天，乔布斯再次将 CEO 的位置让给库克，让他之前的承诺未能兑现。

2009 年 1 月 14 日，乔布斯发出了一个请假条，大意是："我个人的健康问题使得我与我的家人，以及苹果的董事会成员们都无比牵挂，这也影响了他们投入在工作上的精力。在过去的一周里，我意识到我的健康问题比我一开始想象的要复杂得多。为了不让大家都来牵挂我的个人健康问题，为了让公司的要员们能够将精力都更多地集中在市场、业务上，我决定申请休病假。"

在这封致员工的信中，乔布斯特意提到，"我已要求首席运营官蒂姆·库克负责苹果公司的日常业务"。

和第一次请假相比，乔布斯的第二次请假引起了人们更广泛的关注，这暗示着乔布斯的健康问题似乎更加严重。另外值得注意的是，苹果在 2009 年已经今非昔比。苹果 2008 年在《财富》杂志中，已经位列排行榜第一名，2009 年 3 月再次发布榜单的时候，苹果依然排在第一位，而且用户对苹果的品牌信赖度达到了满分。苹果在 IT 业中地位的上升，让人们对谁来接替乔布斯更加关注。

这次库克代理临时 CEO 长达半年的时间，所经历的也比上一次要多，可以用"惊涛骇浪"来形容。库克不仅出席了两次业绩发布会，向股东公开企业的经营状况，更处理了几个棘手的问题：Safari4 浏览器和 iPod Shuffle 新型号的上市，另外还有 iPhone 3GS 的推出。

在这段时间里，手机市场发生了重大的变化，传统的功能机逐步被淘汰，新一代的智能机走进用户的视野。2007 年 6 月，苹果推出的 iPhone 赢得了用户的喜爱，也展现出了苹果在智能机领域的革命性飞跃。由于转型期已经安全度过，按说库克应当高枕无忧了，因为这个时期需要的是守住而不是突破，需要的是管理而不是技术。但是，库克并没有那么轻松，他开始从幕后走向前台，在各类会议上针对苹果日后的计划进行解答和展望，显露出 CEO 的专属职能。

在一些公开场合，库克的言辞开始变得强硬起来，越来越像一个真正的 CEO，尤其是针对那些对苹果的传闻和指责，库克更是给予有力的回击。在召开第三度会议时，库克针对"苹果开发上网本"的谣言回应说，目前市场上的上网本简直"像垃圾一样"，而苹果现有的产品都以绝对的优势超过各种上网本。

库克的突然高调并没有一直持续下去，在苹果的新品发布会上，当介绍到 iPhone 的第三个版本——iPhone 3GS 时，库克没有负责讲解，而是将工作交给了负责市场营销的副总裁菲利普·席勒，就连之后的苹果世界开发者大会也是由他来主持。库克之所以这样做，是避开自己对产品专业性的弱势，特别是新品发布会这种备受媒体和用户聚焦的场合，一旦说错了会影响品牌形象。当然，还有一个原因是，每次发布会人们都期待乔帮主能现身，而临时 CEO 库克的出现不免会让一些人感到失望，不如换个技术人员更容易让大家接受。

此时库克的心情的确复杂，一方面他站在了苹果的最高层，另一方面人们对乔布斯的想念越来越强烈，媒体不止一次地发出呼喊："回来吧，乔布斯！"这种声音让库克很尴尬，也让他对自己的一言一行更加谨慎。

当时，《财富》杂志在一篇文章中写道："乔布斯会提前三周，在 6 月 8 日左右返回经营领导的一线，并会在公开场合抛头露面。"文章发表的日期是 2009 年 3 月 9 日，很快，《华尔街日报》又发表文章称："乔布斯在家中参与了 iPhone 服务的改良及新产品开发等最高层的经营决策。"

库克执掌苹果的半年里，苹果的业绩在稳定中有所上升，第一季度的业绩超过了预期，总销售额达到了 81 亿 7000 万美元，同比增长 9%，每股净收益是 1.16 美元（净利润为 12 亿 1000 万美元），同比增长 20%。要知道，2009 年可是刚刚从金融危机年中走出的，苹果取得如此辉煌成绩实属罕见。

到了第二季度，苹果依然保持着迅猛上升的势头，季度总销售额达到了 83 亿 4000 万美元，净利润为 12 亿 3000 万美元，超出了华尔街的预期值——82 亿 1000 万美元、净利润 11 亿 7000 万美元。不过，这个光荣的成绩是在乔布斯于 2009 年 7 月 22 日回来之后发布的，库克不得不再次站到幕后。苹果的所有光环，依旧围绕在乔帮主身上。

在这次发布会上，乔布斯慷慨激昂地说："苹果正在创造最优创新力的产品，消费者们的反应也很强烈。"尽管如此，还是有人注意到功劳有库克的一份，《纽约时报》在乔布斯回归9天之后发文称："在蒂姆·库克的领导下，苹果度过了令人满意的六个月。在这六个月期间，蒂姆·库克从恶劣的经济大环境中拯救了苹果。"的确，库克领导着苹果在2009年的上半年中，让苹果创造了超出市场综合水平的牛市，这是不容抹杀的功勋业绩。只能说，乔布斯太过耀眼，库克的出类拔萃被他身前的强光掩盖了。

库克前两次临时CEO被认为是非常成功的，无论从业绩上还是公司价值维护上都做得尽善尽美，对得起他"管理天才"和"运营大师"的称号，这两次的优异表现让乔布斯更加倾向于让他来接班。库克代管的时期，也是苹果的战术调整期——不以创新和改革为方向，而是将重点放在了降价和市场关注上。

2009年推出的iPhone 3GS很让人期待，发布会打出了"新的产品"的旗号。在发布现场，菲利普·席勒很耐心地向大家介绍着新手机的处理器速度要强于上一代，而电池的待机时间也变长了，另外还增加了一些新功能：语音拨号、复制粘贴信息，并用一句富含深意的话做了总介绍——虽然从外表看长得差不多，但实质却和以前的产品完全不同。

当然，这句话并没有完全被专家们认同，他们觉得iPhone 3GS和上一代iPhone并没有明显的区别。《华尔街日报》撰文称："与其说是一款革新性的产品，倒不如说是一台普普通通的电话。不过是把现有的iPhone 3G升了一下级，增加了大家呼声较高的几个功能，谈不上是什么新产品，恐怕大部分现有iPhone玩家并不会购买这款产品，而是会选择升级操作系统。"

升级手机操作系统，是手机发烧友经常干的事，对旧款 iPhone 来说，除了硬件配置上稍低之外，升完级之后和 iPhone 3GS 的确没什么大区别。用户们也在考虑，苹果为何会推出这样一款没什么实质区别的新手机呢？意义究竟何在？

智能手机市场的竞争是激烈的，同行们虎视眈眈，无时无刻不在觊觎着苹果的市场份额，这款 iPhone 3GS 显然违背了"苹果精神"——一年出一款新机器。这次虽然是出新了，但缺乏创新。

缺乏创新的原因还是和乔布斯有关，毕竟他这时不在苹果，没办法像以前那样执掌大局，谁也无法知道他会怎么设计，为了不出问题只能采取保守策略——改善。

库克这么做有他自己的道理，在失去乔帮主领航的前提下，创新难度很大，莫不如对原有机型进行改良进而重新包装出炉。对库克来说，这也是一种经营策略。他曾经对 iPod 使用过这一招，将旧型号功能升级然后降价出售，减少存货管理成本。现在，库克将这个策略用在了 iPhone 上，由于在外观上没有区别，所以也不必制作新的模具，只要将内部的配件改良一下即可。同样，手机配件厂商也不需要制作新型的手机配件，节约了成本。

成本降低，iPhone 3GS 的售价也降低了，它的 16GB 版本的价格是 199 美元，32GB 版本的价格是 299 美元。相比过去，新机型降了一半价，这是苹果基于对品牌优势的自信而采取的新经营方针。iPhone 3GS 虽然在用户眼中没有什么创新之处，但是在同行眼中，却是一次成功的战术运用。即使是一款旧机型，也超越了同行的产品，且在价格上具有很大优势。所以无论是升级系统还是购买一部便宜的新机器，都比较划算，但对苹果的众多竞争对手来说，这却是相当可怕的事情。

在饱受争议的 iPhone 3GS 推出一年以后，苹果推出的 iPhone 4 拥有着完全不同的设计风格，无论软硬件都有很大的差别，价钱却保持不变。乔布斯对此的评价是"实现了最大的飞跃"。iPhone 4 的亮点在于，它能够进行视频通话和多任务处理功能，而且增加了前置摄像头，能够实现视频通话。

在乔布斯缺席的 2009 年上半年，苹果的经营策略由之前的"产品革新"转移到了"管理革新"，这是库克采取的一条权宜之计。库克深知，在苹果内部，有关产品创新的事情一直归乔布斯掌控，任何人都难以插手，乔布斯会认真关注每一个细节，因此形成了一种共识：如果不经过乔布斯亲自过问处理，新产品根本不可能正式上架。因此，库克在出任临时 CEO 期间也要谨慎地贯彻这一原则，并非是他能力有限。

iPhone 3GS 依然给苹果带来了收益，也引领了一次经营战略上的革新。iPhone 3GS 上市后 3 天就销售出 100 万台。不过，由于缺乏创新痕迹，外界对库克也产生了质疑，认为他只懂得管理，而不像乔布斯那样具备天才的创新能力。

库克出任 CEO 后的第一年，继续主导苹果的产品和服务，也延续了乔布斯时代的风格，不过却搞砸了一些应用服务，比如苹果地图。自从苹果推出地图服务后，很多用户发现上面错误连篇，甚至很多错误让人难以理解，比如将一些地方标识错误，甚至还有将陆地上的地方标注在了大海上。对此库克也不得不承认，苹果地图被彻底搞砸了。库克说："苹果地图当中有很多瑕疵，而非一处，我们对此进行了修正，并将继续在地图服务上进行投资，因为该服务对于苹果来说非常关键。"

造成苹果地图漏洞百出的原因，主要在于这项应用匆忙上市，没有做好相关的准备，所以才严重地影响了用户的使用体验。

库克并非一个只敢守成不敢锐意进取的接班人，他也在不遗余力地开发新产品，比如苹果推出的智能手表 Apple Watch。虽然苹果不是世界上第一家推出智能手表的企业，不过库克还是希望这个新产品能够变成业内的榜样。为此库克表示，随着 iPad、iPhone 营收的放缓，苹果必须寻找这些产品之外的新赢利点，这样才不会被瞬息万变的市场所抛弃。那么除了智能手表之外，苹果显然还在研究开发其他新产品，只是这些产品目前不被人所知。库克说："我们正在努力开发一些产品，这些产品无人知晓，当然，市场上还没有相关传闻。也许，未来将有部分产品的传闻流出。"

库克还特别强调道，其中一些产品苹果还在继续进行，但另一些产品可能已经停止研发。苹果内部会拿出更多的产品计划并试着做一些项目研发，目的就是为了不断推出新产品，保持苹果的市场竞争力。

或许，人们对库克缺乏创新能力的批评还是太残酷了一些，其实他是在默默忍受着和等待着，希望有朝一日让人们看到，他并非是一个只会吃老底的"二世祖"，他也拥有着不俗的创新能力，这一点无需别人横加指摘。

虎视眈眈的挖墙脚者

2011 年 8 月 24 日，库克出任苹果 CEO 的消息震动了全世界，这个之前并不响亮的名字顿时家喻户晓。到了第二天，库克继续成为各大媒体的头条——他得到了巨额认股权。

美国证券交易委员会的数据显示，库克在出任 CEO 当天，苹果给了他 100 万股的限制性股票认股权，而当天苹果的股价是 376.18 美元，按照当时的汇率计算，一股相当于人民币 2403.64 元，100 万股的总价就是 240364 万人民币。但是，这些股票不是马上发放给库克的，苹果还给出了附加条件："其中 50% 将于 2016 年 8 月 24 日给予，剩余 50% 将于 2021 年 8 月 24 日给予。在股票给予之前，须保持雇佣关系。"

这个附加条件的用意很明显：苹果要求库克至少为公司工作到 2021 年 8 月 24 日，这才能把奖金全部拿走。一些 IT 人士预测，这 100 万股的市值可能会超过 5 亿美元，约合人民币 30 多亿元。

没有认股权，库克此时的收入也相当高了。他在 2010 年的收入是 59092572 美元，其中包含 80 万美元的年薪和 500 万美元的现金奖励以及 52333425 美元的股份红利，另外还有 90 万美元的非股东奖励和其他各种补贴 58306 美元，在 IT 界的收入当属佼佼者。

库克并不看重金钱，但金钱却是他才能的最好证明。2001 年，库克是苹果唯一得到奖金的人，金额为 50 万美元，而他当时的年薪不过 45 万美元。在 2009 年乔布斯病休期间，库克因为工作出色在第二年得到了 500 万美元的奖金和价值相当于 1700 万美元的认股权。2011 年，库克卖出了 37500 股的认股权，得到了 12991753 美元，折合人民币 8000 多万元。

美国证券交易委员会曾经发布了一份有关苹果事业的报告书，文件中提到，从 1998 年到 2007 年，库克在苹果一共获利 4804 万美元，纯年薪收入是 531 万美元。尽管在这 10 年里汇率存在着变化，物价也在上涨，但如果按照 1:6.3 的汇率大略统计一下可以得知，库克在这 10 年里一共赚到了 3 亿 265 万元人民币。

库克的收入不仅来自苹果，他从 2005 年开始担任耐克的董事，在 2007 年到 2010 年从耐克那里拿到了 60 万美元。

虽然库克是一个腰缠万贯的富豪，他本人又不是拜金主义分子，那苹果为什么要给认股权增添附加条件呢？其实，这正显示出苹果对库克的重视程度：一方面，苹果是真的不惜一切代价要挽留库克，这是对库克个人能力的绝对肯定；另一方面，认股权意味着库克未来 10 年在苹果内部的地位无人可及。

认股权奖励是由苹果董事会决定给予库克的，而当时的董事会主席正是刚刚卸任的乔布斯。由此人们猜测：乔布斯主动辞职不仅是因为身体原因，更是希望通过让贤挽留住库克，防止他跳槽。美国的一位报刊作家约翰·德沃夏克说："蒂姆·库克恐怕难以接受在乔布斯死之前都一直充当代理 CEO 的角色，这次让蒂姆·库克升任正式 CEO 是苹果为了留住他而推行的举措。"2011 年著名的《福布斯》杂志也认为："此前有报道称，苹果董事会为了寻找合适的 CEO 继任者，曾在今年夏天接触过猎头公司。这样的消息无疑会动摇蒂姆·库克的信心，而这次董事会让蒂姆·库克继任，也是为了给他吃一颗定心丸。"

苹果的担心是有道理的，库克是一个在 IBM、康柏等大型 IT 企业工作过的人，常年身居要职，经验丰富，眼光独具，回顾他的职业生涯，一直是遵循着良禽择木而栖的原则，尽管他崇拜乔布斯，认同苹果的企业文化，但这并不意味着他会将后半生都交给苹果。

对于像库克这样一个不可多得的人才，很多企业也在绞尽脑汁将他挖过去，其中不仅包括 IT 企业，像美国汽车行业的龙头——

通用汽车也在闹危机的时候想依靠库克来拯救其于水火，甚至还有法国雷诺汽车公司 CEO 卡洛斯·戈恩、德事隆集团的 CEO 路易斯·坎贝尔以及戴尔等公司，都表示有意让库克入伙。

在这些挖墙脚大军中，闹得最厉害的当属惠普。2010 年 9 月，各大媒体上纷纷宣扬，惠普要将库克挖过去当 CEO。原来在当年 8 月，惠普的前任 CEO 马克·赫德由于性骚扰事件辞职，此后惠普的 CEO 职位一直空缺。在马克·赫德离任后的一个月就传出了惠普要拉库克加盟的消息，导致苹果股价立即暴跌 6%。这和乔布斯辞职时苹果股价 5.1% 的跌幅相比，影响力似乎更大一些。

库克的炙手可热，恰恰说明了乔布斯当年聘用他的正确性，也证明了苹果现在是离不开库克的。低调的库克对外界的传言不予承认，他表示，这些传闻是缺乏常识性的，他现在在苹果工作得十分开心。在库克表态之后，苹果的股价有所回升。那些曾经质疑库克的人不得不承认，他的影响力正在追赶乔布斯。

认股权的兑现期长达十年，这从侧面又说明了一个问题：库克在未来十年中连续担任 CEO 的可能性相当大。如果说 1997 年到 2011 年的 15 年中，乔布斯是苹果的掌门人，那么从 2011 年到 2021 年的 10 年里，库克将成为新一代的教主。假设在此期间苹果没有培养或发现第三个人才的话，那么公司将面临后继无人的尴尬境地。

库克，你的接班人会是谁？

乔氏 PK 库氏

一直以来，人们总是热衷于将库克和乔布斯进行比较，找出他们的相同点和不同点。如果单从商业哲学上看的话，乔布斯和库克的差别究竟表现在什么方面呢？或许我们可以将乔布斯看成是一位战将，而将库克看成是一位管家；一个凶悍，一个温和；一个善于披坚执锐，一个长于运筹帷幄；一个像武将，一个似文臣。

一位苹果前员工曾经这样评价库克和乔布斯的差别："史蒂夫·乔布斯是战争年代的 CEO，而蒂姆·库克则受命于和平年代。"这位员工说得不无道理，从某个角度来看，续写神话当然要比创造神话更不容易，在库克接手苹果之时，已经不再是 1996 年乔布斯王者回归时面临的百废待兴之态，所以库克无法像乔帮主那样一举一动都影响着整个世界，也无法从零开始刷新一项又一项的记录，相反，库克要承担着人们对他的更多期待和厚望。身为苹果新纪元的领导者，库克和他的前任乔布斯究竟有哪些差别呢？

第一，发布会风格迥异。

如果单从苹果的发布会来看，凡是由乔布斯组织的产品发布会，往往是每一年苹果最让人们记忆犹新的时刻。乔帮主的发布会风格早在 1984 年苹果发布 Macintosh 时，就已经初露端倪，当时那场发布会被装扮成一场感观盛会：乔布斯的登场伴随着天地混沌分开的舞台效果，同时还搭配了唱诗班集体合唱的《哈利路亚》。

库克和乔布斯不一样，他每次在苹果的发布会上都不会扮演主角或者是先知的形象，而是扮演着主持人或者司仪。库克的通常做法是，在发布会开始后立即宣布苹果要推出的新品，随后拿苹果对手取笑，最后将主导权交给苹果的产品营销主管、软件主管等人，方便更专业地介绍产品。相关数据显示，库克每次在台上停留的时间大概在 20 分钟左右。不论怎样，人们再也听不到乔布斯说出"One more thing……"这句话了。

第二，遵守不同的营销策略。

乔布斯对产品的重视程度要高于对市场的重视程度，因为他相信酒好不怕巷子深，而库克则不这么认为，他觉得产品再出色没有合理的营销策略，也会影响其推广。比如在对待中国市场的态度上，乔布斯保持着冷漠而库克则十分重视。

第三，对投资人的重视程度不同。

乔布斯在位时，对苹果的投资者一向不怎么重视，他很少和投资商会面，并认为这是一种"屈尊"行为，不过库克在位时却不是这样，他将接见投资商当成重要的工作内容之一。他会慷慨地给股东分红，鼓励他们继续跟苹果合作。

第四，对消费者的重视程度不同。

乔布斯曾经说过一句饱受争议的话："顾客不知道自己想要什么。"人们由此推断出，这是乔帮主拒绝推出七英寸平板电脑和大屏手机的原因，因为乔布斯根本不介意消费者的这一类需求。在 2010 年的一次采访中，乔布斯就苹果是否会推出七英寸平板电脑而坚定地表示："不，7 英寸的平板很鸡肋，因为和智能手机的屏幕相比太大，和 iPad 相比又太小。"后来乔布斯又多次在公开场合断言："3.5 英寸是最适合人类的屏幕大小，而超过这个最佳尺寸的手机则鲜有顾客问津。"

2012 年 10 月，库克宣布推出 7 英寸屏幕的 iPad mini，一举成为了苹果历史上最受欢迎的 iPad 产品之一，后来推出的大屏手机 iPhone 6 系列也创造了苹果手机的历史销售新高。和乔布斯的刚愎自用相比，库克更加看重用户的想法和意见，他认为用户可能不知道自己想要什么，可他们未必不知道怎样去选择。

第五，价值观的不同。

乔布斯认为多数人的思维都有很大的局限性，他们认为自己无法让一些事情发生重大改变。但乔布斯从来不接受这一点。他让每个人（苹果顶级高管）抵制这种人生观。如果你可以做到排斥这种观点，你就可以改变一切。这就是他一生坚守的信念。乔布斯绝不只是停留在说教层面，他身体力行，将这种不甘于现状的理念灌输到公司中。乔布斯相信，如果苹果能够为人们提供最好的产品和工具，那么他们就能够给予苹果丰厚的回报。他坚信，这就是他对这个世界的最大贡献。库克说乔布斯是全世界最好的 flipper（反复无常，意见经常变）。这么说是因为他不跟任何一个位置或者观点厮守终身，能跟他过一辈子的只有他的哲学观和价值观。"他所带来的价值观，还有让我们生产全世界最优秀的产品以丰富人们生活的精神，这些都是苹果的核心。"库克这样说。

库克的办公室桌上摆放着罗伯特·F·肯尼迪和马丁·路德·金的照片。至于为什么要摆放这些照片，库克的解释是：它们体现着公民权利。库克对价值观的理解是："给人以尊严和平等。每个人都应拥有基本的人权，不管他们的肤色、宗教、性取向、性别是什么。每个人都值得被尊重，我会为此争取到底。"显然，这些价值体系让库克延伸到了他的公司管理上，他曾经说："包容激发创新。"后来，在库克和成千上万的苹果员工参加同性恋游行时再度高喊出这句话："祝贺今天来参加游行的 5000 个苹果雇员及其家人，包容激发创新！"

第六，对系统开放性的观点不同。

库克在接受《商业周刊》采访时曾经说："硬件、软件和服务之间的界线将变得模糊甚至消失……成功的唯一方法是每个人都参与到合作当中，而不只是在一起工作。"显然，他不像乔布斯那样只考虑系统的稳定性，而忽略了封闭性带来的种种弊端。随着不同苹果设备之间的服务相互融合，库克对操作系统的重组已经有了理想的效果。iPhone 6 和新的 iOS 8 以及 MacOS X Yosemite 操作系统，被专业人士认定为具有"连续性"功能，因为用户能够在他们的 Mac 笔记本电脑上开启电子邮件或其他任务，接着还能在 iPhone 上继续操作，将它们转移到 iPad 或者 Apple Watch 上。

第七，用人风格方面的不同。

库克继任 CEO 之后，炒掉了斯科特·福斯托尔，他可是乔布斯生前最信赖的助手之一。福斯托尔主要负责 iPad 和 iPhone 的软件开发工作，虽然他经验丰富，但却很喜欢搞分裂，并且还拒绝为饱受差评的 Apple Maps 和 Siri 语音识别服务负责。据说，当时库克宣布这个重要的决定时，苹果公司的办公室安静得能听见呼吸声。在炒掉老人之后，库克为了搞好苹果如火如荼的智能穿戴业务，立即开展了声势浩大的招聘活动，将一些时尚人士招收到苹果身边，其中有著名的钟表制造商豪雅的销售主管帕特里克普鲁尼奥克斯，还有服装公司伊夫圣洛朗前首席执行官保罗丹尼夫等行业精英。

第八，对保密态度的不同。

库克在 iPhone 6 的新品发布会上，模仿了乔布斯当年的桥段，用那句著名的"One more thing"作为演讲中的关键词，然而大家都知道苹果的智能手表即将问世，但库克依旧作出一副神秘兮兮的样子。

在乔布斯时代，苹果最大的特征是保密，对此乔帮主曾经说过："本次会议如果有人泄露，不只是会被解雇，我们的律师还会尽力起诉。"所以每次乔布斯组织的苹果新品发布会，外界都不知道会发布些什么，也总能给人以惊喜。而库克时代的苹果发布会，变成了人们确认哪些小道消息是真实的鉴别会了。

第九，社会责任感的不同。

库克曾经聘请美国环保局前局长丽莎杰克逊负责苹果的环境项目。为了弄清苹果是否在环境方面做到最好，库克认真查看了公司内部的每一条环境影响视频，甚至还为这些视频配上了旁白。虽然乔布斯本人也表示对苹果的环境比较关注，然而他没有因为这个问题发怒过，即使是在 2005 年，苹果没有采取措施限制产品中的化学成分遭受外界批评时，乔帮主似乎也不怎么在意。

乔布斯和库克在对待环境问题上最大的差别要属富士康丑闻了。在富士康因为恶劣的生活环境和工作环境被媒体热议时，库克亲自访问了中国郑州的富士康工厂，展现出了极大的关注度，还带着苹果加入了公平劳工协会，要求这个组织对富士康进行审核。如果是乔布斯在位时，恐怕会对这个问题睁一只眼闭一只眼。

第十，性格上的不同。

在库克以苹果二号人物的身份步入公众视野之后，经常被人形容为乔布斯的对手，其实库克并非这样，他和苹果的员工十分亲密，在园区里遇到想要跟他合影的总是欣然接受，而且愿意回答每一个问题，即使耽误了他的时间也无所谓，如果话题碰巧是库克感兴趣的，那么他会将更多的热情释放出来，如果是乔布斯的话怕是只能伴着一张威严的脸孔。库克的这种个性，能够让人们增强对苹果的好感度，并认为这是属于苹果新时期的企业文化特质。

尽管乔布斯和库克在很多方面存在着不同，不过就库克本人而言，他完全具备了出任苹果 CEO 的资格，这主要源自于他在三个方面的强项。

第一，库克拥有强烈的自信心。

库克曾经在多个公共场合承诺，苹果将推出"让人赏心悦目的新产品"。在苹果的第三财季财报电话会议上，库克说："新产品和新服务将是公司的重要催化剂。"这并非是库克在低估苹果的未来，而是他要考虑到股票单位之间和苹果在股票市场的表现，这既给予股东们以承诺，也展示了对苹果未来新品的信心。

第二，库克能够在艰难的境遇下作出正确的抉择。

在苹果将谷歌地图应用从 iOS 系统中删除之后，推出了自家开发的地图应用，然而这款地图实在槽点太多，一经推出就遭受着外界的指责和抨击，库克要求苹果地图应用的负责人斯科特·福斯塔尔向用户致歉，结果对方置之不理，最后库克解雇了他，改由他自己向用户道歉。显然，这是库克在危机公关中做出的出色表现，也顶住了炒掉苹果一员老将的压力。

第三，能够得到投资者的信任。

投资者是否看好一家企业的未来发展，跟它的 CEO 的表现有着密切的联系，当亿万富翁卡尔·伊坎购买了苹果大量的股票之后，人们终于相信这是源自于对库克本人的信任。

虽然一直有人质疑库克 CEO 的执掌能力，但是在苹果内部，还是有很多人支持他。人们渐渐发现，虽然乔布斯是一个雄才大略的人，但库克的管理风格对苹果目前的企业文化特点有更好的推动作用。一位苹果的前员工对此的评价是："苹果不再像以前那样疯狂了，也不像以前那样苛刻了，他们正朝着积极的方向发展。"

4 天才运营大师

JIT 库存系统

乔布斯和库克共事期间曾说：库克时刻都在琢磨着如何让苹果的未来更有希望，他所策划的也是长远计划，是不可多得的运营官。

库克在 IBM 就职的 12 年里，主要负责的工作就是 PC 部门在北美和拉美地区的生产和分销，随后他又去了渠道智能电子公司出任电脑分销部门的首席运营官，最后在康柏做的工作是负责材料采购和库存管理。

库克能够在这些知名的大企业中担任要职，可见他的实际工作能力是很突出的。在长达十几年的管理实践工作中，库克积累了众多在制造、分销、库存管理以及财务管理方面的经验，也相应积累了各条战线上的人脉，这正是乔布斯礼贤下士的关键——有才，就要为苹果所用。

乔布斯在管理方面的弱势，让库克的到来成了苹果继续存在的希望。库克接手时，苹果可谓是一个烂摊子，要想把苹果从低谷中拯救出来，只能依靠对公司复杂的供应链系统进行清理来实现。库克知道，供应链管理对企业来说，是决定生死的关键环节。他认为，企业要想在以买方为主导的市场竞争中存活下来，提高产品质量只是一个方面，除此之外还需要加强产品在市场管理和运作等方面的技巧，这就涉及到了供应链管理这门学问。

供应链管理，主要是指在以市场和客户需求为导向的前提下，核心企业进行协调，以共赢为原则，以提高竞争力、市场占有率、客户满意度、获取最大利润为目标，通过运用现代企业管理技术和信息技术对整个供应链上的信息流、物流、资金流的有效规划和控制，让客户、供应商、制造商等合作伙伴构成一个完整的网络结构，最终形成具有竞争力的战略联盟。

库克在谈到供应链管理实质的问题时说："苹果公司要想优化供应链管理，就要深入供应链的各个增值环节中去，并且试图将顾客所需的正确产品在正确的时间，按照正确的数量、正确的质量和正确的状态送到正确的地点，同时还要确保成本最小化。"

库克认为，供应链管理的最大意义在于能够让企业和上下游企业在不同的市场环境下实现库存的转移，帮助企业降低库存成本，而实现这个目的的最好做法就是要求供应链上的各企业成员培养出一种战略合作关系，依靠快速反应减少库存的总成本。

苹果是世界上数一数二的实力雄厚的 IT 王国，它拥有一个庞大且复杂的供应链系统，因此库克在苹果工作的十几年中，发挥的最重要的作用就是调查并分析了苹果的供应链。为此，他经常强调一句话："把合适的产品在合适的时间以合适的成本送到合适的地方。"

2010 年 2 月，《福布斯》撰写了一篇名为《苹果的生态系统》的图片文章，内容是：假设你随便打开某个苹果的产品，你会发现里面有很多零部件不是苹果自身生产的，可见苹果和其他制造商一样，依赖着一整条很长的供应链系统。

苹果的合作伙伴确实很多，提供液晶屏的 LG、代工组装的富士康，提供 PC 处理器的英特尔，提供图形处理器的 AMD，提供 wifi 芯片的博通，提供固态硬盘的希捷……这些列举的供应商还只是苹果供应链条中的一小部分，还有很多公司都在这个链条上和苹果共生共存。

没有这么一整条供应链存在，苹果就难以运转下去，也不可能生产出任何产品，乔布斯也不会取得如此辉煌的成就。而这条供应链的管理工作，是由库克一手搭建而成的。

1997 年的苹果，可谓内外交困债台高筑，其中最糟糕的就是苹果的产品线。当时产品型号泛滥，光是台式机的型号就高达 12 种，加上本已混乱不堪的管理，造成了苹果的生产和供应链效率极低，成本却降不下来。焦头烂额的乔布斯将这样一个濒临倒闭的公司交给了库克，库克在对苹果的运营管理现状进行分析之后，马上采取了三项措施：首先，关掉苹果的大量生产设施；其次，建立与亚洲制造商的合作关系；最后，打造 JIT 库存系统。

JIT（Just In Time 简称 JIT）系统又被称作准时制库系统，目标是实现零库存，基本思路是企业自身不存储原材料库存，如果需要会向供应商提出，由供应商按时送过来维持生产的正常进行。

库克十分清醒地了解到，当今的市场环境已经由原来的封闭型转变为开放型，整个世界已经构成了一个巨大的市场，相比之下，库存管理属于生产服务范畴，它必须保证在任何时候都让仓库有固定的存货，维持生产的正常进行。传统的库存管理缺陷很大，采用的是经济批量法，管理人员通过经济批量公式算出订货费用和库存费用以及最低的订货批量。这种方法看起来科学，但实际操作中会存在各种问题。

传统的库存管理的核心法则是，试图寻找一种解决库存优化问题的数学模型，可由于库存管理涉及多个方面，内容复杂，要对大量信息进行处理。库克看到，在现代制造业当中，企业对生产物料的需求既不平均也不稳定，这就让传统库存管理系统下达的订货时间偏早一些，造成了物料的积压，浪费了大量的资金也增加了库存成本。另外，库克也发现，因生产需求的失衡会造成库存短缺，会给生产带来严重的损失。综上所述，库克认为，假设苹果使用这种库存管理模式将会背负莫大的风险，一旦市场需求出现中断，随之而来的就是可怕的库存积压，进而导致资金周转期延长。

糟糕的是，在库克来到苹果之前，他们就是采用这种方法来管理库存的。库克马上意识到，如果不能解决这个问题，公司的生产将被大大拖后。于是，库克构思出了一种全新的库存管理方法——JIT 库存系统。

JIT 生产方式，指的是在需要的时候按照需要量生产所需的产品，这种方法能够合理地利用各种资源，降低成本，避免在生产过程中造成资源浪费以及任何不产生附加值的活动。总的来说，JIT 的核心思想就是追求一种零库存的生产系统，或者是一种让库存达到最小化的生产系统——消除一切只增加成本，而不同产品中增加价值的过程。库克想要通过 JIT 让苹果实现利益最大化和成本最小化。

在 JIT 系统推出之后，苹果很快扭亏为盈，回到了正规的发展轨道上，而库克正是妙手回春的神医。不过，库克并没有就此满足，他深知供应链管理任重道远，苹果只是暂时摆脱了眼前的尴尬处境，要想走得更远必须进一步完善供应链系统。库克说："供应链管理策略是公司战略的一个重要组成部分，苹果公司要想在业内保持领先优势，就必须在供应链管理上下功夫。"

完善供应链玩转供应商

从 1998 年进入苹果到现在，库克一直在苹果供应链系统上日夜奔忙，他崇尚创新，也将创新应用在了苹果的供应链管理上。

库克发现，由于海运成本要低于空运成本，所以很多企业都用这种方式来运输零部件。可是经过对比库克并不看好海运，因为这种方式速度慢且效率低，很容易拉长产品制造销售周期。库克便将目光转向了空运。为了能让新款的半透明 iMac 在圣诞夜期间铺货，苹果耗费了 5000 万美元的天价买断了圣诞购物季期间一切可用的空运空间。

无独有偶，在 2001 年 iPod 准备进入市场之前，库克采用同样的方法将 iPod 从中国的工厂送到了用户的门口，这种独辟蹊径的套路给了竞争对手沉重的打击，他们真想不到苹果还敢这么玩。

库克的目标是将苹果的供应链管理实现规模效应，而不是一朝一夕的快慢。为了能让苹果的原型产品以最快的速度转化成大规模的生产设备，库克经常会要求设计团队和供应链、生产商保持联系并投入巨额资金。

说到苹果的设计团队不得不提一下，苹果的工程师们和其他公司的不同，他们经常会花费几个月的时间住在酒店里，这是为了方便和供应链及生产商接触，使他们能够在第一时间对工业流程进行调整，最终的目的是提高供应链和生产商的工作效率。

当初苹果在为 Macbook 设计机身的时候，使用了 Unibody 一次成型工艺，这种工艺需要用一块完整的铝片制造出成品，因此在生产这种新设计时，设计师需要和供应商碰头，共同开发一种专用的新设备。苹果对几条产品线的同时专注和设备定制能力，是它稳步立足于市场的杀手锏。苹果拥有着统一的战略，它的一切业务都围绕这个战略展开——这都是库克努力的结果。

苹果为了能获得数量充足且价格便宜的零部件，在每次投产时都会拿出巨资支付给供应商，而其他企业则望尘莫及，这种竞争优势极具杀伤力。一家钻孔机厂商表示，苹果曾经为了制造足够多的 iPad，购买了大量的高端钻孔机，为 iPad 生产内壳。因为订单量太大，钻孔机厂根本无法接其他客户的单子，致使他们等了几个星期甚至半年才拿到成品，而这正是库克想要的——降低零部件成本、制造费用和运输费用。

苹果因为采购量巨大，成为了多个厂商的 VIP 客户，议价权也超过其他订货商，这就是规模化效应的体现。最突出的例子要数 iPhone 4，它所采用的屏幕是 IPS 技术的 960×640 分辨率屏幕，在当时属于高清屏，提供这种屏幕的是 LG 和夏普，因苹果订单巨大，极大地消耗了这两家供应商的产能，导致摩托罗拉、HTC

等厂商得不到屏幕供货，只能从其他技术相对落后的厂家那里拿到 TFT 屏幕，在显示效果上明显输给了 iPhon 4。

规模化效应和马太效应，让苹果当之无愧地成为了 IT 巨头，具备了旁人难以企及的竞争优势，这种优势给苹果开拓了巨大的市场份额，又反过来促进这一系列良性效应的继续。面对苹果的"一哥"地位，其竞争者苦不堪言却又无可奈何。

库克一直将苹果的运营技能当作与产品创新和营销同等重要的资产甚至更为重要，因为出色的运营能力能够给苹果的竞争力提供最可靠的保障。

苹果的保密策略人尽皆知，其苛刻程度却非常人所能想象。苹果的供货商们对此深有感触，而保密措施也是出自于库克之手。

每当苹果发布新产品时，它对供应链的控制会上升到一个顶点，而在产品发布的前几个星期里，所有的供货商会通宵达旦地生产数以百万计的设备。为了避免在产品发售前泄密，苹果会在一些包装箱里安装电子监视器，让公司各部门的员工都能够追查工厂的状况，避免泄密现象的发生。毕竟，想要发一发苹果谍照的人很多，他们都以给苹果新品提前曝光为荣。

有时候，苹果为了逃避检查，偶尔会将产品放在土豆包装箱内进行装运。据说在 iPad 2 发售时，苹果就将所有的成品都放在了包装箱里，还让员工监视每一个传送点，码头、机场、卡车仓库和分销中心，目的就是为了确保每台设备都完好无损到达目的地。

如今，全球很多知名的高科技制造商，他们都会控制零部件的购买价格并掌握着核心部件按需流动。可如果仔细对比一下，还是库克做得更好。随着 iPhone 和 iPad 等产品的热销，苹果一跃成为了全世界市值最高的跨国科技公司，在业内无人能及，其储备的巨额资金也是竞争对手望尘莫及的。于是，新的问题来了——巨额资金该如何处置？

很多公司为自己缺乏资金而发愁，而苹果却因为资金太多而犯难，为此库克想出了解决办法，他用苹果赚来的钱去扩大海外工厂的产能，也就是买断苹果自己的供应链。很快，库克买下了大批高精尖的生产设备，用来装配亚洲目前新开的工厂。

库克从进入苹果那一天开始就定下了一个目标：让苹果的供应链在市场上形成垄断地位，这样就能实现规模化效应，给苹果带来无可估量的潜在成长值。库克的构想对苹果的发展极为有利，一旦苹果拥有了属于自己的生产设备，那么它的供应链系统会整合得更完善，而其他竞争对手能选择的供应商会越来越小。如果在技术上实现了垄断，苹果的产品具备的差异化优势将更加明显。

比较一下可知，像诺基亚、摩托罗拉、惠普和戴尔等公司在竞争力上弱于苹果，所以它们的供应商业务也极不稳定，而供应商不会因为订单增多而扩大产能，它们会采取大客户优先的策略。对于供应商来说，扩大产能是冒险的行为，一旦产品销量变小，利润也会被吃掉，因此和业绩不稳定的公司合作时，供应商们总是提心吊胆的。

库克明白苹果具备的优势，也看到了供应商的忧虑，所以他产生了一个想法：如果能让苹果替供应商分担一些设备风险的话，就能为供应链的不稳定起到保护作用，这对苹果是极为有利的。最明显的好处是，苹果每年的成本会减少15%到20%，等于变相提高了产品利润，还能帮助公司拓展市场。

库克能够为苹果谋划这么大的一盘棋，展现出了他深藏的竞争欲望，尽管他少言寡语，但他在运筹帷幄中体现出的手段绝对是技高一筹。2011 年，苹果在中国的供应商——富士康遭到了媒体的指责——用工环境恶劣，导致美国公平劳工协会对苹果终端零件提供商展开了调查。库克得知以后，马上要求富士康等代工工厂改善工人的工作环境并增加福利。

库克的做法是正确的，虽然提高供应链上的工人待遇会造成成本增加，但这种做法会给竞争对手以沉重的打击——供应链依旧在我手中，市场也就被牢牢占据。于是，在当年的手机市场中，苹果以绝对的优势荣登销售宝座，将三星等对手甩在了身后。

库克认为，苹果目前获得的超高利润，能够抵消供应链上增加的成本，而竞争对手由于成本增加又失去了高利润来源，所以给富士康员工提高待遇非常划算，也维护了苹果的品牌形象，更有力地打击了对手，确保了市场占有率。

像苹果这样从事互联网科技的企业，供应链不光包含着传统行业的硬件生产组装，也包含了产品中的软件和服务，假设苹果的软件和服务不存在优势，那么很容易被人超过甚至取代。自从 2007 年发售 iPhone 一代之后，苹果最大的服务提供商是谷歌，iPhone 的搜索功能、语音识别和地图定位等应用服务都是由谷歌来提供的。另一方面，苹果最大的竞争对手——安卓机也是由谷歌提供的操作系统，加上微软的 Windows phone 系统，掀起了一场旷日持久的"三国杀"。

库克敏锐地意识到，如果苹果不能在这些强敌中保持独特的竞争优势，那么未来被人赶超的可能性会相当大。鉴于硬件方面的比拼已经到了临界点，所以软件上的一争高下就成为能否致胜智能机市场的关键。由此，库克开始重视手机操作系统和应用软件的研究和提升。

2011 年，库克和供货商 Nuance 公司签订了合作协议，苹果在 2011 年的 10 月正式发售了 iPhone 4s，其中加入了人工智能语音助手 Siri，提供这个软件的语音和图像解决方案的正是 Nuance。苹果放弃了跟谷歌合作，提升了自身的软件体系，构建了更加完善的苹果生态系统。

在疏远了谷歌之后，库克又开始琢磨着让苹果的零售店在特定人群中形成垄断优势，因为在他眼中，零售店就是苹果业绩好坏的晴雨表，当苹果有新产品对外发售时，零售店会在第一时间内得到产品的反馈信息并将其反应到苹果的决策部门，促进部门进行有效的调整。如果是出现零部件短缺的情况，库克会及时让团队做出部署并购买设备，保证生产继续进行。

苹果是将制造、采购和物流完美融合的企业，而库克恰恰是这方面的高手。他对苹果供应链的整合，让整个体系变得简单而牢固。库克说："一家制造商及其订单履约过程越简单，就越灵活高效，也能更具竞争力地协助公司达到目标。"所以，库克总是力求完善制造、采购、销售和维修等环节，让苹果优于其他公司，真正打动用户，套住有实力的供应商。

精简主义，无缝供应链管理

库克极为重视苹果的零售业务，因为苹果的零售店在世界上也是盈利能力极强的零售店，哪怕是在其他零售店陷入业务低迷的时候，苹果依然保持着强劲的势头。苹果的零售店也独具特色，它以整洁、简单、有序为主要特征，给消费者留下了深刻的印象。不管涌进来多少客人，人们永远感觉不到店里有任何的凌乱和嘈杂，为此库克说："Apple Store 旨在简化并强化公司产品与相关解决方案的展示与行销。"苹果零售店的这种品牌概念，都和库克的精简供应密不可分。

库克崇尚精简主义，因为只有精简才能做到高效。当苹果把有限的经历放在少数产品上，才能做到专注，从而保证产品的高度延续性。不管是 PC 还是智能手机以及其他数码周边产品，库克的精简主义让整个产业链保证了正常运转，延续了产品高度，这也是库克将产品尽可能交给同一家公司的成果。

毋庸置疑，库克主导的这种单一制造策略，有效降低了苹果的生产成本。让苹果只要在少数地方协调物流和出货业务就能维持企业的正常运转。不过库克没有就此满足，他在将一些产品外包给亚洲的合作伙伴之后，还外包了运输和物流管理业务，降低公司对产品的直接管控和分配，简化了运营流程。

库克十分重视对合作伙伴的监督，因为只有这样才能确保产品和服务的质量。多年的运营管理经验，让库克尤为重视风险控制，他知道公司的供应链只要在一个环节上出了问题，那么将会影响到整条供应链的正常运行，继而给公司带来无法弥补的损失。因此库克选择产品供应商的时候极为谨慎，他会选择三家或三家以上的供应商为苹果供货，避免将鸡蛋都放在一个篮子里。另外，库克十分注重商业机密，一旦发现供应商违反了制定好的规矩，就会立即终止合作。

供应商为了不丢掉苹果这样的超级大客户，严格遵守着苹果制定的规矩。通常，苹果为了保守机密，会在产品发布的前一分钟才将相关信息透露给供应商，而在此之前会将消息完全封锁。

很多供应商在接听苹果的电话后，会按照要求将生产出来的样品交给苹果审查，只有确认没问题了才能批量生产。为了确保产品的差异优势，苹果始终坚持定制设计，根本不屑成品零件的简单组装，这也给供应商们带来了不小的压力。

库克这种思路被称为一箭双雕，它能够让苹果利用供应商之间的竞争关系得到最低的价格，同时也能减少一家供应商生产中断带来的危害。外界便送给库克一个"供应链管理巨匠"的美名。

以 iPad 为例，它的零部件供应商就有很多。两代 iPad 的零部件总成本差异很大，最主要的原因是新一代 iPad 的显示器成本高达 70 美元，然而 iPad 2 显示屏的成本却只有 49.5 美元。在新 iPad 零部件供应商中，苹果不仅保持着和原来合作伙伴的关系，还加强了和一些知名度不高的厂商的合作，比如负责生产数据存储芯片的美光科技和海力士半导体公司，负责制造通信芯片的博通公司和高通公司等。库克认为，只有一家供应商的话，若公司出现供应问题，就会造成生产销售链条的断裂，从而给公司带来巨大的损失。

苹果的一个软肋是，它的硬件制造模式比较简单，不过这并不影响它辉煌的销售业绩。在美国，iPhone 的重复购买率达到 50%，换句话说，用过 iPhone 的人中有一半会继续购买，使用黏性极高，这种对高端市场的高占有率是一般公司难以达到的。

那么，苹果的销售量巨大跟它自身的销售模式不无关联，而这种良性的销售模式正是由库克亲手打造的。库克以他多年的运营管理经验，为苹果构建了供产销一条龙体系，而他采用的手段也是别出心裁的。

美国有两大著名的运营商，一个是 AT&T 公司，另一个是

Verizon 公司。2007 年苹果推出 iPhone 之后，选择了 AT&T 公司作为全球首家销售 iPhone 的通信运营商并签订了一份具有排他性的合同，AT&T 也由此拿到了美国的独家代理权。凡是想购买 iPhone 的用户必须要成为 AT&T 的合同用户。不过，随着安卓的市场占有率越来越高，库克认为苹果继续只和 AT&T 合作会削弱苹果的市场份额，为避免陷于被动，库克另外寻找了一家运营商——Verizon 公司，双方在 2011 年初签订了合作协议。

库克的选择没有错，在他将鸡蛋放在不同的篮子之后，iPhone 的销量直线上升，势头盖过了发展速度同样迅猛的安卓。库克没有就此满足，他知道市场竞争不进则退的道理，他还要继续带着苹果杀进。当 iPhone 4s 马上要进入市场时，库克又联系了其他运营商签订了合同。库克的供应链管理思想是，将产品战略和供应链结合在一起，而不是孤立地分开，让苹果的产品在持续追求差异化的道路中前进。苹果的独树一帜，让它具备了其他竞争对手不具备的优势，确立了其高端的市场定位。

差异化战略，是每一个市场参与者都明白的道理，但是知易行难，库克领悟到了这种差异化战略的打法——让供应链达到快速和敏捷的程度，最大限度地降低成本，做到高效优质。正是执行了这样一条路线，苹果每次推出新品时，其供应链系统也会跟着产生联动效应。

在苹果准备推出 iPhone 的时候，为了能将技术最好的触摸屏装备在这款手机上，库克在供应商建厂时就积极跟进，投入了巨额资金，买断了供应商 6—36 个月的产能，把其他竞争对手活活挤了出去，而苹果又拿到了最优惠的价格，增强了产品优势。

库克在供应链管理上的出色表现，也让很多人发现和意识到，没有乔布斯的苹果依旧在正常运转，没有乔帮主，iPhone 5、iPhone 5s、iPhone 6……照样触动了全球"果粉"们的关注和疯抢。以 iPhone 5 为例，在其发布后的九小时，淘宝上一家香港网店代购数量就超过了 600 部，售价为 6000 元，位列淘宝销量第一。74 天、7 天、3 天、1 天，苹果从推出 iPhone 2G 到 iPhone 4S，数量高达几万台的纪录持续刷新着，让人目不暇接。

有人将 iPhone 的奇迹归功于苹果的无缝供应链催熟领先技术。不言而喻，iPhone 成功的关键在于库克打造的无缝供应链，苹果能够渗透到手机上游所有元器件的开发、生产和制造的过程中，从而创造了手机技术始终领先市场两年的奇迹。根据数据显示，iPhone 中大概包含了 500 个元器件，由上游的 200 多家供应商提供。库克还对供应商提出了要求，必须让苹果完全控制手机生产的每道环节。

手机在出厂前，通常会进行黑盒测试，也叫做功能测试。在测试中，程序被看作不可以被打开的黑盒，要在不考虑程序内部结构和内部特性的前提下，着眼于程序外部结构，测试软件界面和软件功能。库克给供应商提出了要求：手机元器件质量标准必须超出行业的五倍以上，因此每一代 iPhone 的市场开发周期要长达三年，其中两年的时间留给元器件供应商，为的是让他们慢慢催熟尚未普及的技术。

从某种意义上说，库克颠覆了苹果的整条供应链管理模式。每一部 iPhone 都是苹果和上游元器件供应商共同制造出来的。这种特殊的供应链模式，缩小了设计开发和制造生产两个环节之间的距离。此外，库克还会将大批的手机工程师下派到元器件工厂参与开发，比如富士康工厂中之前就有将近两千个苹果工程师进驻。

苹果在手机技术尚未成熟时就一边使用一边进行升级开发，而其他厂商则固守着"拿来主义"，因此在技术上要远远落后于苹果。苹果在创新的路上飞奔，这些竞争对手则原地踏步，距离称霸行业巨头相距甚远。

苹果在供应链上的辉煌业绩，离不开库克的精细化管理和高效运营手段，库克的存在帮助苹果整合了原本混乱的生存命脉，构造了一条清晰化、程式化和规模化的现代 IT 供应链法则，将苹果的每一款产品都推向了成功的顶峰。

分销渠道发威

如果有了好产品却没有好的销售渠道，无异于将产品关闭在实验室里，显现不出它的市场生命力。库克认为，苹果要想在国际市场上始终保持领先地位，不仅要在产品上做文章，更要在销售渠道方面下功夫。产品至上的理念并没有错，但忽视营销手段的助推作用，也会影响到苹果的品牌建设。为何苹果的每一款产品都能大卖特卖，为何苹果在进入一个新市场后能在最短的时间内迅速占领市场并保持领先，这不单纯是苹果产品的优异，更是其分销渠道的成功。

以苹果在中国市场为例，在和中国联通独家合作的三年合同未到期之际，苹果就开始积极寻找其他代理商，库克的这种做法被认为是脚踩多条船，也有人为联通感到不公，甚至认为苹果不讲信用。事实上，库克这么做并非是要彻底抛弃联通，而是对中国市场的销售策略有了新的调整和改动，他想让苹果在合作中获得更多的主导权，不受制于他人。

2011 年 2 月 17 日，中国手机分销商天音控股正式发布公告声称，公司在 2 月 15 日正式收到苹果寄来的分销商协议，由此正式成为苹果在中国地区的制定授权分销商，将分销苹果列出的授权产品清单中的一系列产品。库克此举显然是要扩大当时被热炒的 iPhone 3GS 的销售渠道。

库克在分销渠道的问题上向来谨慎而大胆，所谓"谨慎"是认真挑选有实力的合作伙伴，而"大胆"是他一旦决定就不会考虑细枝末节。由于在乔布斯时代对中国市场的忽视，让苹果上下少有人了解这块新市场，而库克却觉得这是苹果营销策略中的一处失误。在库克的带领下，苹果改变了对中国市场的保守认知，加快了进军这块潜在利润极大的新战场。

在苹果和中国联通合作以后，库克一直筹谋着做出更大的动作推动其在中国市场的影响力。2010 年，苹果在上海开了第一家旗舰店，此后苹果高管透露要在 2012 年以前在中国继续开设 25 家类似的直营店。

在 2011 财年第一季度财报中，苹果强调了来自亚洲市场特别是中国市场的收益和反馈，根据相关财报数据显示，苹果零售店的营收处于不断增长之中，而中国市场对苹果产品的需求也尤为热切，促使 iPhone 在亚洲的市场销量增长最快，业绩同比增长 100% 以上。由此库克认定，苹果不应该排斥中国市场，因此必须在分销渠道上做好充足的准备。

分销渠道战略，一直是企业发展的重要组成部分，对企业日后的产品生产和销售有着铺垫意义。苹果的产品专业性极强，不仅有着较高的科技元素和设计美感，还被库克设计出了一套独有的分销体系。

第一是代理商，代理商对苹果的重要意义是将产品推向更多的普通消费者，所以苹果除了在专业领域寻找客户之外，更是在普通用户市场站稳了脚跟，丰富了客户资源，因此苹果和代理商之间的互惠互利关系能够让公司顺利地开展业务。

第二是人员销售，因为苹果电脑在图形处理、核心频率和顶点处理单元等方面有着天然的优势，因此吸引了美国很多广告公司，比如麦肯、奥美之类的，它们都购置了大批的苹果电脑从事设计工作。在和这些大客户打交道时，苹果专门设置了办事处和分公司，在营销中心的统一管理调配下为这些客户服务，并时刻准备着开发区域内的新客户。

第三是分销商，分销商和代理商不同，苹果给予他们很大的分销权，通过良好的利润和产品培训促进他们在销售环节上的优势。

第四是OEM，在一些配件上，苹果授权第三方公司生产类似的产品并允许在市面上销售。

第五是网店，网店并非是淘宝那样的分销网上销售，而是苹果自己建立的官方网站，不论是苹果电脑用户还是iPhone、iPad用户，都能够在苹果官网上找到产品、更新软件和相关配件等，而且购买的流程十分简单，让用户只需要几分钟几次点击就能完成购买，非常方便。

第六是自营店，苹果的自营店帮助它在中国聚敛了大批的粉丝群体，赢得了高额的利润，成为苹果分销渠道前线阵地中最有杀伤性的营销利器。

以上就是苹果分销体系中的重要构成部分，这些独具特色的分销模式帮助苹果赢取了巨额的销售利润，让苹果迅速占领了市场，树立起了强大的品牌感召力。当然，库克十分清楚，分销渠道只是产品营销的一个部分，作为企业最宝贵的资源，只有加强对分销渠道的长期管理才能建立优势，不然将会反过来制约企业自身的发展。

如此庞大复杂且支系繁琐的分销渠道，管理起来并不容易，库克的管理方法也分成几个部分。首先，库克很重视对渠道成员的奖励机制，为此他不断摸索这些参与者的需求和欲望。分销渠道人员对利益的追求是产品是否热销的重要因素，幸运的是，苹果是一个让分销商感到满意的商家，由于巨大的广告投入给苹果系列产品赋予了强烈的时尚色彩，所以消费者在社会认知度和认同感方面都有着强烈的体验，而这种体验是其他产品难以具备的优势。

根据数据统计可知，苹果在 2007 年 6 月到 9 月间对 iPhone 广告的投入就达到了 1660 万美元，2008 年，苹果向美国证券交易委员会提交的 10-K 文件显示，苹果在 2008 年的广告预算资金达到了 4.86 亿美元，而在 2006 年到 2008 年的 3 年中，苹果的广告花销总额达到了 13 亿美元，其中 2006 年为 3.38 亿美元，2007 年为 4.67 亿美元。

苹果投入了巨额资金在广告上，势必会刺激消费者的购买欲望，也让一些分销商看到了苹果雄厚的实力，增强了他们与苹果合作的欲望和信心。

由于分销商为了自身库存和资金流转率做出的权衡考虑，库克会促使他们希望得到苹果更多的产品组合的订单，也就意味着分销商们希望和苹果之间的合作更加紧密，不存在疏远的征兆，这种愿望反映了分销商希望消费者同时购买多个苹果产品的销售策略。

以 iPod 为例，在它问世之初，主要是作为苹果电脑的一个附属配件而存在的，是为了让购买苹果的消费者拥有一款时尚智能的随身音乐设备，它的热销就让分销商从中得到了巨大的利益，这就是苹果电脑＋iPod所带来的意外收获，所以分销商希望同时拿到更多产品彼此搭配的订单类型。

正是凭借着复杂而坚固的分销体系，库克帮助苹果产品从美国走向了全世界，成了亿万"果粉"狂热追逐的品牌，这一点他功不可没。

成本控制专家

身为一个运营专家，库克在成本控制方面具有过人之处，他是一个做事果断勇敢且雷厉风行的人，只要他认定的事情必须要做到极致，这一点和乔布斯十分相像。在库克看来，越是像苹果这样规模庞大的企业，就越要做好成本控制，只有突破成本带来的羁绊，才能实现利益的最大化，因为每一个公司都时刻研究着成本控制的秘诀。

库克初入苹果所带来的最直接作用，就是解决了高成本给公司运营带来的麻烦，库克的精细化管理让苹果的成本控制做得十分出色，让很多竞争对手都自叹弗如。比如iPhone系列产品，在它进入市场之后，很快就占据了智能手机市场的半壁江山，甚至将曾经的王者诺基亚逼到了绝境。

诺基亚在和苹果的对抗中，就承受了巨大的压力，虽然诺基亚手机价格要比苹果低很多，但在成本控制上却不及对方，诺基亚的低价背后，隐藏的却是高昂的成本。由于高成本对公司的产品生产造成了阻碍，致使其产品盈利能力逐渐弱化。最后，诺基亚得出一个结论：如果要在成本控制上和苹果竞争，就只能将每一个手机配件的成本价格压缩到最低，这样才能具备和苹果规模化优势相抗衡的资格。

根据当时一些国外媒体评测称，诺基亚每卖出两部 Lumia 才能等于苹果卖一部 iPhone 赚到的钱，这背后所反映的正是库克出色的成本控制。

单从市场份额来看，安卓智能机所占据的比重明显更大，但这并不能证明它的盈利能力也是最强。按照市场竞争法则，只有那种能保持低位的公司和股东才能赢得最大的利润，显然这不是安卓的优势。相比之下，成功做好成本控制的苹果，却能够为自身在激烈的同质化对抗中保有明显的优势。

可以说，苹果的每一款产品都是用料上乘，匹配最佳，这其中包含了 iPhone、iPad、iPod 以及 Macbook，它们以极其优质的组装零件和过硬的组装性能让每一件产品都成为无可挑剔的存在，在同类产品中的竞争优势不言而喻——成本低，利润高。当然，在苹果早期生产的产品中，也存在着价格高的离谱的现象，比如 iMac，很多人对它的评价是："一部 iMac 是多么神奇的机器啊，它由很好的材质制造，也拥有了不起的 OS，但是，哇哦，看看它的价格。"

那时苹果的成本控制的确很高，导致产品价格不菲，无形中流失到了一部分对价格敏感的消费者。当然，那些不差钱的消费者并不在意这些，他们还会认为好东西理应以高价来购买。久而久之，对成本控制也无能为力的乔布斯，就接受了这个事实，反而将其当成了苹果的定价原则——物美价不廉。

在这种价值体系的影响下，苹果的各类产品在走向全世界的过程中，不光让苹果这个品牌名扬四海，也迅速地帮助乔布斯赚取了高额的利润。苹果依靠它的巨大现金储备，使其在生产能力上和技术上始终保持领先地位，这体现在它对合作伙伴和供应商的资金援助上——不断改进和升级产品，促使苹果的产品始终趋近完美。

通常而言，制造商开发有市场竞争力的新技术，往往是以巨大的资金投入换来的，这时他们会通过技术转让的方式来弥补资金缺口，这是一种比较先进的生产和制造技术相互存在的传统途径。不过苹果并没有走这条老路，在供应商将先进的技术传递给苹果的竞争对手之前，它就已经捷足先登地占据了主导地位，加速了这些先进技术的生产过程和各个环节，苹果会帮助制造商建立新工厂，从而避免让这些领先优势落入到竞争对手那里。

苹果是最早使用电阻触控屏的公司，虽然这项技术如今已经被电容触控屏取代，但在当时却非常罕见。IPS 面板，轻薄设计，一体式铝合金机身以及耐刮玻璃都是苹果率先采用的新技术，从内到外全副武装了它的产品，所以一经进入市场就取得了压倒性的竞争优势，让同行甘拜下风。在蓝海时代，苹果虽然在成本控制方面并无出色之举，但也没有拖公司发展的后腿。

不过，苹果的技术优势并非一直保持遥遥领先之位，随着知识技术的普及，苹果的差异化优势变得不再明显，特别是当不少电子产品进入红海时代以后，科技水平的趋同性让消费者很容易选择苹果的替代品，这就要求苹果必须加强成本控制能力。

现在苹果的企业支出项目中，主要包含的内容是公司的销售成本、一般成本和管理成本，三者合并在一起被称为"SGA 成本"。根据相关数据显示，苹果在近几年间的 SGA 成本和其营收的比例逐年下降。在一些非专业人士的眼中，成本控制和创造那些惊艳世界的产品相比，它的重要性并不引人注目，但库克却不这样认为，他觉得成本控制和其他工作同等重要，一旦一个企业连成本管理都搞不好，那么一定会浪费巨额的资金，不如将这些资本投放到更有价值的地方。

库克苦心经营十几年，一直在员工工资、设备租用以及各类基础建设上节约开支，维系着苹果以最小化投入向前发展的良性状态。库克的努力最终让苹果的销售收入与日俱增，它的 SGA 成本所占比例也随之下降。和苹果相比，其他一些高科技公司无论在销售业绩是否提升的情况下，都保持着不变的系数，这恰恰证明了他们在成本控制方面不会大有作为。

库克说过："降低 SGA 成本是非常重要的一个环节。苹果从 SGA 成本中每节省下来 1 美元，都将会为公司的营业收入增加 1 美元。对于 1000 亿的营收而言，1 个百分点也是一笔不小的数额。"库克就是以这种细致入微的成本管理思路，牢牢地紧攥住苹果的钱袋，将每一笔花销都仔细地计算清楚，成了公司最得力的成本控制专家。

纵观世界知名企业，没有几个高科技企业能够像苹果这样保持着这么低的 SGA 成本和总营销比例，相反却呈现出比苹果要高出许多的趋势，因此它们在利润占比上就输给了苹果一招。这其中包括了像 IBM、微软、谷歌等知名大企业，他们虽然在过去长达十几年的时间内一直努力控制成本，然而效果却十分不明显。苹果在库克的管理下，却逐年提升营收比率，这位成本控制专家的存在，进一步激活了苹果潜藏的市场竞争力，让它的对手在未出招时就输了一个回合。

5

智能市场争雄

拯救苹果 PC 市场

如果说乔布斯是苹果的创立者，那么库克则是苹果的拯救者。乔布斯以他强悍的个性和出色的领导力带领苹果走上了一条"高大上"的路线，库克以他低调的作风和包容的态度将苹果从曾经的"水深火热"中拯救了出来。

苹果帝国是依靠个人电脑起家的，当时乔布斯和他的团队推出了好几款极具影响力的 PC，为苹果这一品牌在市场中立足奠定了基础。在 1977 年，Apple 2 问世之后，一度热销高达几百万，成为了最畅销的苹果产品之一，无数消费者都梦寐以求购买一台。五年之后，苹果光荣上市，在上市的第一天其股价就上涨了

32%，市值高达 17.78 亿美元。然而苹果的发展之路并非平坦，在竞争对手的挤压之下，也一度陷入低谷。其中对它威胁最大的就是微软和 IBM 联盟，迫使苹果在激烈的竞争中处于下风。苹果不得不承认一个现实，它的 PC 事业已经大不如从前，整体利润呈现下滑的趋势。

苹果虽然设计开发出了风格简洁的 Mac 界面，不过由于硬件平台的限制无法在广大用户中推广。在 PC 市场价格战打响之后，苹果要想让 PC 事业回到从前的那种荣耀难度系数相当大。苹果在一份报告中写到："在过去的几年中，由于销售 Windows 和 linux 电脑的竞争对手大幅度降低价格，PC 和外设市场的价格竞争日益激烈。"

市场如此残酷，但库克并没有放弃，他一直梦想着让苹果的 PC 王者归来，再度占领市场。在乔布斯没有离开苹果时，库克就在由他负责的 PC 生产部门采取了不少措施。

在库克来到苹果之后，有感于 PC 事业的下滑，难免有些心痛，他马上进行了认真的分析，将苹果在过去几十年中的发展情况作了调查。最后得出一个结论：苹果之所以曾经会从高速狂飙变成低迷受挫，有着深刻的根源。

充满戏剧色彩的是，苹果的 PC 业务赢在了创新，然而也输在了创新上。苹果的 PC 曾经因为标新立异而超过了 IBM 和惠普等传统强敌，一度风光无限好，不过后来的创新却显得漫无目的，没有任何针对性，只是为了创新而创新，结果消费者不买账，导致了业绩下滑。

由于苹果的 PC 制造成本较高，所以售价一直高居不下，在 1984 年时的价格为 2500 美元，相当于今天的 4300 美元左右，让很多消费者无力购买。特别在乔布斯离开苹果的 12 年间，苹果的创新一直处于不受控制的状态中，产品线拉得太长，PC 业务难以为继。于是库克作出了决定：只有符合市场规律的创新才能真的打动消费者，这样才能让苹果的 PC 越走越远，否则将一败涂地。

库克专门对消费者的 PC 需求进行了细致的研究和分析，发现很多消费者并不迷恋一款产品有多么花哨的功能，他们只需要的上手容易的产品——这部分人群就是普通消费者，也是苹果曾经十分忽视的群体。

库克非常具有战略眼光，对全球的 IT 市场有着敏锐的认知度和独特的理解力。他认为苹果必须将销售目标锁定在那些普通消费者身上，一旦苹果全身心投入，就会抢占全球大部分 PC 市场份额。带着这个想法，库克不止一次在高层会议上阐明自己的观点，他说："我们应该把个人电脑的消费群体集中在个人消费者和学生当中，这些用户在购买产品时根本不需要考虑员工问题。"

所谓员工问题，是指苹果的服务企业市场的战略，库克觉得不应该在这个方面投入太多，因为会涉及到比较麻烦的售后等一系列问题。在他的主张下，高层采纳了他的建议，将销售策略进行了调整，加大了对普通消费者群体的开发和锁定。

1998 年，苹果正式向市场推出了 iMac 产品，这是一款具有革命性和颠覆性的产品，它拥有红黄蓝绿紫五种不用的颜色，上市三年后售出 500 万台。随后，库克又打破困扰苹果多年的技术壁垒问题，先后跟仇家微软和英特尔合作，在 iPod 上植入了 Windows 系统，让 iPod 不再是服务苹果 PC 的配件，而是变成通用的产品。正是这种对系统限制的突破，扩大了苹果的用户群体，提高了品牌影响力。

苹果的 powerPC 架构是和 IBM 合作的，也是让乔布斯感到骄傲的一项成就，乔帮主曾多次表示 powerPC 在性能上要超出 Windows PC 使用的处理器。不过库克不这样认为，他觉得 IBM 提供的处理器存在很多方面的缺陷，对计算机的主频提升有限，供货也不及时，另外散热和能耗也十分恐怖，无法使用在笔记本电脑上。2005 年，在库克的力主下，苹果放弃了和 IBM 的合作，转而跟英特尔建立了合作关系。

2006 年 6 月，苹果开始对外发售基于英特尔处理器的 Mac 计算机，到了 2007 年底，苹果全部的计算机产品都开始陆续装配英特尔处理器。

库克能及时和英特尔联手，从而帮助苹果从一条错误的道路上掉头转向，摆脱了长期以来受制于 Wintel 联盟的制裁，也避免了在技术壁垒中自生自灭，为苹果帝国开拓了一条登上 PC 世界顶峰的道路。在强强联手之下，苹果的 PC 销量再度回升，取得了明显的业绩增长。由此，库克又意识到一个严重的问题，苹果 PC 价格总是居高不下，如果一直保持下去，即便性能再出色也很难吸引到更多的消费者，市场份额会逐步缩水。为此，库克和乔布斯进行了一次长谈，提议要将苹果的价格调低，乔布斯认真思考之后听从了库克的建议。

2003 年，苹果 PC 终于迎来了第一次降价，它的 PowerMacG4 台式机最大降幅达到了 500 美元，它的 XServe 服务器降价 200 美元。消费者们感到十分惊喜，没想到在年底苹果又一次降价，范围扩大到了全线产品，而在中国市场的降幅达到了 2000 元人民币，配置了 PowerPC G4 处理器的 iBook 笔记本电脑售价为 10900 元，成了苹果发展史上最狠的一次跳楼价。

2005 年，苹果推出了 iPod shuffle，定位为大众消费者，每台价格仅仅是 99 美元，顿时全世界的消费者都为之疯狂，纷纷抢购这款产品，他们之前怎么也没有想到自己钟爱的苹果会打出这样的亲民价格。也正是推出了降价策略，苹果在数码视听领域给了对手索尼以重击。乔布斯在意识到库克提出了金点子时，也深有感慨地说："现在，苹果电脑不仅面向小众人群，它需要更多的人去关心。"

根据市场调查显示，苹果个人 PC 的市场份额在 2006 年不到 2%，而降价之后在 2007 年就超过了 10%。后来苹果推出的 Macbook 笔记本在市场上的占有率达到了 15% 左右，在笔记本市场上排名第四，紧随惠普、东芝和 Gateway。

由于库克为苹果打造了一条可靠的供应链体系，所以它的硬件系统也日趋完善，得到广大用户的一致好评，这都为苹果重回 PC 市场奠定了基础。在库克的帮助下，苹果设计出了一系列外表华美绚丽的 iMac 计算机，还将电脑主机融合在显示器中，制造出了一体计算机——Mac mini，让不少消费者眼前一亮，对苹果的产品更是欲罢不能。

不过库克没有就此满足，他认为苹果单靠硬件比拼是远远不够的，还需要在软件领域进行深耕才行，这样才能更好地吸引消费者，形成产品使用黏性。于是，库克开始积极着手研究如何让苹果在操作系统和个人应用方面技高一筹。他的这个想法也得到了乔布斯的大力支持，两个人经过商议决定在公司里专门成立了一个软件设计团队，负责对各种软件问题攻坚克难。经过团队的精诚合作和不懈努力，苹果对其软件系统进行了进一步的优化，从而赢得了广大用户的青睐。

2007 年 8 月，苹果的个人电脑业务突然火爆起来，虽然大家从感性上不相信，可在看了财务报告之后发现 PC 的销售业绩已经成为公司最重要的收入来源。在 2007 年，苹果成为仅次于戴尔和惠普的美国第三大 PC 制造商。

这个信号传递了一个明确的事实：苹果依然在做 PC，它没有放弃也不可能放弃这块市场，尽管 PC 事业一度遭受过对手的重创，但是乔布斯和库克都在力争让这项收入再度增长起来。

库克曾经说："我们就是要不断颠覆电脑的图形界面，向消费者推出操作系统和应用软件，来使 PC 发挥出其作为通讯性、创新性和娱乐性设备的最大潜质。"库克给苹果从事软件设计和开发的员工订立了规矩：每年都要让自己设计的软件能通过在线的方式得到更新升级，从而不断完善其性能。

在库克的带领下，苹果越发勇猛地在 PC 市场抢回失落的地盘，让不少竞争对手为之震惊和恐惧，他们对苹果软硬件双管齐下的策略毫无办法，被迫调整了之前的战略计划。很快，IT 巨头惠普向苹果竖起了橄榄枝。

2011 年 8 月，惠普宣布将它的个人 PC 业务出售并拆分成小公司，消息一出，大家并没有感到意外，因为人们都清楚现在惠普的处境比较艰难，在当年的销售记录上，苹果卖出了 1360 万台计算机，而惠普只卖出去了 970 万台。如果加上 iPad 平板电脑的话，苹果在 2011 年第四季度完全超越了惠普，成为世界上最大的 PC 厂商。另外，用户对苹果产品的好评也是极高的，根据美国顾客满意指数报告显示，Mac 连续蝉联八年"顾客最满意个人电脑"荣誉称号。而且，这种好感呈现出持续上升的趋势。

2011 年，著名分析顾客机构 ACSI 的创始人在报告中说："8

年来，苹果个人电脑的顾客满意度一直处于领先地位，期间苹果的股价上涨了2300%。苹果公司将产品创新和产品多元化紧密结合在一起，这使其一直领先于竞争对手。"不仅是 ACSI 对苹果表示了褒扬，另外一个全球消费满意度调研公司 Power 也给了苹果连续两年荣登榜首的评定——美国无线手机顾客满意度调查报告。市场研究公司 ForeSeeResults 也公布了他们的调研报告——苹果的顾客满意度积分达到了82分。

好评如潮的苹果就像脱缰的野马，纵横驰骋在 IT 市场，让诸多竞争对手无所适从。而这奇迹般的王者归来，跟库克的用心和努力是分不开的。

数字音乐霸主"iPod"

在苹果的众多产品中有一个不得不提，它曾经在数字音乐领域掀起了一阵流行的狂潮，乃至成为了雄踞霸主地位的佼佼者，它就是 iPod。

iPod 是一款存储量很大的 MP3 播放器，它的存储介质是1.8英寸盘片硬盘，容量最高可达到 160GB，能够存放大概2500—10000 首可以和 CD 音质相媲美的 MP3 歌曲。比 CD 播放机先进的是，它有非常人性化的管理程序和便捷的操作模式，而且外观简洁招人喜欢。另外，每一个 iPod 都可以当做移动硬盘来使用，能够显示日历、联系人等资料。每一代的 iPod 功能都更丰富，也更令消费者痴迷。

iPod 带给消费者的感觉是一款全新的 MP3 播放器，它的设计方式合理又符合人性化操作，推出之后引起了巨大的轰动。iPod

的发展历史，也可以说是一部苹果的苦难史，因为它正是在苹果最艰难的时候诞生的。

2001 年 1 月，因为经济下滑导致的产品滞销，让苹果损失了 1.95 亿美元，公司面临着亏损的境地，这让乔布斯忧心忡忡，他意识到如果再不采取某些措施的话，业绩下滑还会进一步出现。经过乔布斯和库克两个人商量，他们决定带着苹果进入个人音乐领域。经过长时间的开发，iPod 终于问世了，让人意想不到的是，iPod 进入消费者视野之后马上获得了成功。全世界的"果粉"和音乐迷们为之惊奇不已，其销量创下了史上新高。

在 iPod 推出之前，MP3 早已存在，只是在人们的生活中还没有产生这么大的影响力，但是在它诞生之后，iPod 几乎成为了人们日常生活中不可缺少的组成部分。在街上、公园里、商场里，到处都可以看到佩戴着 iPod 的人，在美国乃至全世界，iPod 已经变得随处可见。不仅是普通人喜欢它，就连上流社会人士也喜欢它们，比如贝克汉姆、威尔·史密斯等明星都有在口袋里揣着 iPod 的习惯。苹果没用多长时间，就让 iPod 从美国进入欧洲、亚洲、南美等地方，甚至连英国女王也佩戴着它。

如果单从功能上来看，iPod 并非是一款集合了高科技的神器，它的硬盘空间也不是最大的，续航也不是最强的，不过人们还是宁可在同类产品中选择它。其实，这和库克采取的营销策略大有关系。

苹果的营销策略是对消费者进行文化攻心，它能够带来出其不意的效果，让"果粉"像宗教徒那样深深地迷恋着它。库克正是高高竖起了品牌文化的旗帜，发誓要打造出一种融合了创造性和叛逆性的品牌文化。果然，在 iPod 上市的短短三年里，这个只有香烟盒大小的东西就已经超越了消费品本身具备的含义，转而变成一种文化符号、一种偶像寄托和一种虚拟宠物的象征，人们乐于将 iPod 放在自己能看得见的地方，并从来不会厌倦和它朝夕相处。

有意思的是，在库克利用营销心理学将 iPod 推进到人们的视野中以后，美国人的生活追求也发生了变化，以大学生为例，过去他们将喝啤酒看成是很炫酷的事，然而在 iPod 推出之后，他们将佩戴 iPod 当成了最时尚的行为。从影响力指数来看，能够跟 iPod 有一拼的只能是互联网的出现了。

学生是追求流行前沿的主体组成部分，对 iPod 关注也是正常现象。可是除了他们之外，整个美国还有不少人和场所表现出了对 iPod 的迷恋。比如在一些酒店中，就提供了 iPod 音乐小酒吧，为一些来宾客人准备了预装有 2000 首流行歌曲的 iPod。在这些政策推出之后，酒店的客流量立即有所提升，客观上也帮助苹果做了免费的广告。

给苹果做广告的还有电影，在一些热播的美国大片中，比如《世界之战》、《刀锋战士》等，片中都会有一些角色使用 iPod 的镜头，一经播出之后给观众的心理暗示性是极强的。

2004 年，在库克的建议下，苹果和宝马就联合广告的问题展开了合作，经过一番讨价还价之后，双方达成了协议：苹果提供给宝马一款重达 175.7 克容量为 40GB 的 iPod，用来装配在宝马汽车上，让车主们免去了携带沉重的 CD 的麻烦。当时宝马车采用了新的接入方式，所以 Mini 方向盘上也可以增加 iPod "点击式转盘"的功能，让车主通过多功能方向盘就可以任意挑选歌曲。

与宝马合作计划和策划方案，都是在库克力主之下进行的。

于是，一辆名车和一个 10000 首歌曲的数字播放器成为了绝佳组合。两个明星产品融为一体，立即引起了全世界的关注。

库克之所以将 iPod 和宝马绑定在一起，就是为了将 iPod 的影响力进一步提升，让更多的消费者了解苹果，并让苹果的产品成为一种新时尚生活的代表。库克的文化攻心政策十分成功，他让苹果变成了一种宗教符号，这是其他竞争对手望尘莫及的。

与其说 iPod 的成功是苹果品牌文化的成功，不如说是库克营销战略的胜利。在 iPod 进入到市场之前，MP3 领域已经是百花齐放，只是大多数没有个性，没有文化特征。在 iPod 出现之后，消费者心中留下了深刻的印象，并带动整个市场走向成熟。

苹果的广告一直是独具特色的，不少人在乍一看时会感觉有些想不清楚，不了解它说的到底是什么，不像那些充斥着美女和跑车的广告，一眼能看出含义。苹果通过一个剪影向广大消费者传递了一个信息：音乐无处不在。

在库克看来，iPod 的广告就是要摆明自身的市场定位，让消费者有选择地接受它，而不必刻意去强调苹果的品质和专业，广告对 iPod 来说只有一个实际意义，那就是表达生活的本身，如果硬生生地向受众灌输苹果的产品，那实在是技术含量太低了。

iPod 的广告播出之后，立即取得了良好的市场反馈，在 2004 年底获得了美国出版协会颁发的凯利大奖。库克深有感触地说："任何产品在做广告时，都费尽心思想要消费者了解产品的特性，但我们在做广告时，从不喜欢大声宣传，广告的目标人群看似较小，其实却蕴含着最大的商机。"

库克不仅在广告创意上为 iPod 打通了门路，更是将 iTunes 和 iPod 巧妙地结合在一起，弄出了别出心裁的捆绑销售。对于库克来说，iPod 是一个可以和任何东西融合在一起的神器，至于怎样融合看你是否用心了。

2003 年，苹果推出了"iTune"商店，随后就在市场上掀起了一阵风暴，这种商店集合了微软的视窗和 Mac 操作系统，因为 iTunes 音乐在线商店功能简便的特色，让很多人都为之疯狂。

iPod 的一大特点是，能够为广大用户提供合法音乐下载，而之前的一些 MP3 播放器，下载的几乎都是盗版软件，这让唱片公司十分头疼，而这对矛盾被库克看到了，于是他主动联系了各大唱片公司拿到了授权，然后在 iTunes 音乐在线商店上出售几百万首歌曲，让 iPod 顿时变成了更加"高大上"的产品。

这种捆绑销售不仅没有引起消费者的反感，反而给大家提供了便捷获取正版音乐的通道。没用多久，苹果的 iTunes 音乐在线商店就成为了美国合法音乐下载市场的主体——占据70%左右的份额。在 2005 年的时候，苹果就卖出了 2.3 亿首歌曲。

库克在产品营销方面，虽然不是一个大师级的人物，但他愿意拿出时间去琢磨，因而总能收到奇效。在捆绑正版音乐之后，库克又将视线转向了美国当时热门的 U2 乐队，库克打算和这个乐队合作从而传递一种音乐理念，将其和苹果的非商业性品牌形象完美契合。

2004 年 10 月，库克的计划终于实现了，为了推广 iPod 音乐播放器广告，他邀请到了 U2 乐队，在圣何塞的加州剧院演唱了一首名为《Vertigo》的曲目。在演出结束后，U2 乐队对媒体说，他们拒绝了在其他商品中使用他们音乐的任何购买行为，也没有向苹果收任何广告费。没过多久，苹果就推出了一款红黑颜色的 U2 版本的 iPod，来纪念这个富有个性和才华的乐队。

U2 乐队确实名不虚传，他们是一个创作型的乐队，做事风格我行我素，不像一些乐队为了钱做各种乱七八糟的广告，这也正是库克看中他们的地方。在库克眼中，那些为了钱什么都做的不能叫音乐人，而是商业组合。在与 U2 乐队合作成功之后，库克又一次通过流行元素将苹果的品牌文化传递给了世界。眼看着iPod 销量攀升，库克意识到他推广的良好时机又来了。

库克跟曾经的宿敌惠普签订了战略合作协议，惠普很快向市场推出了惠普版的 iPod，等于帮助苹果推广 iPod 的流通渠道，这也是库克选择的让音乐服务渗透到每一个普通用户生活的必由之路。到了 2005 年，库克再行一步，他将 iPod 广告从各个时尚杂志推广到了电视、地铁站和公交站等人流密集的场所，进一步增强了 iPod 的曝光率。

难怪有人说，iPod 的成功和库克关系很大，iPod 创造了一个市场营销的奇迹，曾经占据了 70% 的数字音乐市场，数额超过了苹果个人电脑的总量，一跃成为苹果利润增长的构成主体。iPod在短短的三年里，销量总计超过了一千万，基本上统治了美国的数码音乐播放器市场，让竞争对手苦不堪言。而且，iPod 的热销风潮一直在继续，只是在智能手机广泛普及之后受到了一定的影响，因为不少人觉得用手机听音乐似乎更方便一些。尽管如此，那些音乐发烧友们还是喜欢随身携带着 iPod，因为它已经不再单纯地是一款数码产品，而是时尚生活的象征。

平板电脑神器 "iPad"

2010 年，苹果再度向市场推出了一款神器，它的名字叫

iPad。有趣的是，它的名字在世界各地并不统一，在美国人们叫它网络阅读器，在中国则被称为平板电脑。iPad 和 iPod 相比，屏幕更大，功能更多，也更符合人们网上冲浪的需求。它能够查询航班信息，能处理办公文件，可以玩各种小游戏，可以看电影还能做翻译机，可谓神通广大，苹果推出这款产品，正是在人们的期待下诞生的。

如果说 iPod 代表的是二次元的文化，那么 iPad 则是三次元的文化，它更立体地嵌入到人们的日常生活中，以庞大的信息量不断刷新着人们的认知能力。对那些喜欢阅读的人来说，用 iPad 看书会有一种阅读纸质书的感觉，而且苹果还专门开发出了木制的虚拟书架，让用户的体验感变得更佳。另外，iPad 提供的导航功能对有车族来说十分方便，它可以帮助人们选择驾车路线，也能查阅地图。办公软件也是 iPad 的一大特色，它能够帮助用户提供文档处理功能，随时随地就可以办公，非常方便，它像微软开发的 word 软件一样，具备了输入文字、调整文字大小、改变文字以及插入图片等诸多功能，一点也不比台式机的功能差。

既然人们将 iPad 当成一部微型计算机，所以它的声音功能是不可以被忽视的，苹果给它装配了音质出色的内置扬声器，当然如果方便用户也可自己外接音箱提升体验感。

iPad 有两种上网方式，一种是通过内置的 3G 卡来上网，另一种是用 wifi 进行连接，只要在有无线网的地方就可以自由使用，不必担心会走流量。这样一款轻便功能强大的电脑，让全世界的果粉都为之着迷。谁率先拥有一台，无疑会迎来周围人艳羡的目光。有不少人认为，iPad 是苹果推出的最成功的产品，这并不夸张，当然 iPad 引人注目并非是单凭设计和功能，而是由苹果强大的供应系统催生而出的。

　　外界对苹果的误解是，这个公司的产品有多么强的功能，外形有如何炫酷等等，其实这只是苹果成为卓越产品的皮毛，没有成熟的供货流程，苹果不可能制造出被全世界用户喜爱的 iPad，也不会有其他产品的走俏。

　　库克在出任苹果 CEO 之后，首先做的最具有轰动性的事情就是发布新一代的 iPad，而库克选择在这个时机发布新品，主要是和当时的市场竞争形势有密切联系，另外也是和苹果坚持创新有关。库克希望通过创新来保持苹果在业内的霸主地位，让创新精神存续。

　　2010 年 iPad 首次推出时，它只是作为苹果的一项副业而已，不过新一代 iPad 的出世让很多人意想不到，它的市场份额达到了94.3%，这对于从未将 iPad 当成重点产品业务的苹果来说，也是事先没有想到的。

　　单从产品布局来看，iPad 和 iPhone 一样，都提供浏览互联网、收发电子邮件、阅读电子书、播放视频音频软件等功能，随着 iPad 不断发展，已经成为了苹果重要业务之一。2010 年第一财季就为苹果带来了 91.5 亿美元的收入，占苹果公司总收入的 20% 左右，销量为 1500 万台，同比增长超过 1 倍。不过从创新的角度看，iPad 可以做得更好，这也为苹果推出新一代 iPad 埋下了伏笔。

　　库克给 iPad 打造的供应链，不能说是完美无瑕，但至少是可圈可点，它构成了苹果生存和发展的最重要的一个环节。

　　苹果并非是生产型的公司，而是一个设计型的公司，它设计出来的产品都是由全世界各地的代工厂负责生产的。中国，苹果最大的代工厂就是富士康。所谓代工厂，是专门为其他公司生产产品的工厂，它们没有设计的能力和营销的渠道，只负责将产品由零部件组装为成品。在这些成品上，用户看不到代工厂的任何痕迹，甚至根本不会知道有这样一个工厂存在。由于代工厂缺乏研发能力，所以人们总是认为它们没有任何技术含量。事实并非如此，在代工厂中有不少能力出色的人，那些真正有实力的都有生产专家和管理专家。

库克是一个追求完美的人，他很清楚如果想要让苹果生产出完美的产品，就必须要和那些实力雄厚的代工厂进行合作，所以寻找代工厂成为了库克日常的工作之一。选来选去，他看中了富士康。

富士康是亚洲乃至整个世界都比较出名的代工厂，资历颇深，信誉良好，一直和国际知名的大企业保持着长期的合作关系。它代工出来的产品也得到了人们的认同。更重要的是，富士康是一个颇具灵活性的工厂，代工速度也很快。终于，库克联系上了富士康，表明了与其合作的愿望。在苹果推出 iPad 的时候，富士康就成为了首选的合作伙伴。

对苹果来说，要想在世界各地都能保持各个代工厂的生产量，就不得不考虑成本问题。对库克来说，苹果若不能维系盈利和支出的平衡，就很难让公司继续运营下去，控制成本便是重中之重，也成为了库克挑选合作的代工厂的主要标准。

库克研究了全世界很多的代工厂，经过仔细对比之后发现，只有亚洲的工厂最适合，因为人口众多，劳动力比较密集，如果跟它们合作的话会大大降低成本，其中最有实力的当属富士康。虽然 iPad 的很多配件都是由一些上游的产业链制造出来的，但是作为科技含量高的产品，库克知道每个配件对苹果对用户来说意味着什么，所以在选择合作伙伴的时候他非常谨慎。以 iPad 为例，其中最关键的就是屏幕，它的技术含量相当高，只有那些实力强大的供应商才能让库克放心，因此库克选择了三星、LG 和夏普进行合作，而他们也正是世界上比较优秀的制造企业。

供货商挑选完之后，库克接着要面对的是产品管理和控制问题。苹果在世界各地都有不少代工工厂，怎么样去保证这些工厂在苹果的安排下正常运行，这需要统一管理和调配的能力。通常，代工厂因为数量很多，又距离苹果比较远，出现一些问题也是在所难免的，不过那是对别的企业来说，在库克眼中苹果必须是完美无瑕的，他绝对不能允许供货商在自己的控制之外各自为政，他相信只要有一个细节控制不当就会给苹果的整个供应链条带来致命的威胁。因此，库克对代工厂的态度非常强硬，不容许他们有一点闪失。

目前，苹果在全世界拥有差不多 150 多个代工厂，和每一个代工厂的合作关系都比较密切，库克深知这是身为管理者必须做到的事情，没有足够的智慧是不行的，但他还是克服重重困难完成了。库克最为看重的是对供货商的控制，即便是夏普、三星这样的行业巨头，也不能被他们牵着鼻子走，而是要确立属于苹果自己的强势地位。

其实苹果完全没必要找这么多的代工厂，这给它的管理带来了不小的麻烦，但是库克这样做的目的是为了牵制所有的供货商，避免让一家做大反受其制。另外，很多供货商本身也是苹果的竞争对手，所以库克始终相信不能把鸡蛋都放在一个篮子里，他不能允许苹果受制于人，只能制其于己。在库克的管理下，苹果已经变成了一个名副其实的采购工厂，库克本人也变成了一个采购专家，他对原料和机器都要亲自过问，避免出现质量上的问题。

库克给苹果确定的生产流程并不简单，不是将订单发出去之后就完事了，而是要对产品的生产环节严格进行盘查，确保质量没有任何问题。

以 iPad 为例，在生产的时候库克特地选择了日本的发那科公司作为供货商，因为这家公司生产的 CNC 机台能为产品制造超轻薄的外壳。库克生怕产品在供应的过程中断掉，所以一掷千金包下了发那科的全部产能，让其专门为苹果服务，而其他的厂商即使来到日本也买不到 CNC 机台。苹果是高端产品的代名词，所以对屏幕质量向来很重视，要求几近苛刻，不过高端的配件毕竟质量有限，所以在 iPad 2 上市之前，苹果就将全世界质量最好的 IPS 面板全部买进，让其他厂商没有足量的 IPS 面板可用，迫使他们只能使用质量较差一些的屏幕。

有人对苹果的规模效应和垄断做法颇有微词，但是库克却不这么认为，他觉得这是企业生存的丛林法则，本来就是无可厚非的。乔布斯拉库克加盟苹果，也是看中了他的这种魄力。库克凭借这样稳定的供应链体系，保证了 iPad 的顺利设计和生产，库克为 iPad 构建了一面坚强的后盾，也为 iPad 打通了一条宣传之路。

苹果的营销点子一直很多，库克虽然不是特别擅长，但也耳濡目染了一些，他帮助苹果策划出了一些颇有创意的小点子。当时为了激发人们对 iPad 的热情，库克找了很多合作网站进行各种宣传活动，其中影响最大的当属团购 iPad 的活动以及免费赠送活动等等。

库克敢用免费作为噱头，是基于对苹果的强大自信，也正是他精明商业头脑的体现。库克知道如果在互联网上做广告费用是很高的，即使在中国一个名站导航的位置在 2010 年也要 40 万元一个月，而到了 2011 年就变成了 100 万一个月。即使这样还会排成一条长龙大队，未必首先轮得上你。库克认为，这样做还不如直接将广告费送给用户，同样会引起宣传效应，还能提升苹果品牌的口碑。

难怪有人说，苹果营销了全世界，这个说法还算中肯。iPad 自从进入市场以来，销量一直呈现上升趋势，在短短的 9 个月里就创造了 1500 万销量的业绩，为苹果带来了 96 亿美元的收入。2011 年，iPad 的销量超过了 Mac 和 Windows 个人电脑。一位美国投资银行的分析师说："iPad 的盈利能力令人难以置信，而这主要归功于库克。"

2011 年 3 月，在旧金山芳草地艺术中心，苹果发布了全新的 iPad 2 平板电脑，和 iPad 1 相比增加了一些新功能，而且从外形上看 iPad 2 更轻薄，增加了炫酷智能盖，边缘棱角更加圆滑流畅，弧度能够延伸到背面。从配置上看，iPad 2 采用了 AppleA 51GH 双核处理器以及 PowerGX543MP 图形核心，单芯片整合设计，前后都有摄像头可以随意进行拍照。此外还支持 3G 网络技术，内置了三轴 Gyro 陀螺仪和罗盘功能，更富有人性化。在 iPad 2 上市的第一个月里就销售了 260 万台左右。

iPad2 的热卖让苹果的竞争对手坐不住了，2011 年 9 月亚马逊正式推出了自家的平板电脑产品——Kindle Fire，售价 199 美元，它拥有 7 寸显示屏，售价仅为 iPad 的 50%。一些业内人士认为，Kindle Fire 将成为 iPad 的有力竞争对手，这是因为亚马逊有海量的电子书、在线影视等丰富的资源，这是其他竞争对手不具备的优势。果然，在 Kindle Fire 问世之后，一个星期就被抢购一空，根据相关数据显示，Kindle Fire 正以每年 51% 的增幅持续增长到 2015 年，而新品 Kindle Fire 在 2012 年也将给亚马逊带来 32% 的收益增长。

面对亚马逊的咄咄逼人之势，库克开始考虑与之对抗的办法——开发出新一代的 iPad 和 Kindle Fire 相抗衡。2012 年 3 月，苹果推出了新生代的 iPad，配置 A5X 处理器，分辨率为 2048 × 1536 retina 触控屏，售价从 499 美元到 829 美元不等，另外还加入了 4G 长期演进技术。从性能上看，这款新 iPad 进行了全面的升级，而且是从 2010 年 iPad 问世以来升级幅度最大的，这样做的目的就是为了吸引新用户购买。

在 iPad 新品发布会上，库克宣称后个人电脑时代已经来临，而 iPad 就是这个新时代的领头羊，和 iPad 2 不同的是，新 iPad 直接用新 iPad 来命名，在技术上采用了视网膜屏幕，清晰度比一台高清电视还清晰，摄像头的像素由 iPad 2 的 70 万提升到了 500 万，在配置上采用了最新的苹果 A5 处理器，搭配的系统是 iOS 5.1，提升运算速度 3 倍，同时还支持全新的处理器和系统，电池容量也比 iPad 2 增加了 70%，续航能力保持在 10 个小时左右。

库克在乔布斯去世后推出新 iPad，就是想通过新款产品来增强投资者对苹果的信心。库克始终认定，创新是苹果致胜的有力武器，只要保持永不枯竭的创新力，苹果就可以在失去乔帮主之后依旧保持领先地位。

Macboo kair 电脑的奇迹

2009 年是苹果命运多舛的一年，这一年乔布斯因病住院，将公司的重担交给了库克。乔布斯深信，在苹果找不到第二个人能够代替库克，他是最值得信任的人。在失去了乔布斯的坐镇之后，库克做好了迎接各种挑战的准备，打起了十二分的精神。

在库克出任代理 CEO 不久，苹果马上迎来了一个劲敌，它就是 PALM 公司。这家公司是在 1992 年 1 月于硅谷创立的高科技公司，创始人是杰夫·霍金斯。他们开发的 PALMOS 操作系统和 PALM 掌上电脑是主打产品，深受广大消费者的喜爱。尽管 PALM 公司不像苹果那么闪耀辉煌，但是在业内也是小有名气，而且这家公司一直在力争上游，每一年都获得了不小的进步。经过十几年的积淀和发展，PALM 公司实力一天比一天强，势头正盛的它将苹果、谷歌等知名大企业当成效仿和超越的对象。

iPhone 的走俏和火爆，似乎让 PALM 看到了商机，他们也想设计生产出一款智能手机，在这个领域赶超苹果，培植粉丝，建立品牌优势。2009 年 6 月 6 日，PALM 正式推出了名为 PRE 的智能手机，这款手机和 iPhone 的功能非常相似，价格为 200 美元，业内将其称为 iPhone 杀手。PRE 进入市场之后，立即掀起了一阵抢购的狂潮，在两天里就卖出了 20 万台。

对于 PALM 的野心，库克早就在暗中观察着，只是他没有想到对方这次将竞争的目标直接锁定在 iPhone 身上，而且市场认可度会这么高，这让库克感觉到了前所未有的压力。他认为如果不采取一些行动，PRE 将会给 iPhone 造成直接的威胁。

6 月 9 日，苹果公司全球营销高级副总裁菲尔·席勒在苹果全球开发者大会上，宣布正式发售第三代 iPhone——iPhone 3GS。字母 S 代表着 speed 的意思，意味着这款机器将在处理器和系统的速度上有所提升。虽然 iPhone 3GS 在外观上和上一代没什么区别，但是重量减轻了，内部的硬件配置也进行了全面的提升。推出这款机器之后，对热销的 PRE 形成了竞争关系，让对手猛增的销量有所下降，不少智能手机用户将目光转向了苹果这边。

2011 年初是库克第三次接替乔布斯，这段时间内他主要做的工作就是创造了 Mac 电脑的销售传奇。众所周知，Mac 电脑也是苹果产品线上一颗闪耀的明星，根据 2011 年苹果的第二财季报告显示，2011 年 1 - 3 月间，苹果亚太地区 Mac 电脑销售上涨了 76%，不过实际数字要比这个数据统计更高一些。除了在亚太地区大卖之外，Mac 电脑在美国的销量也是相当惊人，达到了 25% 的增长率，创下了在一个季度就销售出 376 万台的纪录。

直到 2011 年 10 月，Mac 电脑依旧保持着傲人的战绩，2012 年 1 月 13 日，Mac 电脑的销售增长速度连续 22 个季度超过了行业平均水平。到了 2012 年 6 月底，Mac 电脑的销售增长速度超过市场平均水平的 6 倍，而在过去五年间的每一个季度里，Mac 电脑的销售增长都超过其他竞争对手。

在 2012 年第三季度，Mac 电脑的销量增长率达到行业平均水平的 20 倍，由 IDC 的统计数据显示，Mac 电脑的销售增长达到了行业平均水平的 80 倍。由此可见，苹果在当时美国 PC 市场中的增长率是相当高的，而它的 Macboo kair 笔记本电脑则是明星中的明星。

Macbook air 笔记本是苹果在 2008 年 1 月推出的一款电脑产品，它拥有着全尺寸键盘和 13 英寸的液晶显示器，最厚的地方只有 1.9 厘米，最薄的地方有 0.4 厘米，重量不超过 1.5 公斤。在 Macbook air 进入市场之后，震惊了整个 IT 行业。Macbook air 的优势是其他笔记本电脑很难相比的，表现在工业设计、材料工程学以及半导体技术方面，甚至可以这么说，Macbook air 代表着现代计算机制造的最高水平。

库克对 Macbook air 充满了信心，他深信它会和 iPhone 一样取得惊人的市场业绩，也会培育出一大批忠实的拥趸。不过酒好也怕巷子深，库克不忘记想办法推销这款电脑。为此，他对当时的笔记本市场进行了调研，结果发现产品的同质化现象十分突出。在这种因素的影响下，不少笔记本电脑根本没有自己的特色，在外观上几乎如出一辙，如果不仔细看品牌标示的话根本分不出谁是谁——这正是营销的大忌。为此，库克决心打造差异化优势，让 Macbook air 成为一款品牌标示极强的产品，让苹果在 PC 市场上独树一帜，这样才能凸显自身的价值和优势，赢得消费者的好感和信赖。

正如在 MP3 市场，iPod 已经成为了年轻人热衷追求的产品，而 iPhone 也是亿万"果粉"的圣物，将这两类产品的成功理念运用在 Macbook air 上，就是要增强它的个性和美感，这才是苹果的核心价值。Macbook air 无论在外形设计还是硬件技术上，都处于业内领先地位，这也正是苹果的个人电脑能够引领市场风潮的关键因素。

库克最高明之处在于，他不仅要营销苹果，更要解读苹果，让苹果成为大众消费的宗教，以品牌文化带来的强大感染力去影响市场，让消费者对其难以抗拒，这样就能给苹果的产品带来无与伦比的竞争优势，有了雄厚的用户基础，再推出产品的话就不愁销量了。当然，库克主要锁定的目标人群还是高端的。

Macbook air 走的就是一条上层路线，它的价格不低，可见苹果一直在努力垄断高端笔记本市场。库克认为，和低端市场相比，苹果更有优势，也只有锁定高端市场，才能确立苹果在消费者心中的品牌地位，而一旦被人认可，是不愁销量的。另外，Macbook air 是一款极轻薄的产品，在当时的市场中是绝无仅有的，因此 Macbook air 会很容易地抢占市场的空白地段，能够最大程度地提升 Macbook air 的市场竞争力。

为了让 Macbook air 进军高端市场，库克主张了一条全新的设计思路：要超过其他同类产品至少需要两到三年的时间，其中最突出的地方就是无线网络应用方面。Macbook air 的 wifi 连接功能很出色，无线 + 轻薄 = 便携实用。这样的产品定位，让 Macbook air 的优势无人能及。

有人觉得苹果一味走高端路线，是一种不亲民的表现，价格太高会限制它的用户群体的扩大。不过库克却不这么看，他认为价格虽然是营销学中的重要因素之一，但并非决定性因素，产品一味追求性价比和打造品牌效应没有必然的联系，价格的定位应当取决于厂商的战略定位和未来产品及市场发展的方向。很多人为了购买一部苹果的产品，借钱或者分期付款，就是最好的证明：因为贵所以购买欲望更强。如果苹果的价格变得大众化，那么它的品牌吸引力必定会骤降许多。

为了宣传 Macbook air，库克琢磨着如何进行广告宣传，他认为即使像 Macbook air 这样成熟的产品，也离不开推广宣传，所以他要努力弄出一个富有创意的广告，助推 Macbook air 的品牌推广，牢牢地牵住消费者的视线。Macbook air 的广告是这样的，一个能装在信封里的电脑，用这个画面来暗示 Macbook air 的轻薄特性。

库克对广告有着自己的理解："产品要想在市场上具有良好的表现，好的广告创意十分重要。任何一则好的广告定位都要遵循'九字经'，即对谁说（选择目标消费者）、说什么（广告内容、创意、产品诉求点)、怎么说(艺术风格及表现形式)。"

就是这个看似简单的"九字经",让库克在产品营销环节更加注重对潜在消费者的培养,帮助他进一步看清苹果需要争取哪些用户并把他们纳入到浩浩荡荡的"果粉"大军之中。依靠用户的口碑积累,库克正在让苹果的市场生态环境越来越和谐、稳定。

Apple Watch

2015 年 3 月 10 日,苹果召开春季新品发布会,其中最引人注目的当属 Apple Watch。按照苹果发布的惯例,总是将最重要的产品放在最后,这次发布会压轴的正是 Apple Watch。根据苹果官方介绍,Apple Watch 将为用户提供多个版本,包括 Apple Watch、Apple Watch Sport 以及 Apple Watch Edition,并有太空灰、金色等选择,电池续航时间 18 小时,支持电磁充电。

Apple Watch 拥有两种不同尺寸的表盘,分别为 38 毫米和 42 毫米,不同尺寸的表盘以适应不同用户的需求。但两种尺寸的表盘使用在相同款式的 Apple Watch 上价格有差异,就拿最便宜的版本来说,38 毫米要比 42 毫米便宜 400 元人民币。

在此次发布会上,苹果介绍了很多有关 Apple Watch 的功能细节。作为一款手表产品,苹果宣布 Apple Watch 的精度能够达到 50 毫秒,符合一般手表的精度标准。在基础功能方面,Apple Watch 也是很受人喜欢的:它具备了收发短信、拨打电话、播放音乐、收发邮件以及查看天气等功能。只是 Apple Watch 自身并不具备独立运算能力,所以这些基础功能需要连接 iPhone 之后才能使用。

在发布会上，苹果表示 Apple Watch 将在 4 月 10 日正式开始接受预定，在 4 月 24 日正式发售，和以往不同，这一次首批上市的地点放在了中国大陆和香港。

自从 Apple Watch 在 2014 年 9 月发布以来，在外界看来它一直保持着足够的神秘感，一是因为它是苹果的第一款穿戴设备，赋予了时代的使命感，二是因为它是苹果涉足时尚领域的首次尝试，真是可以被称为"千呼万唤始出来"。

不管在 2015 年有多少造型、功能各异的智能手表上市，恐怕都难以和苹果的 Appale Watch 一争高下，这是因为苹果的设计和平台影响力已经深入人心，让曾经觉得 iPhone、iPad 都不能获得成功的很多人闭上了嘴，所以现在大家也都一致认为 Apple Watch 是能够做到的。那么，这款神秘别致的 Apple Watch 会帮助用户实现何种体验呢？

第一，移动支付。在 2014 年，库克最热衷忙碌的就是 Apple Pay 了，作为苹果最重要的新业务之一，在 iPhone 6 和 Plus 取得巨大成功的推动作用下，在很短的时间内赢得了大批零售商的支持。现在，Apple Pay 将可能进入到更多的国家和地区。另外，Apple Watch 也将以一个手腕支付工具进入消费者的视线，对那些没有升级 iPhone 6 的用户而言它会有很多重要的价值和意义。

第二，测量健康。Apple Watch 具备了强大的健康监测功能，比如运动、心率等人体健康常规项目，另外它还可以通过构建外置配件去测量人体的血糖，而这是人们非常需要的一项实用功能。

第三，Apple Watch 将会变成 Apple TV 遥控器。根据《彭博商业周刊》对库克的采访可知，苹果可以让 Apple Watch 变成能控制 Apple TV 的外置设备，从而为智能手表提供了一种全新的存在价值。

第四，应用程序繁多。Apple Watch 的应用界面可以用密密麻麻来形容，而且随着 Apple Watch 的应用服务越来越多，这种状况很难得到改善。毕竟苹果最强大最独特的地方就是它的应用平台，正如 iOS 在推出初期的十六个月里获得了 10 万个应用程序，而 Apple Watch 也一定会得到更多软件合作伙伴的支持，让它成为一款应用内容丰富、质量坚挺的智能手表。面对如此庞大的应用系统，Apple Watch 内置的 S1 处理器完全可以自由应对。

第五，款式和价格多样化。目前 Apple Watch 的价格基本上得到确定，普通版本的售价是 350 美元、不锈钢版本为 500 美元，而 18K 金版本则可能达到 8000 美元的土豪价格。所以无论哪一个层级的消费者，都享有充分的自主权去选择自己喜爱的款式类型。

2015 年 3 月 3 日，库克在欧洲进行访问时，第一次和德国总理默克尔举行了会面，两个人讨论有关消费者隐私保护的问题。此外，库克还亲自拜访了《图片报》的办公室，讨论了和苹果有关的传闻以及乔帮主本人，甚至连美国国家安全局的情报活动也被列入话题范围。同时库克还在造访德国期间和柏林的苹果零售店店员进行了交流，并对外透露了有关苹果手表的更多细节。库克证实了 Apple Watch 将在 2015 年 4 月在德国市场发售的消息，在此之前他也证实了 4 月在美国发售的信息。

在 2014 年，库克提到 Apple Watch 可能会在酒店中应用，并表示全球著名的喜达屋酒店集团已经宣布和苹果合作开发 Apple Watch 应用，从而试探着取代传统房卡。库克认为，在一些比较知名的酒店，Apple Watch 中的酒店应用能够取代在酒店前台办理入住的流程。现在看来这是库克早有"预谋"的商业策略，因为在 2014 年 9 月 Apple Watch 的发布会上，喜达屋酒店集团就表示将和苹果合作，共同开发 Apple Watch 应用。库克说："因此，一些人将会开始思考，不仅利用 Apple Watch 去做一些很酷的事情，也利用这款产品去改变整个生意。"

除此之外，库克还谈到了第一批支持 iPhone 6 和 iPhone 6 Plus 中 Apple Pay 支付服务的潘娜拉面包店的相关情况。据说潘娜拉面包店正在开发一款 WatchKit 应用，这让 Apple Watch 用户能够通过"刷手表"的方式完成整个支付流程。同时，库克也表示在企业市场联手苹果的长期合作伙伴——Salesforce.com 推广 Apple Watch，而 Salesforce.com 一直是帮助苹果研发相关应用软件的。

现在，Apple Watch 已经在中国大陆和香港率先发售，至于下一个地点是哪儿，人们的猜测是美国，接着才可能是欧洲和澳洲市场，其中概率最大的是澳洲，因为苹果已经就 Apple Watch 的相关销售流程对悉尼的苹果零售店员工展开了上岗秘密培训。同时，英国和法国也可能成为苹果同期推广 Apple Watch 的国家。

曾经有苹果的员工向库克询问，在 Apple Watch 开售后，他们是否能免费得到一只 Apple Watch。库克的回答是："你们给了我一个需要思考的问题。我同意你们的观点，这是一件好事，我认为所有人都应当使用我们的产品。"

在库克动身前往德国的过程中，他表示关于 Apple Watch 苹果还会推出更多的应用服务。库克还提到了软件合作伙伴为 Apple Watch 开发的健康和健身类应用的情况。库克讲到，Apple Watch 会搭载苹果的 Workout 和 Activity 应用，而这种应用会帮助用户订制锻炼计划并测量运动效果，而且最为炫酷的是，Apple Watch 还集成了运动和心率传感器，这些都将帮助开发者继续推出更加实用的应用服务。

因为 Apple Watch 自身并没有一项特别突出的功能，所以它非常依赖第三方应用和可订制性，这也事关 Apple Watch 能否最终打动消费者。据说，库克在发现这个问题后，立即邀请了一百多位应用开发者赶到苹果总部进行 Apple Watch 应用的开发、设计和测试工作，让 Apple Watch 变得更加完美，体验感也更强。

Apple Watch 是库克亲自操刀的第一款产品，是完全不受乔布斯影响的一个全新的产品领域，库克将它看成是准备颠覆传统腕表以及智能穿戴行业的里程碑式产品。尽管现在大家对 Apple Watch 的评价褒贬不一，然而谁也无法否认，Apple Watch 的创新性正在逐步引领着整个智能穿戴行业，其中包括了旋钮和触控相结合以及传统腕表的操控和智能时代的触控相结合等多个跨时代的"智慧嫁接"，虽然现在作出某些结论为时尚早，但很多信息都在预示着 Apple Watch 将引领未来的智能手表潮流。

根据相关数据显示，苹果计划在 Apple Watch 开售 1 个月后，出货量可能会达到 500 万并在 2015 年实现 5000 万的出货量。如果这个预估是正确的，Apple Watch 将给苹果带来上百亿美元的年度收入。

显然，库克对 Apple Watch 寄予了厚望，他期盼着通过这款产品证明自己的创新能力，他不想做一个只会延续乔布斯艺术灵感的传承者，他要带领苹果在后乔布斯时代开辟新的市场。

望眼欲穿的 Apple TV

库克和乔布斯一样，都是不安于现状的人，他喜欢竞争，推崇战斗精神，希望将苹果变得更强更优越。在激烈的市场竞争中，库克一直在思考如何让苹果的产品群更加丰富，在他们看来，市场虽然陷入红海，但依旧是广阔的，还有更多的商机等待着苹果，苹果需要做好的是迎接一切挑战。这个新的挑战，被库克瞄准了一个新领域——数字客厅市场。

作为全球第一大科技巨头，苹果在计算机领域和移动终端领域都堪称业内巨子，然而在智能家居方面，表现得还不如中国的小米。如小米智能家居系列产品就包括小米路由器、小米智能摄像机、小米盒子以及小米智能插座、智能血压计等。从 PC 到 MP3 播放器再到移动设备，苹果的下一站在哪里，根据它放出来的新闻看，智能家居就是下一个目标了。

人们的猜测不无道理，当苹果将公司名称改为"苹果有限公司"之后，大家就意识到苹果要在横向领域继续发展，准备大干一场，而最被消费者关注的就是苹果电视了。

众所周知，电视机是电器消费领域常开不败的花朵，业内有句名言叫"得电视机者得天下"。电视，是人们在工作之余休闲娱乐的核心工具，也是家电商们最为看重的"客厅战场"，其中蕴藏的丰厚利润未可估量。世界知名的 IT 大企业，比如三星、索尼等，都将电视机市场当做业务拓展的主要方向，不过同样身为巨头的苹果，在这方面就显得动作迟缓了许多。

苹果一旦进入电视机领域，将会成为真正意义的家电企业。在 iPhone 和 iPad 之后，如果库克准备继续发动进攻的话，智能家居当属首选。有专业人士预测，如果苹果进军电视机领域获得成功，那么其市价总额可能达到 1000 亿美元。

乔布斯就任 CEO 期间，是苹果在手机和平板电脑的领军人物，现在库克执掌苹果之后，很可能会在电视机市场迅猛发力。2006 年，苹果推出了机顶盒，并将其命名为"Apple TV"。它可以和 iPad 进行连接，也可以根据客户需求接入各种数字媒介搭建起一个家庭影院。

用户将 Apple TV 和高清电视连接之后，就能够随意查看数码照片、播放音乐和视频欣赏，这些多媒体娱乐内容既能够通过本地实现，也能够通过接入互联网从其他服务平台上实现。比如 iTunes Store、YouTube、Fliacker 等。如果用户通过 iTunes store 登陆服务平台，就能够购买到最新的音乐曲目以及其他电影电视剧等。另外，用户也能利用 Apple TV 浏览到 YouTube 网站上的视频及图片。

Apple TV 在多媒体播放方面，能够流畅播放 MPEG-4 AVC/H. 264 视频和 AAC、MP3、WAV 等音频和 BMP、JPG、GIF 等图片格式，然而 WMV、DIVX 以及 MPEG-2 等视频格式无法被识别便不能播放。另外，Apple TV 的接口相当丰富，提供了 HDMI、色差分量、USB 以及光纤音频输出等接口，和电脑、电视乃至便携式的播放设备都能顺利连接，还能为用户提供清晰度为 720P 的视频输出。

虽然 Apple TV 不是真正的电视，但已经是电视的周边产品了，也预示着苹果将在这个领域逐步推进。很快，苹果在官方网站上增加了一个有关"Apple TV"的板块。苹果的构想是，将 Apple TV 和 iPhone 和 iPad 实现功能互动。

苹果的第一代电视机顶盒在 2007 年 3 月 21 日正式发售，最初的版本只有 40GB 的内置硬盘，第二版产品就变成了 160GB 的硬盘，在 2007 年 5 月 31 日，APPle TV 160GB 版本正式上市。只是这款机顶盒在进入市场之后，没有如苹果预期的那样火爆，反而遭遇了销售尴尬——无人问津。然而这并非是因为电视机顶盒不受消费者欢迎，恰恰相反，电视网络市场一直人头攒动，不少IT大鳄都盯住了这个市场，比如谷歌、亚马逊、三星等，在苹果进入这个市场时，就注定遭遇到实力雄厚的竞争对手的阻截。

谷歌无疑是电视网络市场的巨子之一，从它诞生那天起，似乎就和苹果注定成为了宿敌，只是在很多领域的角逐中谷歌经常处于下风，特别是在智能手机领域，谷歌更体现出了颓败之势，难以和苹果形成势均力敌的对抗状态，让谷歌心存挫败感。为了能跟苹果一拼高下，谷歌决定重新选择一块战场——电视领域。

2010年，谷歌发布了Google TV，它的产品定位十分准确，就是要向苹果发出挑战，以出口恶气。2011年8月，谷歌董事会主席施密特在爱丁堡国际电视节上进行了一次激情四射的演讲，等于对外宣布谷歌要在电视领域放手一搏。施密特说："忽略了互联网是十分危险的，互联网是未来电视的一个基础，原因很简单：因为人们需要。"这句话从另一个角度可以看出，谷歌对传统电视领域的产品布局发出了挑战。

不少IT人士都看到了，电视的未来发展方向注定是智能化和人性化，传统电视受制于时间和频道的限制，而新兴的网络电视是不受限制的，因此很多用户都选择使用互联网点播的方式去代替传统录制节目的办法，因为这对用户来说更加方便也更自由随性。传统电视的节目是通过编辑选择传递到用户那里的，类似于产品直销，用户却无法选择。在互联网时代，这种营销方式显然过时了，用户希望通过主动点播的方式进行选择。

网络电视的好处在于，用户观看的节目越多，系统就越有机会了解它，就会针对性地推荐给用户他们喜欢的节目，这就是最完美的电视。在此基础上，电视会变得更加个性化和社会化，甚至可以演变成一个能够互动和分享的社交网络，用户可以通过笔记本电脑、平板电脑和手机与朋友实时聊天互动。对此，施密特的理解是："电视不仅可以利用互联网帮助观众发现新的内容和进行互动，而且还存在新的盈利机会。这包括向观众直接提供电视节目下载服务，或者建立更好的广告销售网络。"

谷歌为了在网络电视领域占据新的位置，接连进行了一系列行动。2011 年 8 月 9 日，施密特在苏格兰爱丁堡的一次会上表达了拓展欧洲市场的意愿。8 月 16 日，谷歌又忙不迭地收购了摩托罗拉公司，让谷歌的 Google TV 如鱼得水，而且还让 Google TV 支持安卓上的应用。

谷歌的先声夺人给了同行压力，日本的索尼也马上奋起直追，公开宣布从 2010 年开始在英国、法国、德国以及意大利等五个国家推出名为"Qriocity"的线上影音服务，内容囊括了索尼自家的 PS3、Vaio 电脑以及蓝光 DVD 播放器等设备，这些分属于不同操作平台的装置能够使用这项新服务。

Qriocity 是索尼原有的线上影音服务 Play Station Network 的升级版，它将从原来的 5400 名订阅户直逼拥有 1.6 亿名注册用户的苹果 iTunes，这显然是索尼的一次重量级挑战。没过多久，亚马逊也宣布推出网络电视服务，采用了接近 Netflix 模式。一年之后，美国最大的有线电视公司 Comcast 宣布和 Facebook 等其他科技公司联手打造下一代电视 MyTV，其核心是将电视互联网融入到 Apps，从而让电视更加互动、个性化、社会化。这些行业巨头之所以瞄准网络电视领域，是因为它们都意识到了家庭电视网络化是未来的发展趋势。这样一个充满诱惑力的市场，巨头们是不可能轻易让给苹果的。

2010 年，库克在参加高盛技术研讨会时说："我们会在 TV 上继续投资，根据我们的直觉，在这个领域一定会有搞头的。"奇怪的是，库克接着又说了一句自相矛盾的话："对现有的 TV 市场我们暂时并不关注。"

库克是糊涂了吗？当然不是，从这两句话中不难发现，库克真正想表达的意思是，苹果要设计出一款不同于现代电视的 Apple TV，是一种具有革命性的高科技产品。

进军电视机市场，苹果需要在三个方面做好充分的准备。

第一，要有稳定的业务增长。苹果完全具备这个条件，根据美国投资银行 Piper Jaffray 的调查结果显示，iPhone 的使用者中表示现在购买的达到 94%，而安卓手机的使用者表示再次购买的只有 47%，可见 iPhone 的用户使用黏性要远远超过其他智能手机。相比之下，iPad 的市场呼声也很猛烈，根据《财富》杂志评选出的 500 强企业中，有 86% 的企业在使用 iPad 办公，这样的收益让库克感到十分欣喜和意外。

第二，内部力量充足。苹果的产品理念是做到极致，宁可一年只出一款机型也不会盲目推出电子垃圾，所以一旦苹果设计电视机的话，也会像做其他产品那样用心负责，会避免在进入市场后和别的电视机厂商陷入同质化竞争。从另一个角度看，假设苹果真的决定杀入智能家居市场，它一定是做了充足准备的。库克曾经坦言说，苹果是他见过的企业中对所涉及业务领域最敢于投入和认真的企业。

第三，要有市场的支持。苹果最重视的对手是谷歌，这并非是谷歌推出的安卓系统，而是谷歌在电视机领域先行一步。2011年，谷歌就开始着手和索尼合作，推出电视机和机顶盒。而三星和 LG 等企业也加紧了在这一领域的拓展，他们深知智能手机市场难敌苹果，那么智能家居市场就更要势在必夺了。LG 曾经表示："对于电视机的应用程序，比起数据而言，开发者的名气往往更重要。"言外之意，苹果如果进军电视机市场，凭借它在 PC和移动设备领域的声望，购买者必定不在少数。可以预见，一旦苹果动了三星、LG 等厂商的"奶酪"，这些先行者们肯定会奋起反抗捍卫自己的利益，届时可能会演绎一场惊心动魄的家电大战。

为防备苹果，三星和 LG 也做好了积极的备战，它们加紧在3D 电视和智能电视领域的拓展，为的就是竖起层层围墙，抵抗苹果的入侵。不过它们也很清楚，以苹果的实力，完全能够在旧有的市场壁垒中杀出一条血路。正如库克所说："不走别人的路，我们要走苹果自己的路。"言简意赅地表明：苹果不会关注某个领域有多少强敌，它的打法本身就是剑走偏锋。

从 2011 年 7 月开始，有关苹果将推出能上网的高清电视的新闻开始进入人们的耳朵，据说这种电视是将 Apple Store、iCloud和电视机完美地结合在了一起，显然是在和竞争对手比拼软实力，让三星和 LG 等厂商不得不惊出一身冷汗。库克不止一次强调："苹果是全世界唯一一家软件与硬件综合发展的企业。"此话的杀伤力和震慑力着实不小。

眼看着数码客厅市场变成一片红海，库克觉得苹果不能再坐以待毙，应该继续升级产品。2010 年 9 月，苹果正式发布了新的Apple TV 2，采用了全新设计和搭载新的 A4 处理器，支持 720P视频播放。2012 年 3 月，苹果再度推出了 Apple TV 3，这款产品外形不变但是配置却高了很多，它搭载了 A5 处理器，支持 1080P 视频播放。此外，库克还采取了低价策略，Apple TV 价格下调了 99 美元，线上电脑节目每片仅需要花费 0.99 美元。

2015 年 3 月 10 日，在苹果春季新品发布会上，有两件和 Apple TV 相关的事情被正式公布：Apple TV 的零售价从 99 美元降到了 69 美元；HBO Now 将登陆美国的 Apple TV 和 App Store。这项服务每月收费 14.99 美元，它可以经由 Apple TV、iPad 和 iPhone 注册，用户在注册后的第一个月可以免费享用。

HBO Now 能够让美国的 Apple TV 用户不再需要有线电视或者卫星电视就能收看 HBO（美国家庭电影台）的电视节目。一直以来，HBO Now 被业内认为是 HBO 的革命性产品，对传统的有线电视频道捆绑套餐提出了重大的挑战，这是由于用户将不会收看其中一些频道。根据某项研究显示，HBO Now 将降低 7% 的付费电视用户。

无论采取怎样的合作方式，也无论人们对 Apple TV 充满着何种期待，库克都将义无反顾地"杀进"用户的客厅，做好迎接新挑战的准备。需要注意的是，库克并非是为了竞争而竞争，在苹果每深入到一个新业务领域，他都会未雨绸缪地思考好全盘计划再为苹果勾画未来。

随着苹果电视的概念热炒，越来越多的人开始关注苹果在智能家居领域的挺进过程，很快人们就发现苹果的一系列并购活动，这从另一个侧面佐证了苹果朝电视机市场迈进的推测。2011 年 7 月，美国彭博咨询公司传出消息：苹果有意参与到在线视频服务商 Hula 的收购活动中。显然，如果苹果真的收购了 Hula，那么它将从此拥有属于自己的节目网络，这对于推广苹果电视十分有利，尽管当时的 Hula 赤字连篇，但如果好好改造还是能给苹果带来巨额利润的。从长远的角度看，这是利大于弊的行为。

不过从盈利的角度看，苹果收购 Hula 似乎没什么实际意义，因为这需要投入太多的前期资源，所以只能得出另一个肯定的答案，那就是苹果正在努力谋求构建属于自己的电视节目网络，苹果想通过"霸占用户的客厅"来达到进军智能家居领域的目的。众所周知，单靠销售电视只是小打小闹，可如果掌握了节目来源，就能更好地操控这块蛋糕。

库克始终秉承着软件和硬件两手抓的策略，在苹果电视这个新品的设计和开发上就是遵循了这个原则。凡是进军智能电视市场的障碍都被他清扫掉了，剩下的就是消费者个人的问题了。苹果虽然在大型家电方面没有深厚的积累，但是以它目前拥有的 Apple store、iPad、iCloud 等软硬件构成的产品链条，有助于推动它在智能电视领域的逐步推进。一旦苹果电视变为一款成熟的产品，就能够轻而易举地通过电视来让消费者与之形成互动，打造其他厂商不具备的独特竞争力。

以 iCloud 为例，它是苹果推出的一款网络服务，能够和现有的诸多苹果设备实现对接和互动，也能够让用户在没有计算机的情况下上网。那么 iCloud 存在的意义是什么？它能够节省用户的数据存储设备，让电脑变得越来越轻便，而且对于电视来说也作用多多，因为智能电视也是一个互联网产品，可以上网也可以玩游戏，所以很需要 iCloud 的功能支持它。

在营销策略上，电视和手机体型相差巨大，似乎不具备能够移植的销售经验，不过仔细分析一下，最大的差别还是在物流上。比如在苹果的专卖店里，可以存放 100 台 iPhone，如果换成是电视就只能存放 1 台，这就变相考验了苹果的仓储能力。此外还考验了苹果的运输能力，因为电视可不像手机那么小只需要一辆自行车就能送货上门，凡此种种问题都意味着苹果将增加物流成本来确保智能电视业务顺利开展下去。

不过电视也有比手机更省心的地方，比如电视的画面画质省电等问题，理论上是非常重要的参数，然而在实际的销售榜单上，排名第一和排名第二没有那么大的区别，不像手机的画质和续航那样对用户如此重要，所以说到底电视是一个考验营销功底的产品。

库克很清楚，对苹果来说最缺乏的就是电视机产品的销售网络和销售经验，因为它无法单靠 Apple store 进行销售。在这方面，和三星、LG 相比，苹果会陷于非常弱势的境地。所以库克不得不思考怎么样带着苹果杀进电视机市场，特别是在 2011 年 9 月，在苹果内部被称为"流通达人"的荣恩·强森离职之后，更是让库克少了一个强有力的帮手。

当然，无论库克采用什么样的办法去解决销售网络问题，最终都是一条苹果式的推广道路。库克曾经说过："我们从来不会过分地执著于市场占有率或者销售额之类的东西，对我们来说最重要的是生产出世界上最好的产品。"

推出智能电视对于库克来说是一个挑战，尽管他很少谈论有关智能电视的话题，但外界已经将苹果进军这个领域当成板上钉钉的事实了。对外对内，库克都承受着巨大的压力，对外是因为苹果还无法预测未来的发展前景，对内则是如果这一步走错了将影响到库克的个人威信。

6
不同的领导范儿

迥异工作风格

在言辞上并不激情的库克，在工作上却是蛮拼的。当初为 **IBM** 工作时，库克为了敦促工厂按时交货，主动请缨在圣诞节到元旦期间去工厂加班监督。当时他的上司这样评价："蒂姆·库克的诚实态度使得和他共事成了一件令人愉快的事情。"

库克是一个不懂得休息的工作狂，属于干活不要命的类型。他每天都是早来晚走，即使连续开几个小时的会他也不觉得疲惫，而是从容地对与会者们说："好，让我们来进行下一个议题。"库克敢拼，也非常勤奋，他经常凌晨四点半就起床收发电子邮件，迫使苹果海外分公司的负责人也得跟着适应，即便存在着时差，库克也会在美国时间凌晨给他们打电话，这个习惯被保持了很多年。

2010 年，库克去新加坡出差，同行的有几位苹果的要员。库克先是和同事聊了几句，然后开始工作。飞机从加利福尼亚到新加坡需要 18 个小时的时间，清晨 6 点到达新加坡之后，库克在酒店洗个澡就去了会场。会议持续了 12 个小时，在晚间时分连当地的职员都累得人困马乏，而库克还是精神百倍地聊着，不停地点击着幻灯片，丝毫没有想休息一下的意思。

还有一次，苹果在纽约召开了 Mac World 大会，库克趁热打铁举办了一次职员会议，大家都觉得很快会结束，于是买了当晚纽约大都会棒球比赛的门票。但让大家愕然的是，库克在会上激情四射，不断提出各种问题，每当大家以为快要结束时，库克却淡定地说翻到下一页，最终，晚上的棒球比赛谁也没有看成。

库克在开会的时候就是从不知疲倦，而且极其认真，还会问一些让人难以回答的问题。如果答对了提出的 10 个问题，库克下次会问你 9 个，如果答错了一个，下次他会问你 20 – 30 个问题。库克这种得势不饶人的作风让很多人尝到了苦头。从这个角度看，库克虽不强悍，但内力更逼人，他不会提高嗓门来震慑别人，而是用如皱眉、抿嘴角等微表情，同样会让人不寒而栗。

库克似乎从来不知道累，他的严肃也让人心生畏惧，有人甚至说库克在开会的时候，像是要把人撕碎一样。还有人评价库克是"性格安静，但却很难对付"，而这体现在他对事情的严肃程度上。

1998 年，库克来到苹果之后，一次开会时他提到了中国市场存在的问题："这太糟糕了，应该有人到中国解决这个问题。"当会议进行了半小时之后，库克忽然看见他的秘书还在旁边，就问为什么还在这里，秘书只得站起身去机场订了一张飞往北京的机票。

库克的认真有时会发展成偏执、固执，只要他认定是正确的就必须做到底，只是在争执的过程中会保持应有的礼节。父亲给他的评价是"工作狂"。如果说乔布斯是燃烧的烈火，库克就是暗烧的木炭，他们同样带着工作激情和完美至上的精神，只是表现手法有所区别。

乔布斯将海盗精神赋予到苹果的企业文化内涵中，他时常对员工说："我们要做一个海盗。"其意味是鼓励员工将事情做得更好。他还让大家将自己的名字刻在研发的产品上。因此熟知苹果内幕的人都明白，"乔布斯王国"根本不像一家公司，而是一个艺术沙龙，对此很多人都难以理解甚至不敢相信。但对库克来说，他是能体味其深意的。

库克不像乔布斯那样强势，但他却很刻薄，不过他还是会让员工把话说完才尖锐地指出对方的错误。库克能够认清自己存在哪些不足，也能够虚心地吸纳他人的长处。

由于库克带着较浓的南方口音，为人少言寡语且低调谦和，所以人们称他为"南方绅士"。每次出席各种公共场合，库克都会表现得十分从容和镇定。他不像乔布斯那样嗓门高，而是个低嗓门，讲话时喜欢停顿。库克没有乔布斯的煽动能力，讲话时从不会出现高潮部分，很容易让人昏昏欲睡。即使在新闻发布会上面对记者刁钻的提问，库克依旧保持着平淡的语调，不慌不忙地回答他们的各种问题。

在正式场合，库克很少会正襟危坐，而是习惯将肩膀靠在椅子上，双手交叉在胸前，姿势非常随意地发言和回答问题。和乔布斯的慷慨激昂相比，库克的确少了激情和热血，人们也因此而评价他"无聊"和"枯燥乏味"。

库克是典型的理工男思维，他不喜欢用华丽的措辞修饰自己的发言，他的风格就是直白朴素的。他讲话不会兜圈子，而是简单明了地直奔主题，他不会咬文嚼字地使用形容词，这和乔布斯善用修辞的人文气大相径庭。但是对听众来说，库克简单明了的语言风格更给人们一种真实感。

在 2005 财年第四季度报告中，乔布斯和库克先后作了发言，体现了截然不同的两类风格。乔布斯说："我很感动，这是苹果历史上业绩最好的一次四季度业绩情况。这是苹果坚持技术革新理念以及诸位优秀人才共同努力的结果。而最令人兴奋事情，莫过于 2006 年新产品的开发了。"随后，库克针对深受用户喜爱的 iPod Mini 的新型产品 iPod Nano 的市场前景预测，做了这样的分析："全世界范围内，市场需求非常强烈，已经达到了一个相当庞大的需求量，但目前无法预测这种庞大的市场需求何时才会由于充足的供应而达到饱和。"

库克以谨慎著称，对不确定的事情从不会乱说。2011 年 1 月，他在某个新闻发布会上，被记者问到了和美国最大的通信公司 Verizon 的合作时，他连续用了三次"无可奉告"。库克的措施是对的，因为这些问题针对着苹果日后的产品开发以及和 Verizon 的合作期限，涉及到了一定的商业机密。一旦回答出现漏洞或者被人抓住把柄，负面新闻会很快传出来。

在 2007 年召开的一次 iPhone 新品发布会后的第一次业绩发布会上，当被人问及 iPhone 可以换电池以及总销售利润是多少等问题时，库克只用了一句话就做了回答："等到 6 月发售的时候，会发布关于 iPhone 本身的各种信息，等到下季度召开业绩事宜新闻发布会时，对于 iPhone 的预期业绩会有更多可以发表的内容。"

库克的小心措辞，或许会让一些媒体感到很无趣，他们难以从这位"储君"身上挖掘到更有料的信息。不过，库克也具备一定的文学素养，只是他会在关键时刻以俏皮的方式来应对提问。

在 2009 财年第二季度业绩发布会上，库克在谈到竞争对手生产的上网本时，库克就用了"马力不足"这个贴切的比喻，让听众顿觉耳目一新。此外他还用了"糟糕的软件"、"垃圾般的硬件"来形容。最后，库克带着藐视对手的口吻说："我们现有的产品已经足以压倒市面上的各种上网本，如果你想要买一台小机器用来上网或者收邮件的话，那么买 iPhone 或者 iPod Touch 就可以了。"

库克的冷静、谨慎和中庸，是本性使然还是蓄意而为？准确地说，是库克的个性和工作环境共同造就的结果。

乔布斯是一个充满神秘色彩的人，性格中带有浓厚的浪漫主义因子，和现实社会的主流价值观有些冲突，却是天才级的神人。库克则不同，他能够适应瞬息万变的社会环境，为人处事更讲究中庸调和之道。他规矩做人，性格腼腆，但并不排斥参加各种社会活动，因为他懂得人无法脱离社会环境而孤立存在的道理。但是在库克进入苹果之后，与生俱来的低调谦和也不得不有所改变，这是和苹果的企业文化相关的。

苹果文化中的一个组成部分是"秘密主义"，以乔布斯为例，他就是一个秘密主义的忠实维护者和践行者。秘密主义就是要求保守秘密，不能泄露任何公司机密，一旦违规必定解雇。苹果的安保系统非常严格，员工不仅要出入刷卡和输入密码，还要经过安全检查才能正常工作。为此，《财富》杂志曾经采访过几十名从苹果辞职的员工，而采访内容只有极少部分能被公开，因为他们必须恪守保密原则。

据说，苹果内部的组织机构相当严密，人们说只有乔布斯自己才全部知道。当然，作为公司二号人物的库克也不会完全不知道，只是他遵守原则不能说而已。在公开场合，身为教主的乔布斯可以自由把握尺度，随意发挥，而库克无法确定哪些是苹果的秘密，所以只能选择避重就轻，这并非个性主导，而是工作策略。

员工工作是秘密，苹果的新产品更是绝密。即便在新品发布会上，也只能透露有关新产品的一些大概信息，具体的细节只有等到正式发售时才会公布，所以库克对记者的提问采用回避的态度就很正常了。越是如此，人们对苹果的新产品就越是充满好奇。想要一探苹果的最新资讯，成为了很多媒体热衷挖掘的重点。

不过，库克偶尔也会"毒舌"一把，在 2011 年 1 月 18 日的业绩发布会上，有人让库克评价一下其他公司的平板电脑，库克的回答是："太大太重太贵，电池寿命太短，而且怎么连专用的触摸笔都没有。在我们看来完全是没有把消费者当回事。"库克虽然没有明说，但影射的就是微软的平板电脑。而针对数量众多的安卓平板电脑，库克的评价是："给人感觉这个操作系统似乎根本不是为平板电脑设计的一样，这一点连谷歌自己都同意。基本上它就是一款放大版的智能手机，以我们的视角来看是一款奇怪的产品。"

库克使用了强硬尖锐的词汇，不过和乔布斯相比已经算相当"文明"了。在 2009 年 1 月举行的 2009 财年第二季度业绩发布会上，记者们问及有关 Plam 智能手机抄袭 iPhone 的问题，对这个敏感话题库克这样回答："我们把这个业务看作是一个软件平台的业务。我们正在创造一片森林，并且也欢迎在不盗窃我们知识产权的底限之内竞争。如果有人要盗用我们的专利，无论是谁，我们都将对其赶尽杀绝。"

库克用了"赶尽杀绝"这个冲击力极强的词汇，让记者们倍感兴奋，于是问库克到底谁会遭到苹果的回击，库克转而用温和的措辞表示，不论是谁苹果已经做好了准备，要和他们斗争到底。

乔布斯曾经把三星、摩托罗拉、黑莓等企业推出的产品称作山寨，而库克在犀利言辞之外还保留着情面，也算是仁至义尽了。在库克成为正式的CEO之后，他的措辞还是没有乔布斯那般强硬，不过在对待核心问题时也是直言不讳，这似乎证明他正在一点点地模仿乔布斯的风格。

身为苹果的CEO，库克不免会遭遇记者对某个问题的穷追猛打，而无冕之王们通常对温和的发言毫无兴趣，他们更喜欢一些刺激性的话题，特别是像苹果这样一度被推到风口浪尖的知名企业。在这种背景下，库克想要继续保持低调和谐也难。渐渐地，媒体送给了库克"毒舌"的绰号，似乎库克暴露了他的本性。仔细咀嚼一下，其实是库克的身份发生了变化，不得不"转型"了。

库克和乔布斯尽管风格迥异，但在言论上还是存在着两个共同点：

第一，他们喜欢使用"全世界""最好的"这些带有理想主义色彩的词汇。在使用这类词汇时，乔布斯更运用自如也更有底气和魄力，而库克因为身份和个性会显出一种不自然。

第二，他们都坚持"第一主义"，总是将"制造全世界最一流的产品"、"我们的目标就是做好最好的产品"挂在嘴边。当涉及产品销售现状或者预估市场前景时，乔布斯和库克又乐于从用户的角度出发进行分析，比如"消费者不会喜欢我们这种战略的，因为价格太贵了，他们都喜欢更便宜的。"

求同存异，恰恰是乔布斯重用库克的关键：既能补充自己在工程、管理方面的劣势，又在企业发展战略上观点一致，乔布斯可谓慧眼识金，为苹果帝国选择了一个理想的接班者。

乔库处世之别

乔布斯的朴素着装是被人经常议论的话题，他总是身穿里维斯牛仔裤、深色高领毛衣和白色的新百伦运动鞋。从搭配上看没什么品位可言，但他的每次亮相都能让全世界为之疯狂。乔布斯的朴素不能掩盖他明星级的人气，他出现在哪里，哪里就引发一阵热议，他便成为话题人物，连时装界也要掀起一阵大讨论。

2011 年 6 月 6 日，苹果举办了一次年度世界开发者会议，当时乔布斯身穿一件意大利原产的高领毛衣，100% 纯羊绒，价格高达 616 美元，仅仅是这样一件衣服也引起了世界的讨论。《纽约时报》撰文称："乔布斯穿着简便的目的是让大家更多地去关注苹果的产品而不是他本人。"有人分析，乔布斯的哲学是彰显民主的公平制度，他的简便穿着也是为了和其他员工不分你我，不想体现出任何的特殊，走的完全是亲民路线。毛衣和牛仔裤正是代表着信念的象征物。

一次，乔布斯给出生在日本的世界著名时装设计师三宅一生的纽约卖场打电话，对店员说："我之前有好几百件你们的黑色高领毛衣，现在'库存'有点不够了，想要再买一些。"店员回复说该款衣服在美国已经断货了，日本也不会再生产了。乔布斯却表示还想下订单再买几百件，而他给出的理由是："这一款毛衣的颜色、质感，尤其是袖子卷起来的感觉，我非常喜欢，所以一定要和这款一模一样的。"店员说在日本找到一款同样的衣服比较困难，希望乔布斯将自己的毛衣寄过来，而乔布斯却说这衣服非常宝贵最好店员到硅谷来看。

由于遵循顾客至上的原则，店员真的来到了硅谷，而乔布斯也在机场等候多时，见到店员之后和他一起回家查看了实物，这才下了订单。后来，这件事被称为"高领毛衣事件"，成为印证乔布斯偏执性格的最佳案例。

相比乔布斯，库克的穿着打扮另有一套风格。主要分成两类：模仿乔布斯风格的和没有乔布斯风格的。

库克和乔布斯一起出席公开场合时，他的穿着风格和乔帮主类似：深色长袖上衣、牛仔裤。人们猜测这是为了追随乔布斯的风格，假设乔布斯换了一件褐色的上衣库克也会换成同一色系的。库克为了紧跟乔帮主的穿着风格不得不摒弃自己的爱好，这恐怕也算是无形中的负担吧。

如果不和乔布斯一起出场，库克的着装风格就不同了，他会穿一套深蓝色或者黑色等深色系的休闲正装，裤子则选择西裤或者休闲裤，夹克和衬衫也是同色系。有时，库克也会穿一件黑色的长袖衫出席正式场合，不过更多的时候还是选择休闲正装。

库克个人的穿衣风格，和他的性格偏好不无联系，在这一点上和乔布斯大同小异：他们都不希望本人被过多关注，而是希望把精力放在他们的产品上和苹果公司本身上。抛开这些因素，库克有时模仿乔布斯也是为了二人能够达成形象的契合，并非是单纯的屈从。从 2011 年开始，库克出席一些场合会戴着橡皮筋眼镜，这一点和乔布斯一样。在私下场合，库克会穿耐克鞋，成了他身上唯一能叫得出品牌的装备，而且这也是和他耐克董事身份有关系。另外，库克还会整天挂着 iPod 走来走去，用他的话说："不敢想象没有 iPod 的日子该怎么过。"

乔布斯提倡"内部企业家精神"，希望苹果的全体员工都能一如既往地保持着创业者的作风，怀揣梦想，敢于创新，为实现自身的理想而奋斗。库克在接替 CEO 之后，也继续保持这种企业文化氛围，让每一个员工都去热爱他所从事的工作，让他们比周围的人更加努力，让他们意识到自己并非一个打工者，而是在一个伟大的平台上实现自己的梦想。身为 CEO，库克要做的是让员工内心充满着胜利的渴望并给予他们前进的动力和力量，让他们设计生产出具有革命性的产品和服务，最终缔造一个不同凡响的 IT 企业。

苹果强调使命感，库克也极为看重使命感，他不仅在公开场合强调，也会以身作则让员工领会到使命感的重大意义。

乔布斯作风强悍，但没有人讨厌他，而是带着敬重和畏惧的双重情感，他们喜欢乔布斯带给大家的激情。有人评价乔布斯："苹果公司有大量的工程师，但对他们来说，不是仅仅拥有技术优势就够了，他们还必须具有激情。激情是克服设计和工程障碍、准时完成项目的动力；激情能促成同事间的良好竞争，让弱者淘汰，或者反对不能胜任的上司。"库克对乔布斯风格也有着自己的理解："心脏承受能力不强的人，不适合在苹果工作。"或许，这句话一语中的讲明了苹果激情主义的核心所在。

在库克接替乔布斯之后，苹果危机论诞生了：人们认为库克没有乔布斯的创意和设计的才能才华，所以前景不被看好。这个论断从表面上看符合事实，但仔细推敲可以发现，它遗漏了库克的一个优点：以扬长避短来用人。

库克虽然有软强势的一面，但是他也有耐心善于听取意见的一面。只要下属能提出有建设性的建议，他都会积极采纳，跟在会议上因业务问题发火截然不同。这得益于库克的自知之明，他能意识到自己有哪些不足，不会用自傲去掩饰，而是找到比自己更有才华的人来帮助他弥补缺陷。库克的这个优点回击了苹果危机论。

韩国 LG 显示器公司的社长每年都会和库克见几面，他对库克的评价是："以蒂姆·库克那么高的身份，却能够耐心地听我们把意见从头到尾讲完，这无疑令我们备受感动。"身为一名 **CEO**，没必要也不可能尽善尽美，乔布斯有卓绝的创意能力但在管理方面稍显不足，这也正是库克被乔帮主看中的原因之一。相对而言，库克缺乏的创意才能也会被其他人填补，不必非得自己亲力亲为。

库克在识人用人上有着出色的才能，他很看重团队的实力，也愿意吸收值得他信赖的人加盟。因此进入苹果多年，能让库克放心的还是身边那几员老将，这不是库克"排他"，而是能达到他任用标准的人实在不多。

追逐完美，细节定成败

对于想要称霸业界的精英企业来说，力求完美是一种美德。只有将产品做到精益求精，才能成功击败对手，这是乔布斯一生追求的经营哲学。库克也是一个完美主义者，他不能直视苹果的产品存在任何瑕疵，更不会相信一个做事随意的企业会成为业内龙头。

乔布斯从创立苹果那一天起，就将完美主义这个基因深深植入苹果的骨髓之中，直到库克接替他出任新掌门之后，这个理念也依然未变，甚至变得更加牢固。虽然库克给人的感觉不像乔布斯那样激情洋溢、才华斐然，但他追求卓越的个性同样不容小觑。库克的工作重心是在全局的把控上，而非产品设计和技术植入上。他深知自己的才华更多的体现在管理上，所以不苛求在某一方面抓住重点，而是从宏观上继承乔布斯的精神理念。

库克将苹果的完美主义精神融入到他的思考中，他也亲眼目睹了乔布斯是怎样带领团队创造最优的，因此他会以自己的方式诠释完美的定义。库克牢牢记住了乔布斯的一句话："我们有世上最优秀的人才，他们每天都在互相鞭策以制造出最好的产品。这就是你在这里的墙上看不到任何写着使命宣言的大海报的原因。我们的企业文化非常简单。"

库克知道，乔布斯这样讲是想将苹果打造成最出色的 IT 公司，让苹果的团队成为最优秀的团队，让苹果的产品成为无可挑剔的产品。乔帮主的目标在别人看来或许太"高大上"，但在库克眼中却很合理，因为他自己也是一个业内的完美主义分子，所以才有那么多知名企业想要拉他过去。

库克说过，他来苹果工作的原因是喜欢它的氛围和追求完美的精神，只有在苹果才能给他踏实工作的感觉。随着时间的推移，库克本人也被感染了这种独特的气质。苹果和很多企业不同，它不会为了确保日常的运营制定严格精确的管理流程，如同一台精密的机器有条不紊地运转，也不会设定远大的目标和任务去执行，而是单纯地要制造完美的产品，能否变得富有和强大并非苹果的终极追求。

乔布斯带有艺术家的气质，他难以接受不完美的东西，而苹果内部就被他灌输了这种意识，让库克也进一步增强了对完美主义的理解，形成一种近乎偏执、苛求、顽固的个人特质。在这种企业文化的熏陶下，库克从工程师身份出发，对美学、哲学和艺术有了全新的认识，并能将这些人文元素有机地和他的工作相结合，为苹果创造出长盛不衰的业绩。

库克对完美主义最深的认识，来源于乔布斯开发麦金塔电脑的故事。

1992 年，乔布斯准备研发麦金塔电脑并组织了一个骨干团队，为了按照计划完成，乔帮主带着手下废寝忘食地做着开发工作。经过多日的努力，核心工作已经完成，剩下的都是难以处理的棘手问题。为了让团队做最后的冲刺，乔布斯将团队带到了距离公司 100 多英里的帕哈楼沙丘城，在那儿举办了一个静修大会，与会者有 100 多人，年龄平均为 28 岁。乔布斯对这个年轻团队寄予了厚望，活动刚开始时，他说："做海盗比做正规海军棒多了。让我们一起干海盗吧！"随后，乔布斯又写出了一句极具蛊惑性的誓言："热爱你的工作，一周奋斗 90 个小时吧！"乔布斯通过这些煽动性的语言让员工知道自己从事的事业并不平凡普通。让员工惊讶的事还在后面，乔布斯为这个活动专门制作了一件 T 恤衫，印着"海盗"一词，每个人都要换上。在穿好之后，大家发现 T 恤衫下面还印有一行小字："麦金塔骨干。"乔布斯凭借差异化待遇来让队员感到自己的出色。

乔布斯举办静修大会，就是想创造出士气高涨的工作氛围，让队员保持旺盛的积极性和斗志。为了潜心做研究，乔布斯一帮人开始了与世隔绝的生活，效率超过了任何一家计算机公司，令整个业界都为之震惊。用了两年时间，麦金塔电脑问世，让全世界的用户叹为观止，而苹果的海盗精神也就此名扬千里，成了苹果的企业灵魂。

库克没有亲身经历这次活动，他听了之后十分感慨地说："乔布斯对于完美的追求已经深入骨髓了。"库克明白，团队的工作氛围尤为重要，想要创立伟大的功业，必须要凝聚一批忠诚于理想的人们，如果不能激励团队和你共同奋斗就难以取得成功。因此，库克特别欣赏乔布斯的那句话："就像你想把许多东西搬上山一样，你自己一个人是干不了的。"

乔布斯为了给团队创造良好的工作氛围，做了很多准备，他会把团队带到风景名胜区开会，工作之余会领着大伙喝酒跳舞，尽情地娱乐。当然在工作时，乔布斯对员工的要求却十分苛刻，他迫使人人都有使命感，树立远大的目标做好全天 24 小时工作的准备。为了让员工加强认识，乔布斯撰写了苹果的企业文化备忘录："让世界上每一个人都拥有电脑，是我们的梦想，并且我们为此积极努力着。我们齐心协力、奋斗不懈……我们的所作所为与公司的命运息息相关，我们要为公司创造一片美好前景。"

这段宣言是乔布斯奉行完美主义的最好注脚，也是这种独特的企业文化造就了员工的使命感，让他们树立了高远的奋斗目标并时刻准备着为此做到极致。库克的脑海中，经常会响起乔布斯的一句励志箴言："让我们一起在这个世界上留下点儿印记吧。我们要努力创造出世界上最尖端的科技产品。"库克深知乔布斯是通过潜移默化让他的完美主义精神影响到了苹果的全体员工，他们变成了为梦想而战的积极分子并不断给自己树立更高的指标和要求，每一个人都希冀通过自身的努力改变整个世界。

库克同样追求完美，但他并不自傲，他知道傲慢是人的本性，对于一个 IT 企业来说，当他们成为业界的领头羊之后，难免会产生骄傲自满的情绪。然而库克和乔布斯一样，都在坚决杜绝这类现象的发生，他虽然深信苹果在行业中的领军地位，但这并非永恒不变的，不能因为取得了一时的成功而放弃对梦想的追求，更不能随意丢掉完美主义的精神。库克不想成为一个无趣的人，也不想带领一群无趣的人创建一个无趣的企业，他和乔布斯一样，始终都渴望着充满激情地实现梦想。

乔布斯和库克都知道，要想追求完美，必须时刻保持着对工作的激情，他们认为有些员工之所以放弃高薪的职位，并非是他们一定要创业，而是对单调的工作失去了激情，这对人来说是最可怕的一件事。库克始终效仿着乔布斯，让苹果在追求完美的道路上持续挺进。

乔布斯将苹果生产出来的产品当做艺术品，是他追求完美典型的另外一种表现。库克也深知这个原则的重要性，它让苹果和其他 IT 企业拉开了距离：你们做产品，我们做艺术品。一件艺术品受到的欢迎程度，当然要高过带着流水线味道的产品。

库克特别赞同乔布斯说过的一句话：人这辈子无法做太多的事，所以每一件事都要做到精彩绝伦。库克完美地贯彻了"苹果产品 = 艺术品"这个原则，也让苹果在广大用户心里留下了深刻的烙印。库克将完美主义哲学当做继承乔布斯领袖风格的头等大事，转化为他工作的不竭动力。

完美主义不仅需要精神支撑，更需要技术支持。库克践行着乔布斯为技术疯狂的原则，力求对苹果生产的每一个产品都进行精雕细琢，使之趋近完美无憾。因此，苹果通常一年或者几年才产出一件新品，虽然在种类上难以和其他电子产品相匹敌，然而苹果的销售业绩却让业内同行为之惊叹。库克和乔布斯一样，都把产品的完美度放在第一位，不会盲目推出一款不成熟的产品，一旦发现产品存在缺点会马上返工重来，必须做到样样是精品，绝不会仓促推出缺乏艺术性的产品，因为在他们眼中那和垃圾没什么分别。

因为追求完美，库克将员工分成天才和笨蛋两大类，事情也是分成重要和无关紧要两种。库克知道乔布斯的过分偏执让他吃到了苦头，可他还是不由自主地继承了这个风格。库克始终如一地欣赏着乔帮主的挑剔眼光，就像乔布斯曾经说过的："如果你只想买大路货，就去买戴尔的产品好了。"

在苹果的艺术品出炉之后，库克也不会放松，他会像乔布斯那样提出各种意见，让产品不断接近完美。虽然他对产品设计不如乔布斯那么有品位和美感，但他知道决不能将就，唯有苛求产品才能更让用户满意。

苹果的一位 iDVD 设计师曾经说过。iDVD 这种看似简单的模板是从世界一流的菜单设计公司的样品中筛选出来，乔布斯会让设计师浏览不同的设计方案，然后将大部分方案驳回，剩下的一两个也要进行完善才会满意。

这就是苹果的风格，乔布斯让每一个设计师都承受着巨大的压力，而库克也"残忍"地学习了这套管理方法，不断对各类产品的设计者们施加压力，让他们懂得一个道理：没有最好，只有更好。

　　库克耳熟能详的一个故事是：在 iPhone 设计出来之后，工程师们刚要松一口气，乔布斯换过来检查，在工作台上发现一块电路板不符合他的要求于是大发雷霆让他们重新设计。

　　在外人看来，乔布斯和库克对设计者的要求未免过于苛刻，毕竟在工作繁忙的时候谁也不可能做到让每一个细节都不出问题，然而细节恰恰是苹果不能丢弃的部分，库克深受乔帮主的影响，对计算机机箱上的螺丝帽也不会忽略，因为这可能涉及到用户的实际操作体验感。在成为正式 CEO 之后，库克也力求做出十分完美的产品，他疯狂地关注着细节。

　　在设计 Macbook air 笔记本时，库克就仔细观察了笔记本背面的螺丝钉螺纹和隐藏接口，让它以最不明显的状态出现，如果参与设计的人员不能提供类似的建议，库克很可能会让他们走人。他认为苹果的员工要像乔布斯一样让细节无可挑剔才合格。这种精神不仅需要 CEO 继承，更需要每一个员工都牢记于心。

　　正是因为苹果的员工时刻关注着细节，才让苹果在市场竞争中成为常胜之军，比如谷歌出品的安卓操作系统，虽然销量很高但是很多用户反应和苹果的 iOS 相比缺少了"动心之处"，虽然这些仅仅体现在细节上，但苹果就是要以"赢在毫厘"的策略去超越对手。用户经过长时间的使用，会逐渐发现谷歌在系统方面和苹果的差距。库克要给苹果打造的产品优势，恰好就在这里。

吃透苹果内涵

　　苹果有最强的精英团队阵容，也有 N 多个 CEO 备选人，这对库克来说是喜忧参半。不过更棘手的问题是，乔布斯辞职后，原有的组织框架被彻底打破，所以库克面临着如何重建的残酷命题。其实在乔布斯执掌苹果时，组织框架并非无懈可击，但乔帮主强大的声望能够化解一些矛盾，现在库克出任 CEO，惯用的手段或许没那么有效了。

库克面对的不单是自身职能定位的转变，更要担负起乔布斯一直肩挑的重任。过去库克只要将管理工作圆满完成就足够了，现在需要统筹谋划全局，这给他带来了不小的压力。为此，苹果董事会也提出了这方面的困难，认为有两件事亟需解决：一个是尽快调整组织架构，另一个是维持原有的经营风格，但却没有商讨出最有效的快速解决方案。

经过对全体人员的考量和分析，董事会最终敲定了库克作为新任 CEO，理由就是只有他才能妥善解决摆在公司面前的两大难题，而别人只能解决一个或者两个都无能为力。

库克的声望虽然不及乔布斯，但是和其他元老相比还是略高一筹。乔布斯在职期间，就力推库克管理公司的日常运营，库克即便再低调行事，他的个人能力、工作业绩也是有目共睹的，COO 的身份让库克更有话语权，三次出任临时 CEO 的经历，也让大家看在眼里。库克的温和性格，很适合协调各部门高层之间的关系，能够将他们有机地凝聚在一起。

2009 年，有人抛出一个特别的论断：苹果取得的成就不只是乔布斯还有库克的功劳，而苹果在 2006 年时就不再是乔帮主一个人的天下，其他高管都参与了进来，只是表面上看着还是乔布斯一人在当家。

库克是一个管理型人才，也是协调型人才，更是一个继承型人才，他能完美地保留苹果的特色和风格，不过也因此遭到了大家的质疑——他还会带着团队进行创新吗？原来在大家眼中，库克更像是一个中规中矩的好学生，这与苹果的"杀马特"风格有些不同。人们更希望看到一个思维另类、做事不拘一格的人才接替乔布斯。

有人戏言说："IBM就像是一群喝醉了的人开发出来的一样，而Mac电脑则像是一群抽大麻抽嗨了的人开发出来的一样。"虽然这句话是明贬暗褒，但苹果好像不怎么喜欢，也不做评价。但这句话还是反映出一个问题：在公众眼中，苹果就是一个有个性、特立独行的产品，而它的设计者们也是一群怪才。如果以这样的评价标准来看库克，他的确显得太过中庸平常了。但仔细品味一下库克，会发现他的个性绝非人们看到的那么简单。

库克在IBM兢兢业业工作了十二年，随后来到了被看成是非主流的苹果，两个风格差异巨大的IT企业他都工作过，也接受了两种不同企业文化的熏染，可谓是饱览了各种风景，所以他的个性特质并非不适合苹果。要知道，曾经有不少媒体将库克誉为"乔布斯之外最理解苹果的人"。

库克在正式出任CEO之后，曾经给公司的高层管理者们发了一封电子邮件，字字句句都体现出一种乔氏风格和苹果特色。

"我坚信，苹果将永远不会停止变革。我非常重视并欣赏苹果固有的原则与价值。史蒂夫·乔布斯树立起了这样一种在全世界任何地方都找不到的企业文化，这便是我们的DNA，并且这种DNA将继续传承下去。今后我们要生产出令消费者们最满意的产品，并且会为此自豪。我坚信，我们将一起继续努力，将苹果建设成一片魔法般的园地。"

在这封邮件里，库克采用了"魔法般的园地"这个词，和他往常的工程师风格实在不同，倒是很像乔布斯的措辞文风，可见库克在角色转换之后，也有意在向乔帮主靠拢。2009 年乔布斯病休期间，库克在 1 月 21 日的财年第一季度业绩发布会上也讲了一段话："我们只涉足我们有充分自信的领域，同时我们并不会被取得的成就迷乱双眼，我们充分认识到，我们也有犯错、出毛病的可能性，但无论如何我们会依旧保持着我们革新的勇气。我坚信，我们现在正在生产的，是苹果历史上最优秀的产品。"

从这段发言中可以看出，库克已经充分继承了乔布斯演讲稿中的精髓——苹果的优势之处就是创新和最优。脱离了这两点，苹果就不再是公众眼中被认同的那个苹果，经常把这两个词挂在嘴边，会让库克的发言风格更接近乔帮主，也更容易被公众接受。

库克并非只会鹦鹉学舌，他更能领会乔布斯一直坚持的自下而上的经营理念。所谓"自下而上"，就是先制定政策再去观察市场，而自上而下则完全相反——先观察市场再调整经营政策。

2007 年，美国遭遇了一次严重的次贷危机，举国上下经济萎靡不振，企业发展受到重挫，尤其是对经济环境最为敏感的 IT 行业，更是遭遇了有史以来最严重的互联网寒冬。当时，一些业内人士对 IT 行业的发展都不看好，也包括苹果这样的行业巨头。2008 年 2 月 27 日，库克参加了一次技术研讨会，一个来自美国技术研究中心的分析师对他提了个问题："考虑到现在的经济形势，今年 iPod 的销售量预计只能达到 950 万－1000 万台左右，对此您是怎么看的呢？"

平心而论，这个问题不仅敏感且尖锐，如果措辞不当的话更会让媒体抓住热议苹果的把柄。不过库克却表现得十分冷静，他回答说，苹果对经济环境具有强大的免疫功能，在上个季度美国的 GDP 成长率只有 1%，然而苹果的业绩成长却达到了 27%，苹果只生产自己能控制住的产品，诸如创新程度、产品类型和卖场经验都包括在内，所以苹果自身的发展和 GDP 没有任何关系，完全取决于他们自己。

库克的回答精妙且滴水不露，合理地利用量化值来展现苹果的实力，最关键的是，库克表达了一个清晰的观点：与其关注周围的环境坐立不安，不如提升自己的能力逆流而上。可以说，这就是库克领悟到的"苹果精神"——不屈不挠、独辟蹊径。

无论库克和乔布斯相比有多么不同，在苹果的核心发展战略上，库克一直完全按照乔帮主锁定的方向继续前进，顶多是换个名字，换个风格而已，至于苹果的精神和灵魂依旧不变。

从三个怪人创立苹果，到今天的风靡全球，三十多年的风雨历程，让这家极具传奇色彩的 IT 企业形成了独特的企业文化，这种文化能够轻而易举地同化"外来者"，库克就是最典型的例子，他从一个模范生变成了一个非主流，每一刻都在向苹果最精深的企业灵魂靠近。

也许是乔布斯的光环太过闪耀，注定会给任何一个继任者带来压力。业内曾经有这样一个公式：乔布斯 = 苹果。从现在苹果的发展状况来看，这个等式言过其实了，它忽视了一个关键问题：乔布斯给苹果注入了革新的精神，这种精神会帮助他培养更多的乔布斯第二、乔布斯第三……与其说乔布斯是一个执掌另类精英团队的领袖，不如说是传播创新和艺术思维的布道者，他的伟大不在于他个人能力有多强，而是能够深深地影响身边的人，所以，乔布斯的精神永不灭，苹果就会迎来一个又一个忠诚的继承者。

《华盛顿邮报》做过一个名为"乔布斯卸任苹果 CEO 对您购买苹果产品的意愿是否会产生影响?"的调查问卷，结果 86% 的被调查者表示不会更改，只有 10% 的人表示购买意愿下滑，还有 4% 的人表示购买意愿上升。

从这个调查来看，乔布斯在用户心中虽然是神一样的存在，但和购买苹果产品本身没有必然联系，人们有理由相信乔布斯卸任之后苹果并不会改头换面，即便不能做到 100% 的乔氏风格，也会保留最基本、最核心的设计创意和品牌特征。换句话说，苹果高层内部的人员流动，只是苹果的家务事，外人并没有那么敏感，特别是在几个核心成员继续坚守岗位的前提下，苹果依然是苹果。

7

苹果是一队人的"苹果"

团队就是生产力

作为一家拥有数万名员工的超级企业，苹果似乎从来不缺人，几乎每天都有各类 IT 精英到这家明星公司求职。庞大的员工团队，成为苹果开展业务的人力资源基础，而如何调动这支团队发挥其战斗力，就是一位 CEO 应当考虑的事了。

库克深知团队合作的重要性，他也一门心思地要成为苹果团队的黏着剂，这是他在苹果工作十几年的经验积累。因为当年库克进入苹果时正巧碰见一个烂摊子，所以他学会了怎样去整合团队、提升人员素质、带领大家攻坚克难。在公司一度限于被动时，库克拿出了力挽狂澜的勇气，帮着乔布斯打理公司，很快推出了苹果发展史上最著名的 Apple 一代和二代电脑并且获得了巨大成功。随后，库克协助乔布斯弄出了麦金塔电脑，风靡一时。

在库克的帮衬下，苹果终于走出泥淖步入发展正规，在接下来的几年中，苹果相继推出了很多日后热销的明星产品。在这些产品的背后，支撑它们的是一个又一个伟大的创作团队。其中包含了硬件设计、软件设计、产品营销以及供应链体系等多方面的合作，哪一环节出了问题都会影响整个产品的问世。也正是这种环环相扣的设计生产链条，才让苹果锻造出完美的产品缔造程序。

库克自从进入苹果之后就明白一个道理：唯有汇聚团队的力量才能让苹果变得日渐强大、无坚不摧。库克意识到，任何一款伟大的产品仅靠一个人是无法完成的，需要有各种精英和人才通力协作才行。

随着苹果从低谷进入高峰，库克越来越看重公司的团队合作，他很清楚团队合作精神的重要性，它代表的是一种大局观念，这种精神会贯穿于整个公司的上上下下，无论是哪一个部门都可以用到，这样才能创造出伟大的产品，从而增强自身的创新能力和竞争能力。对于科学完善的团队管理制度，库克提倡人们去增强员工的主观能动性和团队协作意识，将团队的向心力、凝聚力全面提升，保障团队能够顺利有效地进行沟通和协作，将分散的个体整合为统一的集体，从而促进整个企业的高效率运行。

在库克成为苹果的 CEO 之后，这种倾向更加明显，他对团队精神的重要性越来越看重。刚上任之后，库克就将自己的工作目标设定为打造有力的管理团队，努力调动每一个成员的工作积极性。

乔布斯提出过一个很著名的理论叫做"向心力"。2004 年，乔帮主在接受媒体采访时说："不少科技公司其实都拥有大量了不起的技术人员和聪明员工，但最终我们必须拥有一种'向心力'，使这些人员能够协同工作。如果做不到这一点，大量了不起的技术无法形成整体，而是杂乱无章地飘荡在宇宙当中。"

在库克出任苹果的CEO以后，他着力践行了乔布斯的向心力理论，他认为只有依靠公司其他重量级的几位高管才能保持苹果的技术创新能力。比如，负责产品设计的乔纳森、负责移动软件开发的斯科特、负责硬件技术研发的鲍勃等等。

为了有效联动这些高精尖人才，库克每个星期一的上午都要召集这些核心人物开会，了解公司的最新销售情况，同时对苹果的各项新战略进行讨论，库克对此很有把握，他说："苹果管理团队睿智无比，并拥有乔布斯所倡导出的创新意识，追求完美已成为这个团队的习惯。"

库克确定的管理原则是，加强自己和公司团队的沟通力度，改变乔布斯过去的粗犷管理风格，这样做的目的是尽可能地了解员工的想法，为此他经常向员工发送电子邮件，将他们亲切地称呼为"团队"，时时刻刻了解他们的思想动态。

在苹果有一个比较特殊的部门，叫教育培训部，由于组织特性使然，它一直游离于公司整体的组织框架以外，对公司的发展起到了阻碍作用，于是库克决定进行改革。2012年，库克决定重组庞大的教育培训部门，将这个部门拆分为销售和营销两大职能，并将其规划到公司级业务部门。经过这次整改，库克优化了苹果的组织结构，更强化了全球产品营销资深副总裁菲尔·席勒和约翰·布兰顿的职责。

这两位杰出的高管在库克眼中是经验丰富的管理人才，只有将他们的积极性充分调动起来，才能发挥他们最大的能力，对苹果日后的销售工作产生良性的促进作用。

虽然库克不遗余力地加强团队管理效率并不断改进管理模式，但由于乔帮主的光环效应太强，库克的一些改革措施不被看好，然而在 2012 年 2 月 13 日这天，人们改变了对库克的看法。

2 月 13 日是情人节的前一天，这天苹果的股价站上 500 美元/股的高位，在乔帮主去世后的四个多月里，苹果的股价从 360 美元/股飙升到这个价位，堪称业内奇迹。在这如此惊人的业绩面前，有些人开始思考，到底什么才是企业的核心价值？如果从领导者自身制定的规范来看，乔布斯时代苹果的核心价值是既代表着个人也代表着团队，他强大的影响力让人们相信企业领袖的个人魅力是团队的粘合剂，更是企业品牌价值的放大器。

然而，在乔布斯去世以后，他曾经奠定的企业核心价值观也发生了扭曲：一代天才的影响力消失了，苹果还要依靠怎样的力量维系发展势头呢？对于上市公司而言，企业家和团队的价值应该占据多大的比重才合理呢？

为了加强沟通和了解，库克经常去苹果的自助餐厅和员工一起用餐，期间会问长问短，有时会站在员工的角度和他们探讨某些问题，拉近彼此之间的距离，而这一系列举动是乔布斯时代完全没有的。这种高层和基层之间的互动，有效地推动了公司的发展。

和乔布斯管理风格迥异的库克，或许给出了一个新的答案。在他看来，一个人的能量终归有限，即便他是一个旷世奇才，但是任何一家公司的成功都是一个团队的成功，只有让团队成员齐心协力共同努力，才能创造出让竞争对手、市场和大众消费者为之惊叹的业绩。换句话说,库克的企业核心价值观就是:成熟的企业应该离开任何一个人都能继续运转,即使是乔布斯也不能被视作左右苹果生存和发展的一号人物。

库克始终认为,团队的力量是最为强大的,它能够轻易跨越时间和空间,能够让任何一个能力普通的人在集体力量的作用下发挥其隐藏的才能,将分散在角落里的思想和能力重新整合,缔造出一个实力雄厚的工作机器,去实现单个人无法实现的宏伟目标。

苹果版"复仇者联盟"

库克的时代,苹果将如何发展,这是摆在他面前最重要的问题,没有了乔布斯的苹果,还会一如往常地吸引万千"果粉"竞相购买吗?

随着同质化竞争日趋激烈,库克承受的压力也与日俱增,幸而乔布斯留给了他一批能工巧匠,可以协助他继续打造并完善苹果的艺术品世界。有人认为,苹果的高层人员中人才辈出,随便找出一个都能当 CEO。尽管这是一句玩笑话,但也从侧面反映出苹果强大的精英团队。正如乔布斯所言:"苹果的高层们都可能成为我的后继者。"

乔帮主所说的精英团队,正如美国漫画中的"复仇者联盟",它是由一群各有所长的精英分子组建而成,富有个性、富有才华,同时也有点桀骜不驯。不过,正是这些"复仇者"们的存在,才让乔布斯获得了今天的成就,也给了库克执掌苹果的后驱力。当然,库克也时刻面临着优秀人才的管理难题——能否压得住他们，能否让他们心悦诚服地为自己效力呢？

《华尔街日报》在乔布斯辞职后的次日就撰文称："虽然至今并没有引起人们太强烈的关注，但是乔布斯背后一定有一群相当出色的辅佐良臣。"带领这样一支牛人团队，库克要想成为被认可的新任帮主，必定要有说一不二的分量才行。乔布斯留给了库克强悍的狮子，也留给了他桀骜的野马。

苹果的高层团队，现在公布出来的一共有 10 个人，包括库克在内。其余的 9 个人，基本上都是分管各部门的资深副总裁，他们拥有直接向 CEO 汇报工作的权力。在这 9 个人当中，分量最重的当属杰夫·威廉姆斯。他负责库克之前的运营工作，虽然职务重要但知名度不高，往往要排在其他 8 个人后面。对他的介绍也是"企业家，负责苹果运营业务的副总裁"这样简单的一句话。

威廉姆斯毕业于北卡罗莱纳州的州立大学，并在杜克大学获得了 MBA 学位，在 IBM 工作过 7 年，随后被苹果拉了过来担任配件调配业务组长。这些经历简直和库克如出一辙，唯一不同的就是二人的专业，威廉姆斯学的机械工学，而库克学的工程工学。

在库克出任 CEO 之后，威廉姆斯的地位会越来越高，这不仅是因为他掌管着库克最熟悉的运营业务，也因为他们二人之间的关系非常默契。库克十分信任威廉姆斯，在和富士康谈判的时候被委以重任，是库克逐步在扶持的新生代管理人才。目前，苹果全部的供应链体系，都交由威廉姆斯来管理，他还负责产品质量监督的工作。2005 年，威廉姆斯在 iPod Nano 推出时，开始负责调配闪存配件，虽然工作并不复杂却事关产品核心组装的问题，给了他锻炼自己的机会。2007 年 iPhone 上市时，威廉姆斯表现出色，深得乔布斯的赏识，随后就开始负责 iPod 和 iPhone 在全球的运营工作。

威廉姆斯在兴趣爱好上也是库克的"复制品"：同样喜欢自行车，同样节俭朴素。每天他都是开着一辆破旧的丰田汽车来上班，大家对威廉姆斯的评价是"很出色"。

另一位重量级人物是苹果的总设计师乔纳森·艾维，他是高层中备受关注的人物，也是一位资深元老。他出生在英国伦敦，做事一丝不苟。艾维在纽卡斯尔理工大学学习工业设计，于1992年艾维进入了苹果，在1996年时开始领导整个设计团队，对苹果的企业文化了如指掌。艾维的成名作就是Mac计算机的用户界面，这款电脑改变了他的人生。由于艾维最讨厌看IT产品的说明书，所以他才从个人体验出发，设计出了一个不需要说明书就能看懂的计算机操作界面，瞬间征服了用户。

在乔布斯回归苹果之后，艾维成了设计团队中的骨干力量，他带领着手下十几个人设计出了品质卓越、极具视觉震撼力的产品。艾维以特有的执著认真劲头和完美主义精神，成为苹果的明星人物，他对产品设计艺术的理解不输乔布斯。艾维设计产品非常细腻入微，哪怕是最微小的细节也绝不放过，也会舍弃一些累赘设计，这些性格特点都和乔布斯类似，被称为"和乔布斯共同用一个大脑的人"。艾维每天都和乔布斯见面，一起讨论在设计方面的创意，两个人经常黏在一起，以至于苹果内部将其称为乔维斯——"乔布斯＋艾维"的合称。艾维还获得了另一个外号叫做"首席优雅官"。

艾维的过人之处在于，他能够将生活中领会到的创意商业化，在设计Mac 2002的时候，艾维在自家院子散步时，无意中看到了向日葵，于是迸发出了灵感，将它融入到Mac的设计元素中。毫不夸张地说，艾维的设计故事足以写成一本书。苹果给了他极高的评价："乔纳森·艾维所领导的设计团队是全世界最好的设计团队之一。"

正因为执掌产品设计，艾维的名字比库克更加响亮，也更为外界所知。于是有人发表重磅言论称，苹果可以没有库克，但不能没有艾维，因为苹果的成功很大程度上依赖它出色的设计。2008 年，一份名为"没有了乔布斯的苹果该由谁来领导"的调查问卷中，艾维以压倒性优势赢得了 49% 的支持率。在乔布斯辞职之后，很多人都猜想艾维会接替乔布斯，当时的设计师圈子中流传一个观点：苹果失去了艾维和失去了乔布斯的损失同样可怕，而艾维和苹果签订的劳务合同在 2011 年截止，届时他跳槽去其他公司完全有可能。

英国的《星期日泰晤士报》曾撰文称："乔纳森·艾维为了在家乡英国度过更多的时间，曾申请在家乡上班，但却被苹果董事会回绝了。"韩国一些媒体人也认为，如果艾维离开了苹果，苹果将很难保持优秀的产品设计风格，设想这样一个人才如果去了三星，那么手机市场的竞争会变得更富有戏剧性。

菲利普·席勒也是一位资深元老，他同样具备了接替乔布斯的能力。1997 年他进入苹果，引导着它逐渐走向正规。苹果对他的评价是："从技术上推动 iMac、MacBook、Apple TV、iPad、iPhone 等出色产品上市的大功臣。"席勒日常负责的工作是市场营销，他经验丰富，手段老道，熟知他的人都说这个二号人物甚至比一号人物还要出色。2009 年乔布斯第二次请病假期间，席勒代替乔帮主主持了 iPhone 3GS 的发布会。

斯科特·福斯特尔是 iPhone 的操作系统 iOS 的主要负责人，

他从事的工作事关 iPhone 的灵魂：系统和程序驱动。1997 年，他加入苹果，是乔布斯出走后组建的 Next 公司的成员，做事勤恳不张扬。福斯特尔经常要出席各种有关 iOS 的说明活动，当初苹果爆发"天线门"事件之后，福斯特尔代替乔布斯对用户和媒体进行了解释。

彼得·奥本海默是苹果的 CFO，他的名字经常见诸报端，在每年的苹果季度业绩报告上总会出现。来到苹果之前，奥本海默是美国 ADP 公司的 CFO，还在永道会计师事务所的 IT 咨询部门任职。1996 年，奥本海默被猎头公司推荐到乔布斯身边，第二年就升任为资深副总裁，掌管苹果在全球的产品销售和法人管理等工作。

鲍勃·曼斯菲尔德是苹果的技术专家，他从事 Mac 计算机硬件方面的工作，现在也掌管 iPhone 和 iPod 的硬件研发。在"天线门"事件之后，曼斯菲尔德接替了被迫辞职的马克·派普马斯，成为了新的硬件部门负责人。

艾迪·库伊也是元老级的苹果良臣，他工作了足足二十二年才升任到副总裁，他负责公司的互联网软件和服务部门，比如 iTunes、Apple Store、iBook Store、iCloud 等都由他负责。尽管库伊属于大器晚成的类型，但是大家都非常信赖他，公司的一些重要业务也交给他处理。

布鲁斯·斯维尔负责法务工作，诸如专利权等问题都是他的分内事。在苹果和其他公司产生法律纠纷时，斯维尔就会出面进行处理，著名的 iPhone 4 的原型机样式遭到泄露就是由他出面解决的。在斯维尔来到苹果之前，他在英特尔公司任职，担当法务总监。2009 年，英特尔面对欧盟的反垄断制裁被罚时，斯维尔亲自参与了整个过程。在英特尔元气大伤之后，斯维尔于 2009 年来到了苹果，为公司在专利诉讼方面作出了不小的贡献。

以上这些牛人都是由乔布斯时代在他亲自带出来的，在各个方面都有自己擅长的技能。在库克时代来临之后，这些能人要适应另一位风格迥异的 CEO，这就需要一个漫长的磨合过程。而且，以库克的声望来看，挽留住这些人才也是不小的挑战。

伯特兰·赛莱特是曾经负责 Mac 计算机软件的经营，他在 2011 年离开了苹果。赛莱特追随乔布斯很久，是乔帮主创立的 Next 的元老之一。2006 年在苹果世界开发者大会上，赛莱特出尽风头，他声称 Windows Vista 和 Mac OS X 存在很多相似之处并指责微软在抄袭苹果。后来赛莱特在离开苹果时得到了这样的评语："为了更专注于科学研究而不是工业产品，他选择了离开。"还有一位名叫荣恩·强森的销售骨干，也在 2011 年离开了苹果，去了一家服装连锁店出任 CEO。

乔尔·波多尔尼也是曾经供职于苹果的罕见人才，他于 2008 年进入公司，他是经营学界的权威人士。苹果给他的职衔是"苹果大学的校长"。在乔布斯辞职后，波多尔尼主要研究的是"乔布斯之后的苹果"这个比较敏感的话题。在乔布斯的指示下，波多尔尼和几位哈佛大学的教授取得了联系，到苹果大学去讲授 MBA 课程，而库克等人则被要求必须参加培训，这是为了延续苹果大学为公司培养新管理人才的意义。

无论你是天才还是凡人，无论你爱苹果还是恨苹果，苹果大学对每一个进入苹果的人来说，都是一所意义深刻的学校。当然，如果你不思进取，苹果大学对你而言则是一座炼狱。

带队伍秘籍——精英哲学

乔布斯是一个雄才伟略的企业领导者，因此他个人也十分推崇精英哲学，他给苹果的定位也是高端路线，不出廉价品，只出具有品牌价值的产品。库克进入苹果之后，也深受乔布斯的影响，加之他同样具备完美主义情结，所以也力主推崇苹果的精英文化，在这种先进理念的指导下，苹果在全球最佳雇主排行榜上位于前列。

关于电子产品有一句俗话：屌丝看配置，精英看品质。这恰恰符合苹果的产品设计原则：不盲目和同类产品拼配置，而是在做工、设计元素上拔得头筹。换句话说，苹果出售的不单纯是高科技，而是以人为本的使用享受。无论是乔布斯还是库克，他们都把用户的体验过程当成是和艺术品交流互动的过程，而不是机械化的大规模制造，产品可以交给全球的代工厂来处理，然而涉及到体验的元素必定要由精英来生产。

库克对体验的理解是：用户和产品之间建立的情感联系，不是简单的使用和被使用的关系。苹果不应该被动地满足客户需求，而是要仔细观察在一个时代里人们的共性需求，要能够理解时代的发展，为用户推出具有精神内涵和创新色彩的产品。

回顾苹果的发展史可以看到，它之所以能从一个默默无闻的小公司发展成闻名世界的大企业，全在于它对精英文化的理解和运用。苹果的每一款产品都是出类拔萃的，但它的卖点并不在产品表面，而是苹果品牌文化带给用户的内心感受。

一个优秀的产品，其体验必定是第一位的，其次才是与产品相关的服务、营销等。若论创新度，苹果的每一款产品都不是首创，但它却能紧紧抓住消费者的心理诉求，从 iPhone 到 iPad 再到 iPod，每一款产品都在持续地创造商业奇迹，让竞争对手难以匹敌。所以库克才深有体会地说："苹果公司卖产品，更卖体验。"

精英文化是双向的，它不仅是将销售目标定位在高端用户群体，也是秉承"精英创造精英产品"的理念。正因为苹果培养出了一批杰出的设计人才，所以才诞生了那么多优秀的产品。库克不止一次对苹果的创作团队传递这样的信息：在社会进入到体验经济时代之后，IT 产品的生命周期缩短，而人才、技术以及产品的更新速度加快，传统的技术升级模式已经难以适应时代的变化，取而代之的是用户的体验升级。只有牢牢把握住用户的产品需求，才能设计出更受市场欢迎的产品，从而维系苹果的品牌地位。

库克的分析是正确的，从行业发展的角度来看，在技术普及和竞争对手增加的前提下，IT 业的制造成本已经难以继续压缩，利润空间也越来越小，导致产品同质化非常严重，所以拼价格等于自杀，拼技术又显得自大，只有拼体验才能凸显己方的产品优势。库克认为，技术实现和需求的关系已经达到饱和，除非发生革命性的技术变革，否则小规模、小范围的技术进步对用户需求的刺激度微乎其微。即便是资金和技术力量雄厚的苹果也是如此，只有通过让产品和用户产生共鸣，才能将品牌价值和感染力提升到最大。

库克经常对他的团队说："我们要尽最大努力调动消费者的情感，一旦调动了他们的情感，需求自然而然会产生。"显然，库克觉得只有精英设计才能设计出完美无瑕的产品，所以他对设计团队要求很高，决不允许出现半点错误。

以 iPhone 为例，在它出现之前，消费者对手机的想象已经停止了——除了接打电话收发短信还能再干什么？很多人甚至认为手机将一直保持这种状态。身为制造厂商的苹果，也在考虑着这个问题：手机还能不能有所突破了？苹果的设计团队经过设想，认为手机还有很大的发展空间，它像其他 IT 产品一样还会发生变化。不久之后，让无数消费者为之动容的 iPhone 诞生了。

库克培养团队的理念是，不要在意别人怎么说，坚持做自己才是最好的。正因为这样，苹果的设计团队才能排除外界干扰，在质疑声和批判声中创新。在 iPod 刚刚推出时，业内居然有人说它是"idiots price our devices"（白痴为我们的装置定价）。对于这个恶意的玩笑，库克置之不理，继续让团队对 iPod 进行完善。同样，在 iPad 进入市场时，业内也有人怀疑在智能手机和笔记本电脑之间还能否容得下平板电脑这个产品，结果市场的强烈需求证实了 iPad 是有存在必要的。

面对质疑、嘲笑和讥讽，苹果从来都是以不变应万变，以产品来说话，尤其是设计团队，他们信奉"卓越体验的革命性产品"这个准则，将每一个产品都赋予这种内涵，从而打动消费者。库克要求设计团队永远不要满足，要不断去揣摩用户的内心需求，创造出体验性更强的产品。库克讲道："我们还有很多事要做，我们还可以创造出更好的产品。"

在库克的感召下，苹果的设计团队更细致地琢磨着什么样的设计和功能能打动消费者，为此他们深入研究了多点触摸技术和重力感应系统等，提升用户的体验。同时，苹果在细节上也加大了关注度，力求让消费者挑不出一点毛病来。

在很多苹果的产品中可以发现，底色上会加上一层透明的塑料，这可不是一个画蛇添足的设计，而是为了给产品带来纵深感，行话叫"共铸"。为了增强苹果的这种使用体验，设计团队和营销人员以及工程师等，都献计献策构想出各种方案，最后通过采用全新的铸造材料和生产流程来实现，保证了苹果的产品在工艺上能够大规模地实现。当时，很多同类产品在接口处都有缝隙，然而苹果的却没有，只有流畅的线条和细腻的纹理，甚至连螺丝扣也看不到，这一系列的精巧设计和制造手段，就是优越使用体验的基础。

试想，一个浑身都是缝隙和螺丝孔的产品，能让用户爱不释手吗？更有趣的是，苹果的平台体验负责人，在工作时都戴上了钟表修理工使用的高倍双目放大镜，反复搜索屏幕上的微小瑕疵。

在苹果的产品推向市场之后，库克面临的新问题就是怎样提升苹果的服务，而这时他要锻炼的就是服务团队的基本功和敬业精神了。

以手机为例，很多消费者都对运营商的某些服务感到不满，比如计费错误、业务陷阱等等，而苹果在美国推出的服务不是这样的，它的套餐都是根据用户的使用情况设定好的，余下的问题就是点击鼠标就可以做到的。苹果集成了一条资费、音乐、影视、游戏等各类应用为一体的一站式服务。

苹果的人性化服务在于，如果用户忘记了去缴纳某项费用，不会被中断服务，而是能够在任何一个苹果的设备上重复使用，比如 iPhone 上的可以转移到 iPad 上。正式这种贴心的设计，才让中国的用户 90% 在购买 iPod 之后又购买了 iPhone，这种出色的使用体验不断地被苹果移植到其他产品上，让更多的用户感受到精英服务的曼妙，苹果的产品销量因此不断增长。

　　库克给苹果制定的企业战略是，要对用户进行细分和归纳，他觉得信任、便利、承诺、掌控、认知、有益、身份、尊重、知识、选择等十个方面是用户最为看重的东西。在这十个因素的基础上，库克要求团队围绕这些主题进行设计。

　　事实上，很多企业的核心能力都体现在产品研发上，而库克不是这样要求团队的，他是将用户体验放在第一位。库克并不太关心产品调研问卷给苹果带来的实惠，而是通过换位思考的办法去揣摩用户的使用需求，因为单靠几张随机问卷很难摸清消费者的真正需求。

　　库克对苹果的团队一向十分满意，因为他们能准确把握用户的心理，有着精致的洞察力和细腻的灵感，他们会从一些细节上发现创新点，他们会经常问自己的不是"应该设计什么样功能的产品给用户"而是"如何满足用户的服务需求"。在这种思想的指导下，苹果的产品越来越趋近于用户的真实诉求，对"果粉"们产生了极强的使用黏性。因为他们在别的产品上找不到这种被满足的愉悦感。

　　苹果的用户体验设计团队，其实正是以精英文化作为积淀的。精英的观念、精英的成员以及精英的服务，都给苹果赋予了一层闪耀的光环。正因为于此，库克时刻寻找着精英人才，在乔布斯时代如此，在库克时代更是继承了这个用人标准。

　　在苹果内部，顶尖的人才被称为 A 团队，能力稍差一些的就被编入到 B 团队和 C 团队，库克所要做的工作就是不断选拔最优秀的人才补充 A 团队，从而淘汰 B、C 团队。库克说："在传统服务或制造领域，例如厨师和出租车司机，精英和普通人的产出差异并不大；但在苹果公司涉及的前沿和创造性领域，精英和普通员工的产出差异是 10 倍，甚至几十倍。"

精英并不是一般层次的出色，而是在某个领域的绝对优秀，这是库克的心理量化标准。既然苹果是全世界公认的技术力量强大的公司，那么为了让高科技和创新力有机地结合在一起，苹果规定管理层要定期和员工参见各种活动，比如研究奔驰的线条构成，索尼的产品质量。此外，还有参观博物馆和展览馆，甚至学习建筑设计理念等，其目的就是促进苹果的产品进行升级。另外，苹果还提倡设计师、工程师和管理者在一起办公，遇到问题共同讨论，这有助于消化一系列产品的障碍。

对于全世界的精英来说，苹果似乎是最好的容身之地，也是让他们最能体现自身价值的所在。乔布斯打造了一个精英王国，库克不遗余力地去完善，让更多的优秀分子来到这里，共同设计并制造出体验感极佳的产品。

创新是个传家宝

苹果创新之路

库克和乔布斯一样，都相信创新才是一个公司的生存命脉和发展之道，特别是对于一个互联网公司来说，想要在瞬息万变的市场和科技的变化中游刃有余地和竞争对手周旋，只有不断构思出新点子新创意才能占据有利位置。库克认为，苹果不仅要在硬件上领先，也要在软件上争当先锋，在服务意识领域也要具有开创性，而组织内部结构的设置也要推陈出新……只有在方方面面拔得头筹，苹果才能找寻到安身立命之所，不被残酷的物竞天择所淘汰。

毫无疑问，库克从乔布斯身上继承最多的就是创新精神，这也是苹果的核心价值观。在苹果工作的十几年中，库克感触最深的就是乔布斯对创新意识的不断追求。2005 年 7 月 24 日，《商业周刊》公布了一份 2005 年度全球创新企业二十强名单，其中苹果以绝对优势位居榜首，它的支持率达到25%，比排在第二位的 3M 高出 13 个百分点。

回顾苹果的发展史，可以发现创新精神绝非浪得虚名，因为乔布斯一直以锐意进取作为苹果的成长配乐，正因为对创新精神的孜孜追求，才让苹果设计出的产品魅力十足，在全世界各个著名的大企业中，苹果的创新特质独具一格，给人们留下了深刻的印象。正如苹果初创时期将一面海盗旗挂在楼顶上，这正是对外宣布其与众不同的个性，也鼓励着全世界有志向有创新意识的精英加入它的怀抱。

历经多年的沉淀和积累，苹果已经将创新二字当成了企业的核心价值观，在公司里，只要有人热衷或擅长发明创造，他就能得到所有人的尊重乃至乔帮主本人的赏识。乔布斯曾说："只有勇于否定自己，超越自己，才能不断推出新的产品，才能让自己的产品在市场上占据主导地位。"

正是在这一理念的引导下，苹果开发了许多引领科技时尚的先进产品。比如鼠标、USB 接口、图形消费者界面、DVD 刻录机等等，这些新奇的科技产品和苹果有着不可分割的联系，乔布斯从白手起家，让小小的苹果计算机在技术领域内引发两次变革，它推出的革命性的外观设计让无数追求完美的人为之折服，让它的竞争对手不得不跟着苹果一起创新。

库克研究苹果的发展史，知道苹果在 1977 年推出苹果 2 电脑时是最鼎盛的时期，苹果 2 是一款极富个性、设计新颖且功能齐全的计算机，它打破了传统观念中个人电脑厚重、笨拙以及难于操作的特点，成为全世界第一台具有彩色图形界面的微型计算机。

正是因为具备了这些引人注目的优点，所以苹果2一经推出，就吸引了大量的消费者观看试用，最后一发不可收拾地迷恋上这款电脑，于是大片大片的订单像漫天飞舞的雪花飞向了苹果。仅仅几年间，苹果电脑就风靡了整个美国甚至席卷了全世界，苹果2带来的不仅是一次营销奇迹，更是一场个人计算机的革命。苹果2的成功，让乔布斯坚信创新精神的重要性，也让苹果坚定了继续开拓市场不断求新的勇气。

1989年，世界上第一台真正意义的笔记本电脑在苹果诞生了，这台造型另类、定位出新的电脑为日后的笔记本电脑奠定了基础。尽管当时苹果电脑取得了非凡的业绩，然而在乔布斯看来这仅仅是迈出了第一步而已，更远大的目标是超越当时的计算机老大IBM。1984年，苹果正式向IBM发出了挑战，而与之抗衡的利器就是苹果刚刚推出的Macintosh系统。

苹果为了能和IBM一决高下，专门设计了一个在苹果公司广告史上极为出色的创意——"1984"。当时，美国的三大电视网和将近50个地方电视台都在美国超级杯后报道并重放了"1984"，另外还有上百家报刊杂志评论了"1984"引发的现象和讨论，而这些媒体的关注和报道等于给苹果做了免费的广告。最终，"1984"赢得了戛纳电影节大奖和30多项广告行业的评奖，并被誉为20世纪最杰出的商业广告。

苹果能够抢走IBM的风头，显然是赢在了创新思维上。不管是产品设计还是广告宣传，苹果都以崇尚创新的精神行走在行业前列，这种精神让苹果的竞争对手自叹弗如，而苹果设计出的产品从某个角度看，已经被树立为标新立异的楷模。

在库克进入苹果之后，乔布斯充分利用了他擅长运营的特长，对苹果未来的发展前景进行了深入的思考和研究，最终确定了一个原则：对一个高科技企业来说，实验室不是它的主战场，消费者才是，那些高高在上的科技产品最终无法打动消费者的心。为此，乔布斯和库克决意超越产品设计的窠臼，将创新精神分散融合到苹果再造的一系列环节中，包括打破技术壁垒、开辟新业务、产品营销和价格战。经过他们深入地调查市场之后，乔布斯和库克都发现多余的功能对消费者来说是累赘，因此苹果又将创新的方向锁定在"简便、实用、时尚"这几个方面。

苹果的创新得到了全世界范围内的认同，从"The world's thinnest notebook"的 Macbook air 滑出牛皮纸信封的瞬间，再到乔布斯对视网膜屏的定义，苹果已经将太多的不可能变成了可能。不过不可否认的是，在乔布斯去世后，外界对苹果的创新能力一直抱有深度的怀疑，而这种怀疑最终都指向了库克本人。人们认为，在"后乔布斯"时代，苹果产品尽管新意犹存，但总感觉难以让人眼前一亮，这是否意味着苹果的创新能力消耗殆尽了？

目前，安卓旗舰智能手机的发展瓶颈渐渐体现出来，比如三星 Galaxy S5 已经被贴上了没有新意的标签，而 HTC One M8 也努力在材质工艺和摄像头结构等方面寻求创新突破点。此外，其他各大厂商对手机的屏幕尺寸的提升也变得谨小慎微，而高通的骁龙处理器正在成为各品牌旗舰机型的不二选择。当然，真正造成安卓发展受阻的并非是安卓系统本身，而是底层硬件的发展速度和用户对产品的接受度等因素。在这个问题上，苹果对产品更新换代的速度掌控要稳定得多。

以苹果的老对手三星为例，它能一次性将产品的屏幕从 4 寸拉到 5 寸以上，然而苹果只是把屏幕略微拉长一点就会引来各种议论，现在苹果设备 64 位系统加 1G 运行内存的"奇葩"组合，让人觉得苹果这么做是在为日后的出招"蓄力"。毕竟，苹果习惯于隐藏真实的能力，在它的实验室里保存着更多高精尖的产品，不过从大屏幕 iPhone 6 的问世来看，苹果实验室中的"存货"也很快被拿出来了。

苹果虽然不是智能手机的首个缔造者，但是它颠覆了智能手机的意义，众所周知，苹果的产品设计非常出色，作为移动设备设计的处理器性能十分强悍。然而这都不是苹果专有的出彩之处，真正打动消费者之心的是苹果能够将看似远离人们生活的新技术和日常生活构建出一座用精品组成的桥梁，这才是苹果的创新风格。

乔布斯掌控苹果产品时，他会经常盯着自己的双手看，希望从这个和设备直接接触的身体部分寻找到灵感，因此无论是 iPhone 还是 iPad，它们所引发的手持智能终端触控化潮流，都和乔布斯当年的寻找灵感不无联系。

在库克接班之后，尽管他也深知创新的重要性，但让他成为和乔布斯一样盯着双手看的人，似乎有很大的难度，甚至在他带领下的产品灵魂设计师艾维，自从开发 iOS 7 以后，人们在这个产品的身上感受到的也只是他对产品的某种解读，而并非有的放矢的创新。

正如苹果曾经为了创新而创新走入到弯路中一样，库克不会将创新非得体现在每一个产品上，他认为更有价值的是让一些新事物进入消费者的生活，这种微创新或是隐形创新，也是苹果产品价值理念的一部分，也许库克在等待一个时机，让苹果淋漓尽致地展现它令人眼前一亮的崭新瞬间。

创新奥义，理念发展

乔布斯看中库克，不仅是因为二人的个性和能力可以相互补充，也因为他们有着很多共同点：他们都热衷于竞争，战略眼光出奇一致。

乔布斯极其重视苹果的技术创新。当今社会已经步入一个经济全球化、知识经济占据主导地位的时代。对于企业而言，只有提高核心竞争力才能在激烈的市场竞争中存活下去，而 IT 企业的核心竞争力主要体现在技术创新上。

技术创新是提高企业竞争力的关键，这一点库克也敏锐地意识到了。他知道苹果在几十年的发展历程中，推出的每一个产品都是富有革命性和创造性的，比如 iPod 播放器、Macbook 笔记本、iPad 平板电脑等等。这些产品能让"果粉"为之疯狂，原因就在于其完美的设计和卓越的品质以及先进的技术。产品的畅销，让苹果在 10 年中股价连续上涨了十几倍。2010 年 5 月 27 日，苹果的市值超过微软，成为世界上最大的科技公司。在全球范围内的电子产品市场上，苹果的产品长年占据主导地位，品牌形象深入人心。

库克在辅佐乔布斯期间，一直在思考着：苹果为何能在世界范围内掀起亿万粉丝追捧的浪潮呢？终于他找到了答案，这是和苹果的技术创新能力密不可分的。技术创新，是企业应用创新的知识和技术，采用新的生产方式和经营管理模式，加强产品质量开发新的产品并提供新的服务，从而实现市场价值。

自从进入苹果之后，库克对技术创新给公司带来的巨大利益深有感触，他认定这是苹果未来发展的命脉所在，也是苹果占据市场高端位置、赢得长期利润的综合能力的体现。乔布斯的所作所为，一直是在引领苹果增强自身的生命力、为竞争力而战，为创新能力而战。在这种战略原则的指导下，苹果才不遗余力地引领潮流，赢得了广大消费者的欢迎，将竞争对手远远甩在身后。

库克从乔布斯身上继承了他的创新理念，也意识到了创新是苹果的生存之根。在苹果工作期间，库克感触最深的，就是乔布斯对创新的激情。

2005 年 7 月 24 日，《商业周刊》公布了一份 2005 年全球创新企业 20 强的名单，苹果被排在第一位，支持率达到了 25%。可见，苹果的创新精神得到了大众的认可。换个角度看，苹果的发展史就是一部不断锐意进取的创新史。乔布斯对创新的执著追求，让苹果变得魅力十足，也深深感染了库克。

库克认真咀嚼了苹果的发展史，看到了苹果一次次推出具有革命性的外观设计，让追求完美的粉丝为之癫狂；也看到了 IBM 和微软这样的行业巨头一度学习苹果……创新，让苹果长期走在行业前列。

苹果的创新之路并非一直顺利，也曾经遭遇过波折。苹果一度为了创新而创新，让自己陷入到恶性创新之中，丢掉了技术，导致公司成本开支浩大，让苹果从创新的巅峰一下跌入到了低谷。在乔布斯回归之后，他意识到苹果虽然有着良好的软硬件架构和精美的工艺设计，但因为距离市场太远而丢失了部分用户。乔布斯发现，苹果的独特设计和先进技术并不能完全击败用户的消费惯性、便捷性等因素，所以他才起用库克。

乔布斯和库克都认真思考了苹果的未来，最终得出统一的结论：对于一个高科技公司来说，主战场是消费者那里而不是实验室，再花哨的东西也不见得能打动用户的心，塑造产品和用户的亲近性比盲目的创新更重要。

渐渐地，库克发现，用户其实不需要功能太多的产品，因为很多功能他们用不到甚至不会用，一款操作简便的产品更受欢迎。于是，库克和乔布斯一起，主导设计了一批外形简洁时尚的新产品，市场反响很不错。

iMac 就是一款革命性的产品，它在 1999 年推出，包含了红黄蓝绿紫五种颜色，有着圆润的外形和多变的色彩，显现出一种高科技范儿的活力。之前，个人电脑只有黑色和白色两种。iMac 正是抓住了用户需求的心理，在推出市场三年后卖出了 500 万台，将苹果从困境中成功拉出来。

不过乔布斯和库克并没有就此停止，在 2001 年又推出了一个新款的音乐播放器 iPod，它能迅速地和电脑连接，而且还能和 iTunes 软件保持一致，让用户很方便地操作。更具亮点的是，iPod 以硬盘为载体，容量为 5 个 G，能够储存 1000 首歌曲。正式发售之后，iPod 立即引起了抢购狂潮，不到两个月就售出 12.5 万台。在之后的三年内，iPod 在消费电子领域书写的业绩无人可比肩，被业内认为是引领了一种新的商业模式。库克也发出了感慨："这是一种远比技术发明更重要的价值创新。"

虽然苹果的创新不体现在首创上，却体现在颠覆上：MP3 不是苹果首创，网络音乐下载也不是苹果首创，但苹果能将二者创造性地粘着在一起，最终让苹果在 MP3 市场上奠定了霸主地位。

库克发现，技术壁垒已经影响到了苹果的发展，必须要从以往的封闭环境中走出来，于是他和乔布斯一起制定新计划：抛弃旧怨，和旧日的宿敌微软进行谈判，签署了战略合作协议。2002年6月，苹果推出了一款能够将 iPod 和 PC 连接的"Windows版"，突破了系统束缚的 iPod，又赢得了广大 Windows 消费者的青睐，潜在用户市场进一步被打开了。

2005年，苹果和因特尔公司签署合作协议，在苹果的 Mac 计算机中采用因特尔处理器并希望和因特尔长期合作，摆脱 Wintel 联盟对它的制约。就此，乔布斯和库克打造了一个全新的 PC 世界。6个月之后，苹果立即推出了第一款装备了因特尔处理的 Mac 台式计算机。

乔布斯的创新理念在发展，库克则跟随乔帮主学到了更成熟的创新奥义，让他在接替乔布斯之后很快适应了新的市场环境，制定出更有现实性、人文性的创新战略。

客户价值创新

自从库克在 2011 年 8 月接替乔布斯出任苹果的 CEO 之后，他用实力证明了自己在多方面完全能胜任首席执行官这个职位。人们都知道，乔布斯在位时库克是最忠诚的拥护者之一，二人合作默契，很少发生冲突，这是因为他们都有一个共同的目标——让苹果平稳地发展下去，保持在行业中的领先地位。在长达十几年的时间里，库克跟随乔布斯创造了一个又一个令人称奇的产品，为苹果培植了大批的"果粉"，也让产品的销售额节节攀升，屡创新高。于是有人会问，到底库克从乔布斯身上学到了什么东西，让苹果的产品继续屡创业绩新高呢？

库克承认，苹果采用的饥饿营销和体验式营销对产品推广有着重要的作用，不过这只是一种招数而已，绝非苹果自身蕴藏的价值内涵，也不是苹果在市场中赢得一席之地的关键因素。事实上，在如今这样一个竞争激烈的时代，苹果要想在众多实力强大的竞争对手的围剿下继续保持行业领先优势，单靠营销手段出新是远远不够的，必须要在竞争策略上进行创新，摆脱传统意义上的市场运作手段。

乔布斯长期推行的产品至上策略，库克并不是很赞同的，他认为苹果的技术优势不可能永远走在最前列，总会有被后来者追赶而上的可能，所以最稳妥的竞争策略是要建立一种立体化的空间竞争策略，不能将全部注意力集中在产品和技术上。那么，到底什么才是空间竞争策略呢？

库克经常跟员工强调，不能将市场竞争策略狭隘地理解为产品竞争，事实上，新产品只能算作诸多竞争激烈产品的延伸，单靠技术创新是不能真正打开市场的。换句话说，基于产品和技术的竞争是很难持久的，也不容易在未来保持获利性的增长。在这种价值体系的引导下，库克力求在用户价值上进行创新，跨越现存的市场边界，将竞争元素重新进行整合，从而创造获利性增长的空间。当然，这种空间竞争优势很难被竞争对手模仿，随着时间的推移会越来越明显。苹果只要保持住这种优势就能催化出生命力长久的品牌亮点。

库克通过对竞争对手的分析得出结论：在手机和笔记本市场，苹果的很多竞争对手在如何面对用户的问题上采取了回避的态度，他们的营销目标仅仅是将产品卖出去而不是说服用户，有的企业在用户遇到问题时竟然让用户自己上网寻找答案，还有一些企业还关闭了客户服务部，彻底断掉了"麻烦"，这种消极的态度当然不利于公司的发展，更不可能打动用户的心。

鉴于这种情况，库克决定不能重复这些对手的错误思路，而是应当将用户的需求和利益放在首要位置。尽管苹果有着超强的设计能力，但过于注重设计而忽视体验需求就会冷落用户，最终失去用户。因此，库克经常跟设计师们强调，必须要确保设计出的产品简单好用，过于花哨的设计没有存在意义。为了解决用户在使用苹果产品时遇到的问题，苹果专门在 Apple Store 零售店设置了 GeniusBar（天才吧），让用户在这里得到最专业的问题解答和技术服务。

库克说："企业在以往的发展过程中最值钱的是资本，谁的资本大谁就是当之无愧的老大，后来就是技术，现在是客户价值创新。"

库克所说的客户创新价值，就是帮助客户创造性地解决各种问题，从提供产品到为客户提供解决方案，从产品创新到需求创新，从而提升其品牌竞争力，激发企业持续发展的能力。库克认为这个理论会让企业赢得成倍的利润增长，满足增长型企业的需求。另外，库克还强调苹果要想制胜市场，就不能仅为用户考虑，还要做一个用户体验方面的高手和战略制定的高手。对很多公司来说，要想维持稳定、健康地发展，就必须要确保公司有清晰明确的战略规划，在库克看来，苹果大致经历了三个发展阶段。

其一是优质优价阶段，这是苹果发展的初期。乔布斯的产品策略就是不做廉价产品，只设计生产优质品，当然与之配备的是比较高昂的价格，这套理论的核心就是用优良的品质去吸引用户。

　　其二是软硬件结合阶段，这是由乔布斯和库克一起制定的。2001 年，苹果推出了 iPod，上市之后很快热销，为了扩大市场，苹果又推出了周边衍生产品，如 iPod Hi-Fi。这一系列产品以出色的质量和丰富的功能吸引了大批果粉购买使用。随后，苹果在软件方面下了工夫，推出了 iTunes 和 APP 商店等，牢牢占据了市场的主导地位，日后推出的 iPad、iPhone 等产品也执行了这种策略。这种软硬件结合的办法，有助于提高苹果的赢利点，也让它在群雄逐鹿的高科技企业中成为佼佼者。

　　其三是平台公司阶段，因为再好的产品也有生命周期，而平台则有着更强大的内生力。当苹果进入高速发展时期以后，乔布斯和库克又给公司制定了一个明确的规划：将苹果从一个消费电子公司升级为一个平台公司，通过硬件的制造来带动平台的发展，再通过平台的积淀增强新硬件的需求。只要产品得力，这个平台就会越滚越大。

　　库克认为，苹果的发展史就是一部不断寻找清晰前进轨迹的历史，有所为有所不为是核心理念，如果不懂得这个道理，很可能会将苹果推向恶性竞争和错误竞争的深渊。为此，库克制定了一个名为"从产品分享到品牌共建"的战略规划。

　　库克的想法是，让苹果和广大用户成为朋友，当用户购买完苹果的产品之后就能够和苹果公司的员工共同分享软件和专业知识，在这种互动的过程中会形成一批死忠粉，他们会将苹果的产品理念推广出去，带来难以估量的影响。很多苹果的员工都是从"果粉"中招收的。库克将这种策略看成是"和用户共建品牌"，用户通过免费参与传播苹果的产品，就可以充分享受到身为消费者的话语权。

如今，遍布世界各地的品牌体验店，那奢侈梦幻的装修代表的不仅仅是一个简单的商店，而是成为了苹果用户交流意见的场地和体验新产品的梦幻所在。库克说："以微小方式改变世界。"这就是苹果的品牌共建之道。

从 2010 年以后，苹果的发展速度变快，而 2010 年 5 月 26 日对苹果而言是一个特殊的日子，就在这一天，苹果以 22136 亿美元的市值毫无悬念地超越了微软，成为全球最具价值的科技公司，也意味着苹果进入了一个新的发展时期。在知识经济时代，苹果拥有着高技术、高投入、高风险和高收益等特征，正是基于这些特征，让苹果独霸高端市场。在进入到移动互联网时代，苹果的投资者们对未来的发展前景充满了信心，也让库克发现苹果正在成为行业的领军者，所以他将大量的精力投放到了移动互联网领域。

在新经济时代，苹果要想从技术创新转移到应用创新上是历史发展的必然，乔布斯就曾经用"革命性"来形容这种转变，他的这个思想理念影响了库克，让库克对产品创新充满了信心和激情。不过，库克却并不认为这种对技术创新的追求符合苹果的新时代精神。

2006 年，微软在研发方面的投资达到了 60 亿美元，到了第二年又增加了 15 亿美元，而苹果同期的投资要远远少于微软，不过苹果的收益却并不比微软少。在苹果的市值超过微软和惠普之后，库克没有完全沉溺在骄傲和自满中，相反他发现，当今市场竞争规则正在悄然变化：技术创新变得越来越不重要，而应用创新才是王道。

苹果的创新能力一直存在，它甚至在将来可以推出一款没有桌面的计算机，这些都是未可知的。但是库克不会过分看重这些创新，他要带领苹果缔造一种内涵丰富的创新而不是狭隘的创新，要将创新在全方位领域推进，而不是仅仅将产品改头换面就完成了创新。库克深知，对于一个企业来说，创新包含着很多内容，如战略创新、观念创新、组织创新、市场创新和文化创新等，只有在这些领域实现了创新，才能让苹果立于不败之地。

库克看重的空间竞争策略，其实就是要求苹果最大限度地关注用户、品牌、产业、战略和资本等因素，要深入体会消费者在使用产品时的细微感受，尽可能地满足用户的情感诉求，开拓人们心理需求的经营范畴。苹果只有将这些工作顺利地完成好，才能给自己开拓出一个崭新的价值空间，提高公司的核心竞争力。

谁是 DRI

2011 年 6 月 7 日，"苹果 2011 全球开发者大会"在美国拉开序幕，当时正在休病假的乔布斯亲自主持了大会，向与会者隆重介绍了全新的 Mac OS X Lion 操作系统和 iOS 5 系统，同时还把苹果最新的云服务 iCloud 称做苹果的"下一个伟大远见"。的确，正是因为苹果的一个个远见卓识，才让它跻身为世界上最具价值和潜力的科技公司。

如今，苹果代表的不仅仅是一个高科技企业，更代表的是一种时尚潮流的象征，人们只要提到苹果就能想到它独树一帜的风格，特别是在苹果超越了微软和英特尔的市值之后，成为了世界范围内最具价值的科技公司。在《商业周刊》评选的"世界最有创新力的 50 强公司"中，苹果位列第一。那么，苹果如何在商业战略上有着远见卓识的眼光呢？这显然离不开它的组织创新精神。

苹果之所以能引发"果粉"的狂热崇拜，主要在于苹果的研发创新能打动消费者的心思，而在库克看来，苹果真正的变革不是只存在于产品创新之中，而在于将新产品和新技术以及强大的商业模式完美地结合起来，这就要求苹果必须在组织上进行创新，只有这样才能确保企业稳定地发展。

苹果对问责制的看重，是世界知名企业中非常突出的一个，也成为了苹果自身具备的企业文化特质。乔布斯通常每个星期召开几次例会，向员工灌输一种责任制文化。比如在星期一，他会和公司执行管理团队讨论并总结近期重大项目的进展情况，星期三，他会亲自主持市场营销和公关部会议。

2008年乔布斯曾向美国《财富》杂志解释说："每周一，我们回顾整个公司运转情况，了解正在研发的每件产品的进展。虽然每周例会上的讨论事项有80%都与上周情况相同，而且在苹果内部，没有太多的流程，但这种例会是少有的需要坚持的制度。"当然，乔布斯召开例会并非是走一走形式，而是为了向苹果的每一位员工宣传责任制文化。苹果的管理特点是，除了每个星期举行的例会再没有更多的繁琐流程，这有利于提高公司的工作效率，保留员工的工作精力。

从产品设计的角度来看，苹果的每一位顶尖设计师都能在第一时间从管理层获取反馈信息，这能够帮助设计师们及时改进和完善产品并调整自己的设计理念，从而不脱离公司的整体设计风格。

在库克接替乔布斯以后，也继承了这个理念。库克进一步发挥了责任制文化在苹果的积极促进作用，让苹果不会因为一些责任不清晰而产生困扰。

苹果有一个特殊的职务设置，叫做 DRI（Directly Responsible Inaividual），意为"直接责任人"，此人直接负责某一部分事务的责任。苹果的各种会议上都会出现这个名字，每一个员工都很清楚 DRI 是谁，在公司内部，如果有人找某个项目的对接人，一定会这么问："谁是 DRI？" DRI 一般对开发进度非常了解，知道下一步可能突发的问题是什么，或者知道问题发生的原因。DRI 只能由一个人来担任，决不能是一个小队。当团队所有成员都知道他们的目标非常重要，但是又没有发现自己那一部份的责任重大时，这时就需要 DRI 出面。

DRI 制度有效地增强了员工的责任感，也增强了产品把控，不过库克认为，只做到责任分明还是不够的，苹果必须要做到组织简明才行。库克一直将组织简明当成企业管理架构的中心内容，在苹果内部没有设立执行委员会，公司的盈亏表只在首席财务官手中掌握，只有他一个人对公司的收益或亏损的成本和支出负责。在这一点上，苹果和其他很多公司都不同。

一般来说，很多公司会将 DRI 当成是经理工作表现的最终考核指标，不过在苹果这些效益指标只是首席财务官需要考虑的，这等于给了员工分享观点提供了组织保障。乔布斯总会将苹果和它的竞争对手索尼进行比较，乔帮主认为索尼的分支部门太多，因此没有设计出 iPod，相反，苹果的部门很少，承载的功能又比较多，所以工作效率极高。

苹果组织创新的核心是具有极强保密性的。在苹果内部，只有极少数人和乔布斯近距离接触过，这些人被称为"Top100"。

据说在乔布斯时代，每年乔帮主都会召集这神秘的 100 人进行为期三天的秘密会议，内容是商讨公司的战略和产品创新。这 100 个人不必将秘密会议列入日程，更不需要向公司同事谈论一丝一毫，甚至不能独自开车去参加会议，而是要统一由公司班车接送。

"Top100 会议"是乔布斯管理苹果的重要手段之一。通过这类会议，乔布斯和其他高层能够明晰公司的战略发展方向，并集合最优秀的公司骨干分享大家对企业发展的观念和深度思考。

库克在组织管理方面始终尊崇并认同乔布斯的简约主义，他非常看重提高苹果的聚焦能力，并认为这是提升苹果内力的关键所在。在苹果，每一个负责人都能不受束缚地发表自己的看法，不管他能否得到肯定或是否定的回应，公司管理层都能虚心接受。管理层很善于放下权力交给那些有能力的人去做，对负责人给予百分之百的支持。一位苹果的前员工回忆说："乔布斯不只一次说过，学会放手是一种能力。"对像苹果这样的大企业而言，能做到这种地步实属不易。

关于组织管理，库克曾经说过一句发人深省的话："这就像是摄影一样，战略聚焦也同样需要配备镜头，公司要透过它来对各项业务进行审查，比如生产产品的种类、市场销售情况、品牌建设情况等等。"

熟悉摄影的人都知道，在摄影时为了突出目标物体，往往需要配备一个长焦镜头来对焦目标进行背景虚化。显然，战略聚焦也需要配备一个特殊的"镜头"，因为公司的发展离不开对自我业务的客观审视，而这种"镜头化"的处理模式，能够有效地对企业擅长生产的产品进行分类和深入研究，也能够充分表现其出色的产品品牌抑或是经营良好的地区市场，打造一个服务于公司产品和品牌的平台。

　　库克时时刻刻都在努力培养着苹果在组织架构上聚焦，他坚定地认为这就是苹果最核心的战斗力所在，不懂得聚焦，就不懂得自我反省；不懂得聚焦，就不能让苹果独具特色——没有特色的企业，谈何生存与发展？

9 用户养成攻略

消费者才是上帝

在当今世界的 IT 行业中，苹果的市场竞争力毋庸置疑，它不仅拥有着华丽丰富的产品线，还有着数以亿计的粉丝，仅凭这两条就足以让竞争对手刮目相看，它所取得的辉煌战绩也是让人们叹为观止的。

1997 年，苹果还是一个股价为 5 美元的公司，可是在乔布斯归来之后，股价上涨了将近 70 倍，这种奇迹绝非任何一个企业都能达到的，然而苹果却创造了如此辉煌的业绩。为何苹果能荣获这种成功呢？在于它将产品放在第一的经营理念。苹果能够在群雄并起的 IT 世界里称王称霸，和它创造的出色产品不无联系。

苹果将产品的完美程度提升到了旁人难以想象的地步，难怪很多"果粉"都说，苹果给他们的感觉就是完美，对于一个企业来说，能够赢得消费者这样的评价实属罕见。苹果的完美离不开乔布斯的偏执，正是他对完美主义的极致追求，才让苹果的产品越来越趋近成熟，即便是再挑剔的消费者，也很难在苹果身上找到吐槽点。苹果已经不再是乔布斯一个人追求极致，而是从上到下集体追求完美和卓越。身为乔布斯的继承者，库克也将完美主义精神融入到了他的骨髓中和血液里。

从某种程度来看，库克对产品的苛求度不亚于乔布斯，他经常对他的团队说："我们要沿着乔布斯所指定的产品战略继续走下去。只有打造完美的用户体验，才能保持自己的竞争力。"在库克眼中，苹果的任何一款产品既是艺术品，也是工具，它们是帮助用户解决个人问题的，所以库克要求团队在设计开发产品时，要以精益求精为目标，让每一款产品都变得完美无瑕。作为消费型电子产品，库克促使苹果不断地去迎合消费者的体验需求，这样才能赢得用户之心，满足"果粉""解决问题"的诉求。

用户体验至上，是库克向团队不断灌输的理念，也成为了苹果每一个员工严格恪守的工作准则。用户体验至上，不单单是要满足用户的需求，也要适当地考虑他们的经济承受能力，二者综合统筹，才能打造让消费者满意的产品。

库克对体验的重视，是苹果在初创时期就一直信守的原则。1983 年，苹果向市场推出了一款名为丽萨的计算机，这是一款世界上首个采用图形用户界面和鼠标的个人 PC。从硬件技术的角度看，丽萨电脑超过了当时的 IBM 兼容机，用户不用键盘只用鼠标就能输入命令，还可以多任务多程序地运行计算机。然而丽萨也存在着一个缺点：它无法和 IBM 的兼容机兼容，甚至连自家的苹果 Ⅱ 也兼容不了，更糟糕的是价格达到了 1 万美元。

在丽萨电脑进入市场之后，其便捷的操作性能被它的一系列缺陷掩盖住了，结果遭到了消费者的冷遇，没有取得预期的销售业绩。苹果经过决定，将这款电脑彻底放弃。

丽萨电脑的失败，并没有让苹果从此萎靡不振，反而让他们及时纠正了错误：只顾比拼配置和性能而忽视消费者购买力的产品不是好产品。在之后的十几年间，苹果无论设计什么类型的产品，都会兼顾到性能和承受力这两个基准点，由此得到了消费者的认同。

苹果为了让消费者感受到最完美的体验，经常保持着创新的状态，即使在 iPod、iPhone 等产品热销之际，他们也在研究下一代产品该如何开发和营销。库克对这种力争上游的做法解释为："作为一个高科技公司，苹果公司只有坚持不断创新，才能做到尽量完美。"

1997 年，乔布斯别出心裁地构思出了一条广告语：Think different。这条广告语暗示的是要激发员工的创新能力，要让他们不断发挥自身的聪明才智打造更完美更艺术化和人性化的产品。乔布斯反复强调："顾客要买的其实不是产品本身，而是要用产品来完成任务或解决问题。所以我们在设计产品时，不应该只把它看成一个设备，而应把它设计成顾客一看就喜欢的艺术品。"

在库克接管苹果之后，他一直深度玩味和咀嚼乔布斯的这句话，他认为苹果设计的电脑应该是协助用户处理工作又能让他们爱不释手的产品。至于那些处于观望状态的潜在用户，苹果应该努力将产品设计得更加富有吸引力，才能让他们爱上苹果电脑，而一旦他们购买并使用了苹果电脑，会发现它更多的魅力点，久而久之自然会产生产品使用黏性。

库克对个人计算机的理解是，它是服务于人的，而不是让人服务的，所以操作上要越简单越好，只有经过简化的计算机才能让用户觉得用处多多。在这一指导思想下，库克让设计团队秉承着"简单易用"的原则去开发并设计电脑。

有感于以人为本的服务原则，库克对团队成员说："要想让产品简单易用，就必须要专注于顾客的想法和需求，以及顾客如何与产品互动。当设计人员确信其抓住了客户的想法和需求时，再设法从工程技术上实现。重要的是，在设计阶段需要创造和创新，在工程技术上同样需要创造和创新。在这种理念的指导下，用户往往只需要按一个键，就可以完成其想要实现的功能。"

苹果设计出的每一款产品都是操作简便的，用户不用看产品说明书就会懂得如何使用。以 iPad 为例，在它刚推出时，吸引了不少消费者争相抢购，这其实跟 iPad 本身没有必然联系，反而是它特立独行的包装吸引了用户。

当时，苹果的设计团队是这样考虑的，如果用户在打开盒子之后看到了一款包装普通的数码产品，那么 iPad 的差异化优势就变得不明显了。特别是很多厂商用使用塑料起泡包装，虽然固定起来很结实，但要想打开也需要花费力气。如果不用这种包装材料，那无非是采用塑料袋包装和泡沫塑料相结合的办法，这种方式也司空见惯毫无新意。为此，苹果独辟蹊径，设计出了一种全新的包装方式。

iPad 的盒子从外表上看比较普通，但摸起来手感非常光滑，色泽纯金且均匀，盒子上的一张精致 iPad 图片十分美观，两侧还印有 iPad 商标，在末端印有苹果的标志和 iCloud 图标的浮雕图案。当人们拿起盒子时会发现它很有质感也很结实，但并不重，因为里面省略了任何不必要的配件。整个盒子与 iPad 的大小很接近，不会给人上下乱晃的感觉。打开盒子时，用户很容易将盒盖拿下来，也不必担心 iPad 从里面掉出来。在盒盖的内侧放了一层绒，是用来保护 iPad 的屏幕的。

当用户将盒子打开之后，会在里面看到一个黑色的方形物体，四周环绕着白色的盒子侧边，这就是 iPad 产品。它的顶部几乎跟盒子侧边保持平行，在 iPad 顶部和相邻盒子侧边有几毫米的距离。此外，iPad 外面还有一层塑料保护膜，是用类似聚酯做成的保护膜，厚度正好，既能够保护产品也不会让人觉得臃肿膨胀。另外，在 home 键上还多出了一小块塑料耳片，是方便用户取出 iPad 设计的。iPad 的包装盒外，并没有那么难撕的塑料保护膜，用户可以在不需要尖锐物体的前提下，轻而易举地剥掉它。包装盒的设计者说："我们在设计塑料膜时，不仅要考虑怎么使用，还会考虑如何让用户轻松将其取下。"

iPad 的正下方，有一个白色的塑料盘，里面装着电源和用户手册包，这层包装上也有一个纸板耳片，是帮助用户轻松从里面取出东西用的。在用户将托盘挪开之后，就能看到 USB 基座接口电缆完好无损地放在下面的塑料凹陷处。由于塑料盘安装在盒子底部，能够防止塑料盘松开，电源的塑料包装和 iPad 一样带有耳片帮助用户轻松地从包装上拿出电源，连 USB 线也被设计成了这种包装。

总体来说，苹果对产品的包装设计完全采用了全新的材料和工艺，拒绝和其他厂商的产品同类化，这种追求精益求精的态度恰好反应了苹果对用户高品质体验的追求。无论乔布斯时代还是库克时代，他们都能一以贯之地践行这一原则，让用户不会感到苹果的服务发生了变化。

一切优越的用户体验，都建立在对产品简化的基础上，长期以来，库克一直将简化视作产品设计的核心要点。在苹果推出的产品中能看到简约之美贯穿始终。库克对产品系统的设计和外观设计，都分毫不差地追随着乔布斯的步伐。他认为，任何一款面向大众的产品都要设计得足够简约，这样才能受到广大消费者的追捧，但凡构造复杂的东西，只能让人望而生畏，严重地影响使用体验。

库克的完美主义情结，跟常年在乔布斯身边的熏陶有着密切联系，他对乔帮主的这一优点十分欣赏，也尽心尽力地协助他维系苹果出色的使用体验，让消费者产生依赖感和归属感。与此同时，库克还将自己对完美主义的理解传递给公司的其他人，特别是奋战在产品开发一线的设计团队。比较典型的例子是苹果的首席设计师乔纳森·艾维。

艾维也是苹果的一员老将，但是他起初在苹果混的并不如意，因为他总是和苹果的高层意见相左，争吵和辩论成为了家常便饭。身为设计团队的主管，艾维只想着让苹果的产品变得更像是一件艺术品，而不是盲目地追求利益最大化，而这种观念和其他人发生了碰撞，艾维顿时心灰意冷。1997 年，焦头烂额的艾维终于萌生了想要离开苹果的念头。好在这个时候，乔布斯和艾维及时进行了谈话。

乔布斯语重心长对艾维说："我们的目标不仅仅是赚钱，我们要努力创造出伟大的产品。"艾维这才意识到乔布斯本人也是追求产品的极致和精美，只是其他高层没有完全领会乔帮主的意图而已。艾维和乔布斯达成共识之后，两个人从此并肩作战，开始了追寻伟大产品的创作之旅。乔布斯和艾维锁定了设计原则：简约实用。虽然这仅仅是一个词，但实际操作起来并不容易，不过两个人都愿意在这条道路上不懈地探索下去。

为何苹果将简约当成产品的设计原则呢？这是因为对一个有形的产品而言，容易被控制的外形更讨人喜欢，而能将复杂的规律归纳成精炼的概括是一种能力，能够体现出产品设计者对其的控制力和约束力。乔布斯也好，艾维也罢，他们能将产品变成简约的代名词，意味着他们将产品的内涵挖掘得足够深。举例来说，Mac 计算机上几乎看不到螺丝孔，这是一种简约，但为了省去螺丝孔就要用更复杂的工艺来代替，所以简约的外表往往是通过对产品深刻的理解换来的。

为了支持艾维做好设计工作，乔布斯给他安排了一个专门的设计工作室，工作室外面有两个门卫把手，没有预约是不会放任何人入内——这是苹果保密措施的手段之一。在大门入口的左侧有年轻设计师的工作台，右侧则是一个类似洞穴的房间，里面有6 张长条钢桌，用来展示和实验设计中的产品。在大房间的旁边是一个计算机辅助设计工作室，里面都是工作站。最里面的房间摆放着几台铸型机，能够将显示屏上的设计制造成发泡材料模型。此外还有喷漆机器让模型变得更加逼真。

仅从这个工作室就能看出乔布斯对完美卓越的追求，他想尽一切办法给艾维提供各种便利，就是要让他安心做好设计工作，帮助苹果制造出最优秀的产品。为了时刻了解艾维的工作进程，乔布斯几乎每天都会过来看上两眼并和艾维进行交流。放在钢条桌上的设计产品，常常让乔布斯流连忘返，当然他也会提出需要修改的建议。有时候，乔布斯会像一个小孩子似的坐在某个正在设计的产品跟前，把玩着各种喷涂好的模型，用眼睛、手和心去感受它们的存在，最后用自己的感受做出最客观的评价。乔布斯在和艾维聊天的时候，会显得很温柔和蔼，不过只要涉及到工作就会严肃刻板甚至大发雷霆。

艾维对乔布斯的评价是："如果不是史蒂夫在这里催促着我们，和我们一起工作，并且排除万难把我们的想法变成产品，我和我的团队想出来的点子肯定早就灰飞烟灭了。"

库克和艾维一样，领悟了乔布斯对产品简约设计的理解，他对产品设计过程中的每一个步骤和细节都掌控在手中，他不能允许出现半点差池和瑕疵，要让每一个细节都被设计者关注到。乔布斯出任 CEO 时，库克也会被他叫到身边一起讨论产品的"简约之美"。乔布斯对库克在产品设计理念上的影响极其深远，库克越来越意识到，产品设计只有专注于用户的想法和需求才能真正吸引消费者的心，让苹果的产品在全世界范围内扩大知名度，塑造最为坚挺的品牌。

企业客户是块肉

乔布斯和库克虽然都是苹果的 CEO，但是在一些问题的处理上却存在很大不同，最典型的就是两个人关于企业客户的看法。乔布斯是一个性格倔强的人，只要他不想做的事情，别人很难说服他。曾经又一次，一位企业主管对乔布斯说："如果你们能在 iPhone 上多增加一些功能的话，我们就会下大单。"谁知这样一句话却让乔布斯感到很痛苦，给了对方一顿冷嘲热讽。乔布斯为此还给自己找了理由："黑莓手机倒是一直以企业为主力客户，可现在看来它的市场份额不过如此。是你的话，你会为谁制造手机呢？"

乔布斯的说一不二已经成为了他个性标签中最有特色的一点，他倔强的性格已经在很多苹果员工的心里留下了深刻的印象。不过，乔布斯的这种个性也让苹果赢了辉煌，因为他看重的就是产品的个性，不愿随波逐流。当然，任何一种性格都有两面性，乔布斯的倔强也会让他失去一些东西，比如在拒绝关注企业客户这个问题上，乔布斯的观念并不是完全正确的。库克认为，企业安身立命的根本是追求利益的最大化，也是公司发展的首要目标，只要能获得利润不管是什么市场都不能放弃，而企业客户这种大客户更应该加强重视才对。

由于苹果出色的产品优势，让全世界很多大企业对它的产品都充满兴趣，特别是热销的 iPhone 和 iPad，甚至有一些企业家开始呼吁苹果给予企业客户更多的注意力。这些来自用户的心声被库克听到了，他认为苹果必须改变旧有的观念，重新关注企业用户。

在库克正式出任 CEO 之后，加强了和企业家之间的接触，而库克给企业客户留下的印象是友善和温和的，这种正面的影响给苹果的产品做了宣传广告，很多企业家正是和库克见面之后才坚定了与苹果合作的信念，大量地购买苹果的各系列产品。企业客户的这种需求正是库克想要看到的，他觉得企业这块市场是苹果赢得利润的基础，不应当忽视它们的存在。

Ingram Micro 公司是苹果最大的分销商之一，它们不止一次表示要关注企业客户市场。长期以来，苹果十分依赖这家公司开拓企业用户市场的能力，因为它们意识到了企业用户对平板电脑的需求量是非常大的，以 iPad 为例，它已经成为了企业用户的首选产品。而 iPad 之所以受到消费者的欢迎，与它自身的特性有着密切联系，对经常要和公众接触的企业来说，iPad 就是品牌身份的象征，当企业员工用 iPad 给用户展示计划和项目以及下订单时，iPad 本身就能打动客户。

和 iPad 相比，安卓系列的平板就没有这么强的市场影响力了，这也是库克加快巩固企业市场的重要原因之一，库克认为如果不乘着这个机会向安卓平板发动进攻，将会给对方喘息的机会。

2010 年，安卓平板电脑才正式进入市场，远远晚于 iPad，而且大多数安卓应用市场中的应用，并非是为平板电脑专门设的，而苹果的 APP Store 中却有海量的为用户使用的专业应用程序，现在安卓的应用和 iPad 发布之初的应用没什么不同，甚至很多应用都是专门为 iPhone 设计的，只能在屏幕上占据比较小的一块位置，尽管安卓拼版有放大功能，然而像素质量会因为放大而影响到用户界面体验。

另外，安卓平台的开发要滞后很多，想要开发一款安卓应用绝非易事，它需要将苹果设计好的应用转化到安卓平台上，还要重新进行编码，对于那些拥有 iPad APP 的企业来说，他们必须重新招聘安卓开发人员重新编写应用编码，是一件耗功又耗时的工作，任何一家企业都不会有精力去做这种事。

在价格方面，安卓平板电脑和 iPad 的差距也很小，所以安卓平板的竞争力显得很弱。库克相信，iPad 在用户界面体验方面有着很强的优势，因为苹果清爽的用户体验在业内几乎无人能及，iPad 用户能够轻松对应用进行整理分类，而安卓平板的界面却会被大量的应用弄得乱七八糟。在库克眼中，简约清爽的界面代表着更高效的使用体验。而且企业用户购买拼版电脑正是电脑的生产力应用，而安卓平板却无法给用户提供丰富强大的功能，iPad却能满足用户的这个需求，它能够帮助用户进行大量优秀的文字处理并提供其他办公引用程序，如果再配上一款物理键盘，iPad完全可以替代笔记本，所以很多小企业将 iPad 当成他们的首要选择。

由于 iPad 的市场表现力很强，所以库克认真关注了企业用户市场，最终为苹果带来了巨大的利润收益，根据相关数据显示，在财富 100 强企业中，有 65% 的企业购买了 iPad。为了将 iPad 的市场占有率扩大，库克又和 UnisysCorp 公司进行了合作，让它对企业用户提供维护服务。

为增强苹果产品对企业用户的吸引力，库克充分发挥了将近 300 家零售连锁店的营销作用，同时还组建了针对中小企业进行销售的销售队伍并增加了销售人员数量，设置了专业的岗位，帮助企业用户提供各类支持。

库克还加强了借用合作伙伴的力量进军企业市场，比如美国第二大移动运营商 at&t 就是苹果的一个重要合作伙伴，它帮助苹果直接向企业销售 iPad 和折扣服务。库克说："大多数公司都大量使用 PC，我们希望向企业客户销售更多的产品。"

手机智能化时代

智能手机身处一个和传统功能机完全不同的时代，这种差别不仅仅是手机自身功能的革新，也是一种人类生活方式的改变，所以库克总是在思考一个问题：作为智能机的制造商苹果，应当怎样去引领这样一个时代呢？

在推出 iPhone 之前，苹果被人看成是比较可爱的企业，它有着和其他 IT 企业不同的气质和个性，它不随波逐流，也始终能保持自我的亮点，而这些都和乔布斯的个性统帅有着密切的联系。在乔帮主的带领下，苹果能够变成引领时代的佼佼者，它会让亿万果粉们像等待热播电视剧出续集那样欣喜若狂，因为每一款新产品的问世都能让人兴奋甚至疯狂到极点。苹果推出的系列产品也成为人们茶余饭后的谈资，更是媒体讨论的焦点，特别是在 iPhone 上市以后，它就旗帜鲜明地成为了智能手机的代名词之一。

库克很清楚，苹果在推出 iPhone 之前，是以标新立异存在于市场的，比如苹果起家的 PC 计算机，不管是在技术上还是设计上都走在时代的前沿，不过这样一款划时代的产品却没有让更多的消费群体所接受，这主要是因为它走上了一条过于特立独行的道路，所以只能在一些超级粉丝和发烧友之间流行。然而在 iPod 面世之后情况就有所不同了，它的出现打破了索尼 Walkman 一统天下的局面，是一款在设计上具有革命性的新型播放器，十分受大众欢迎，也为此誉满全球。根据相关数据显示，在 10 个 MP3 播放器用户中就有 7 个人用的是 iPod，随着 iPod 的热销苹果也赢得了巨额的资金收入。

尽管如此，库克还是冷静地意识到，不管是 Mac 计算机还是 iPod，它们自身都存在着巨大的缺陷，那就是用户群比较单一，因为购买并使用它们的都是年轻人，相对而言，iPhone 就有了更大的突破，它针对的是各个年龄段的人群，无论是谁都会使用。为此，库克将产品营销的重点放在 iPhone 上，让它成为了市场的主导和消费的主流。

　　库克将 iPhone 纳入到产品销售战略中的重点部分不无道理，因为电脑和音乐播放器算不上必需品，但是手机却不行，所以 iPhone 才有着充分存在的道理和价值。也正是基于这种认识，才让苹果将重点的开发计划放在了 iPhone 上。乔布斯说过要改变世界，而如今人人都离不开的电子产品正是手机，苹果必须要在这样一个用户层面更为广阔的业务领域中进行拓展和深耕。

　　在 iPhone 刚推出时，苹果打出的宣传语是"我们重新发明了电话机"，这句话绝非自我吹捧，而是对智能机这款时代手机产品的最有利的说明。iPhone 的出现，给不少手机品牌带来了猛烈的冲击，也让整个行业发生了翻天覆地的巨变。

　　库克努力捧着 iPhone 在智能机这个全新的战场上拼杀，而为了迎接新的挑战，苹果将公司的名字也进行了更换：Apple Inc，这等于是在对外界宣布，苹果不再是只研究生产计算机的厂商，而是朝着业务范围更广泛的电子产品领域迈进。改名这件事，成为了苹果从 1976 年成立以来的第一次定位大改变，虽然看起来是表面文章，但这对苹果日后的战略发展方向有着重要的引导意义。在 iPhone 大卖之后，人们只要一看到 iPhone 这个名字，就会想到苹果，进而联系到苹果设计生产出的其他产品。

　　这正是苹果的伟大之处，也是库克身在 CEO 位置上首要考虑的公司发展要务。

　　经过在苹果十几年的观察和研究，库克发现了行业中的一个规律：在以往的业内潮流中，人们更关注的是硬件的升级换代，却很少有人对手机使用体验方面认真考虑，每个手机制造商都在考虑怎么样才能让通话更清晰，怎么样才能让处理速度更快，怎么样才能让拍照功能更接近专业相机。然而，智能手机真的只有这些硬件需求吗？显然不是。

智能机和功能机最大的差别不是处理器、摄像头、电池……而是它的网络功能，功能机从字面上看叫做 feature phone，就是特定的手机的意思，从字面上看可以理解为各项程序已经设定好不需要人们进行改动的手机，而 iPhone 则不同，它具有很强的可塑性和可变性，能够根据用户的自身需求和喜好加载各种应用程序，这才是智能机和功能机的重要分水岭。

库克亲眼见证了 iPhone 对智能手机领域的推动性革命，在 iPhone 问世之后，整个行业立即进入到震荡的状态中。那些墨守成规的传统行业大咖们突然意识到了自己的落伍，他们发现盲目地比拼硬件是不足以征服消费者的，只有在概念上革命才能刷新人们对智能手机的认识。

库克身在苹果，经常听到和想到的词汇只有一个：革新。然而革新在不同语境下也有着不同的意义，一种可以被理解为持续性的革新，另一种被理解为破坏性的革新，二者最显著的差别就在于革新的延续性上。如果在现有的技术基础上进行改良，那就是持续性的革新，如果完全打破旧有规则推陈出新就是破坏性的革新。持续性的革新最典型的例子就是通过改善生产环境和生产方式来降低成本，而破坏性革新则是一种重建行为。

从市场竞争力来看，破坏性革新更具有前驱性，它能让慢动者手足无措，也能让革新一方具备强大的竞争优势。

作为苹果的 CEO，库克深知市场竞争的险恶，在强敌林立的生存环境下，稍有不慎就有可能满盘皆输，即便像苹果这样的行业龙头也是如此。所以库克一直在努力让苹果推出破坏性的革新从而占据市场主动权，不被竞争对手在关键的创意上捷足先登。因为一旦跨出了率先的一步棋，就等于在某个领域内规避了竞争对手，给自己减轻了生存压力，也能实现利润创收新高，更能抢占有利位置以防备对手反扑，可谓是一举多得。

正因为破坏性革新的好处，库克才不遗余力地跟随乔布斯一起打造 iPhone 这款产品，因为他们发现 iPhone 的出现引发了行业消费形态的变化，手机界从传统的硬件比拼进入到软件对抗，而这种变化也促使手机厂商陷入到暂时的混战之中，那些不能摆脱传统观念的厂商渐渐落败，而跟得上新形势变化的就能抓住商机。显然，苹果是这场混战中的胜利者之一。

手机市场的重新洗牌，让库克看到了所有的参与者都发生着连锁反应，其中最让他深有感触的就是规模化运营的益处：生产规模越大，成本就越小，利润就越高，而这正是对供应链素有研究的库克最擅长的。因此在 iPhone 卖得火爆之时，苹果收获的利润变得越来越可观。

除了规模化优势，库克还发现了一条符合苹果风格的竞争策略，那就是单一型号策略，即苹果在每个阶段只推出一款型号而每个型号中通常只有两种配置可选，这种精简策略是为了减少生产线的数量，实现成本控制。更因为产品较单一，所以苹果可以推出高价，因为消费者没有那么多的选择余地。在这一点上，苹果似乎比三星要高明一些，因为三星是高中低端都有产品，常常会因为自家低端机的出现而挤压中高端机的定价，造成了产品平均售价不高的尴尬局面，而且如此繁多的机型造成了巨额的生产成本开销。

2008 年金融危机时，苹果的老对手三星在手机领域可谓寸步难行，遭受了严重的挫伤，连他们一向引以为傲的半导体、液晶屏等产品领域也遭受到了严重的冲击，好在智能机的走俏让他们挽回了一些损失。相比之下，产品线极简的苹果一路盈利，借着这个有利时机迅速压制了老牌的诺基亚、摩托罗拉以及 LG 等手机品牌。

库克能够抓住每一个机遇让苹果大放异彩，也努力让苹果的产品优势在瞬息万变的市场竞争中崭露头角，他不仅要带着苹果走向盈利之路，更要顺着时代发展的脉搏更新、升级和换代，因为苹果不属于某个人，它是移动互联网时代的标签。

10

支点，世界之巅

MobileMe 和 Ping，失败之作

苹果的硬件和软件在竞争中一直是占据优势地位的，很多竞争者的同类产品往往在它面前没有什么优势，不过苹果也并非无所不能，它也有自己的弱项，比如在服务方面。苹果之前向市场推出的 MobileMe 和 Ping 的市场反响就比较糟糕。为此乔布斯比较沮丧地说了一句话："推出 MobileMe 的那段时光不是苹果公司最好的时光。"

乔布斯以不服输的硬汉性格示人，能让他讲出气馁的话，可见这款产品该有多么失败。2008 年苹果推出了 MobileMe 服务，这个服务其实和网络硬盘功能相似，不过和普通的邮箱和网盘相

比，功能要更加丰富一些，这也是苹果认为它具有市场竞争力的主要原因。

当时在设计这项服务的时候，苹果设计了两个账户，一个是个人版只能让一个人使用，里面有 20G 的存储空间以及邮箱地址，还有一个是家庭版，里面有 5 个账户，其中一个是主账户 20G 的容量，还有 4 个子账户各 5G，每个账户都有自己独立的邮箱地址。

Mobile 的基本功能是和 Mac、iPhone、iPod touch 以及 PC 之间进行数据同步，其中包括联系人信息、日程安排、邮件等内容。假设用户在手机添加或者编辑了联系人信息的话，用户使用的同一个账户的 Mac 或者 PC 也会同步更新，其他的如行程安排、邮件也是如此。它们会被自动发送到 Mac、手机等终端，避免信息丢失或者遗漏。即使客户没有相关的终端设备，他们也能够在网络上查询到邮件和信息。在网页上，用户能够根据自己的实际需要对行程安排、联系人和收发邮件进行修改编辑，从而和家人、朋友、同事进行资源共享。

从表面上看，MobileMe 是符合云共享现代网络理念的，是代表着科技进步的服务，不过苹果却没有将这个服务经营好，反而成为了其产品发展史中的一个败笔。

第一，MobileMe 技术存在诸多漏洞，从删除 iPhone 手机用户通讯录的同步的漏洞到很多用户无法访问个人的 email 账号的漏洞，这些问题让用户在使用的时候非常恼火，体验感极差，苹果也为此不得不接连向用户道歉，最后做出了让用户免费使用 60 天的承诺作为补偿。

第二，MobileMe 自从上线以后性能很不稳定，根本不像产品介绍里描述的那样快捷无缝，给用户惹来了一大堆的麻烦。

第三，MobileMe 难以激发用户的共鸣，mobile 之前曾经有一款名叫 itools 的类似产品，当时被称作"备受瞩目的互联网战略"，很快苹果就在 Mac OS 9 上加载了 itools 的服务，它的新奇性和创新性吸引了很多用户使用，能够提供很炫酷的个性化 mac. com 电子邮箱地址，引得不少用户纷纷注册。可是过了两年半的时间，itools 服务更名为.Mac，同时宣布使用价格为 100 美元一年，这让不少用户反感。所以在 MobileMe 发布的时候，用户们都对它嗤之以鼻，而且让人很无语的是，MobileMe 用户能继续保留他们原来的 mac. com 域名邮箱，然而新注册的用户却没有这个权利，只能被迫使用 me. com 域名邮箱。

最糟糕的是，苹果对 MobileMe 服务走的是高端路线，收费很昂贵，每年的使用费是 99 美元，对于那些潜在用户来说，他们可以在网络上找到其他免费的或者费用较低的服务来代替 MobileMe，根本不用花这个冤枉钱。所以，人们对 MobileMe 的上线十分冷淡。

对于 MobileMe 的故障，乔布斯也是头疼不已，他埋怨开发团队说："在 iPhone 3G，iPhone 2.0 软件，以及 AppStore 发布同期推出 MobileMe，这是一个失败的决策。我们有过多的事情需要处理，MobileMe 本应该被延迟发布，哪怕不能收获任何成果。"

库克对 MobileMe 的失败也感到非常痛心，他觉得苹果一定要从中吸取教训，避免让类似的事情发生，他对乔布斯说："MobileMe 服务故障一事表明，我们在互联网服务领域还有很多东西需要学习，也只有通过不断学习，才能使包括 MobileMe 在内的苹果互联网服务更上层楼。"

同样，Ping 也是一款让苹果颜面尽失的败笔之作。Ping 是苹果在 2010 年推出的 iTunes 10 时推出的社交音乐服务，它内置在 iTunes 中，面向 iTunes 的全体用户开放，用户只要一键跟随就可以将喜欢的歌手和好友关注并能够随时查看歌手和好友的近况，等于对他们进行了实时跟踪。

对于音乐发烧友来说，能够随时查看到偶像新发了什么专辑和乐队要在哪儿开演唱会，是一件很重要的信息资讯分享。另外，能够在音乐论坛上跟同好们互动交流，也是一件很有意思的事情。除此之外，苹果还给用户设计了隐私保护工具，避免他们的个人信息泄露。从当时苹果的计划来看，他们设计的产品可谓完美无缺，对其也充满了信心，特别是隐私保护，简直就是超越 Myspace、Facebook 等社交网站的点睛之笔，然而结果却让苹果大跌眼镜，ping 成为了让用户失望甚至是唾弃的一款产品，它自身存在的设计缺陷让人们无法愉快地使用它，让这项服务成为了一个笑话。

库克在谈到 ping 时说："ping 是一个失败的产品。"这种失败的程度迫使苹果将它在 iTunes 的下一个版本中直接被枪毙掉，转而凭借 Twitter 和 Facebook 等社交网站实现信息分享。库克也承认，这两个社交网站是苹果的两大劲敌，因为从乔布斯开始就想超过这两个网站，成为网络社交领域的龙头，然而苹果还是缺乏这种能力，不仅目标未能达成反而让对方看了笑话，一下子陷入到受制于人的境地。

库克对苹果陷于被动深感焦虑，他希望苹果能够将在线服务做得更出色，也能够在这个领域成为说一不二的王者，而唯一的办法就是设计出一种竞争力极强的优势服务产品。最后，库克将视线锁定在了云服务领域。

这一回，库克该怎么办？

云服务策略

云服务对苹果来说并不陌生，虽然之前设计的 MobileMe 失败，但这个大方向其实并没有错，库克希望在这个领域有所斩获，也敏锐地意识到未来这必然是竞争激烈的一块战场。只是在苹果之前已经有强敌进入，比如亚马逊、谷歌等。

云服务其实是基于云计算的一种网络服务形式，为何要用"云"这个字，主要是和一个小故事有关。一个叫约翰的人去纽约出差，约翰需要了解他出差需要掌握的相关信息，比如航班信息、行车路线等等，在不久的将来这些信息只要用云计算就能帮助约翰解决此类问题。未来云计算会和各类终端进行连接，帮助用户构建一个内容丰富广泛的服务平台。

目前，谷歌将为每一个用户提供各种充满个性化的服务，如果在云计算的大时代到来之后，这种服务会直接提升到一个新的层次，让用户享受超值的服务。那么，云计算究竟是如何产生的呢？事实上，云计算从概念上讲并不是全新的，但从技术上看是具有颠覆色彩的。计算机的出现要早于互联网，在 20 世纪 90 年代以后，随着互联网的兴起和爆发，web 2.0 时代的到来引发了一连串的反应。

Web 是"world wide web"的简称，通过 web，互联网资源能够在一个网页上被表现出来，而且各种信息资源能够找到链接。到目前为止，互联网一共经历了两个时代 web 1.0 和 web 2.0

时代。

所谓 web 1.0 时代，是以数据为核心的互联网时代，它的作用是在网上投放各种知识资源和各类企业的信息，对用户进行分享，而在 web 2.0 时代是以人为本的互联网，用户可以自己改动网页，发帖子以及和其他用户进行顺畅的沟通和交流。web 2.0 时代是将这些知识和信息通过每个用户之间的合作关系串联起来，使之发挥最大的作用。

在 web 2.0 时代到来之后，诸如 Myspace、YouTube 等网站变得火爆起来，它们吸引了不少用户过去访问，访问量要远远超过传统的门户网站。随着浏览量的增加和用户的积累，一个严峻的问题摆在网站经营者面前：怎么样才能有效地为这些用户群体提供满意的服务？很快，网络巨头谷歌依靠它强大的搜索功能和处理功能，在这个领域成为主导者，一种新的技术就此诞生——云计算。

云计算其实是一种网络计算思想，它的出发点是把闲置的 CPU 资源合理利用起来，从而建造一个平行分布式的计算。这个概念并不陌生，早在 20 世纪 90 年代就有人提出过，著名的 SETI @ home 就是第一个成功将网络计算思想运用在生活中的实际案例。当然，云计算和网格计算比较相像，二者都是通过大量的计算机制造出强大的计算能力。只是有所区别的是，云计算的目标更大也更宏伟，它的最终目标是构建稳定快速的存储和其他服务功能。

云计算最大的特点是，它是利用公用计算或者其他方法来共享计算资源，也是依靠本机服务器或者个人设备来处理用户应用程序之外的另一种选择。当然，也有人将云计算看成是硬件和软件外包给因特网服务提供商的一种概念。综上所述，云计算在现代 IT 领域中是一项颠覆性的突破。由于这项技术的门槛很高，所以长期只有三家公司掌握着：谷歌、IBM 和亚马逊。其中，亚马逊被称为云计算的先行者。

2006 年，亚马逊推出了看来比较简单的云计算服务，它推出的目的只是为了让公司闲置的 IT 设备和运算能力变现。云计算一经推出，给亚马逊带来了极大的利润，它帮助亚马逊成为世界上首屈一指的云服务提供商，也让公司的服务更加完善。亚马逊凭借这种优势，扮演起了行业领头羊的角色。

从 2006 年开始，亚马逊的云计算一直保持着高速发展的节奏，它的按虚拟机付费的弹性计算云已经成为云计算服务中的明星品牌。2011 年，亚马逊云服务的 S3 对象量增长了 3 倍，每个季度增加 1250 亿个对象，占据了美国 59% 的基础设施和服务市场份额，优势非常明显。

眼看着亚马逊冲在前列，谷歌也不甘落后，2006 年开始建立了整套的云计算技术架构，特别是在硬件网络方面应用了谷歌自己开发的机架架构、数据中心等关键部件。从云计算角度来看，谷歌的全部产品都可以被视作典型的云计算产品，而谷歌则引领着世界上最大的云，在全世界范围内建立了几十个数据中心，服务器的总量超过 100 万台，依靠着如此强大的优势，谷歌接连推出了 SaaS、PaaS、IaaS 以及云客户端等四个具有竞争力的服务产品。

如果说亚马逊在试水，那么谷歌就是在咬着牙向前冲，它们的一举一动没有逃过 IBM 的眼睛，IBM 决不能落后于这两家公司，所以它在 2007 年 11 月正式推出了蓝云计算平台。蓝云平台中包含着自动化、自我管理和自我修复的虚拟云计算软件，让来自全球的应用都能够自由访问分布式的大型服务器池，让数据中心在类似于互联网的环境中进行计算。

三家 IT 公司在云计算领域的探索，让库克不由得为苹果捏了一把汗：如果这几个竞争对手继续在云计算领域探索发展的话，他们将挖掘到更多有价值的信息和资源，而原本就慢一步的苹果会和它们的差距越来越大，甚至有可能彻底被这个时代抛弃。库克认定，云服务是未来很火爆的一项网络服务，苹果没理由对这块蛋糕视而不见。

库克经过一段时间的准备的运作之后，终于在 2011 年 6 月对外正式推出了免费的在线存储服务——iCloud。iCloud 的出现，其实是在向亚马逊谷歌等公司发出挑衅，也宣告了苹果正式杀入云计算领域的决心。为此库克说："iCloud 不仅仅是一个产品，而关乎到苹果公司业务'未来十年的战略'。"

库克不遗余力地推出 iCloud，是他意识到了苹果一直存在着文件系统的缺陷，所以 iPad 无论设计得多么优秀出众，也无法取代笔记本电脑。库克认为为苹果打造出一种能将文件系统放置于云端的云计算平台，让设备和云计算本身脱离，构建一整套坚不可摧的生态系统，这样才能提升苹果的竞争力。在这种思想的指导下，库克推出了 iCloud，目的就是想让它成为让移动终端拥有和家庭宽带一样速度的服务。

苹果的 iCloud，是一种基于原来的 MobileMe 功能改写的云端服务功能，它能够帮助用户提供邮件、行程表等各种服务，真正将音乐、系统、文件等常用应用内容完美地契合在一起。有了 iCloud，苹果能够将用户的个人信息存储在苹果的服务器上，凭借无线网络将这些信息发送到用户手中的设备上，比如 iPhone、 iPad 等。用户只要有一个相对应的邮件账号，就能轻而易举地将设备上的信息同步发送在已经登录的账号设备上。

iCloud 拥有非常人性化的服务功能，假设用户在 iPhone 上下载了一款新的应用程序，会马上出现在用户绑定的 iPad 上，而且会自动寻找到一个合适的位置进行存储，不会给用户带来其他的麻烦。当用户从 ibooksotre 上下载了电子书，那么 iCloud 会自动将它推送到用户的其他设备上，用户只要想加亮某段文字或者添加划线，iCloud 就能自动帮助用户的 iPhone 和 iPodtouch 同步更新。此外，iCloud 还能每天通过无线网对用户的各个设备的重要信息进行备份，防止信息丢失。

在 iCloud 中，有一个名为 documents in the cloud 的功能很不错，它能够帮助用户在不同的设备上进行相同的文本编辑操作，假设在 iPhone 上建立一个文档，它就会马上同步到云端，相关联的其他设备也会同步之前建好的这个文档。这项服务不仅能在 iOS 系统中使用，在其他苹果的设备上也能操作。iCloud 还有一个功能很实用——photostream，意为照片流服务。这个服务的作用是将 iPhone 拍摄的照片推送到服务器上，然后服务器会将这些数据发送到用户之前登陆过的每一个苹果的设备上，或者是装有 Mac OS X、Windows 系统的计算机上。

库克如此卖力地推动苹果朝着云服务领域计算，是因为他觉得苹果和谷歌、亚马逊相比，具有着三大优势：iCloud 是从购买、云存储到流媒体播放的一站式服务，免费收费和未来的收费计划比较合理；苹果和四家唱片公司签署了合作协议，增强了云服务的竞争优势。

2012 年 3 月，库克在一次互联网会议上表示，iCloud 服务的注册用户突破了 1 亿大关。库克说："iCloud 是苹果未来十年战略的一部分。在 10 年至 12 年以前，乔布斯公布的战略是将 Mac 或 PC 定位为人们生活的核心。这一战略是将 Mac 或 PC 作为存储库。iCloud 不是一款生命周期只有'1 年或 2 年'的产品，而是公司未来 10 年战略的一部分。"

库克对云服务的理解是，如今以 PC 为核心的 iTunes 使用模式已经严重落后了，未来的发展方向便是云存储，iCloud 存在的重要作用就是要和亚马逊、谷歌等强大的竞争对手相抗衡。

从中国挖金矿

苹果的产品竞争力太强，强到只将营销重点放在欧美国家就足够牵扯精力，所以对亚洲市场一直缺乏足够的重视。而中国对苹果而言，更是一个完全被漠视的市场。乔布斯时代的苹果，从来就没有看好过中国。但是在库克看来，中国市场绝对不能丢掉，反而是未来要大力拓展的一块新市场。

2002 年，苹果推出了 iPod 之后，风靡全球，借着这股销售的浪潮，苹果马上推出了 iPod 的同类产品系列，结果一样走俏，深受消费者欢迎。不过对距离遥远的中国来说，这款产品还是一个神秘的东西。显然，当时乔布斯对中国市场没有任何关注，也没有想过要将这里当成未来开发的重点。两年之后，业内有人指出，中国有很多消费者对电子产品十分喜欢并具备了购买力，只是在市场上缺乏让他们动心的产品。

这则报告发出之后引起了库克的注意，他开始认真分析研究中国市场，最终发现进军中国市场是一个绝好的机会，如果错失将会失去抢占一席之地的良机。根据相关研究发现，中国的电动剃须刀每年的销售额在 3 亿美元左右，平均售价也达到了 250—500 美元，既然剃须刀这样的男性专用品都有如此傲人的销量，那么不受性别限制的 iPod 同样有更大的发展空间。

乔布斯之所以没有将进军中国写进苹果的战略计划，可能是他认为中国的消费平均收入较低，但他忽略了另一个问题：中国的消费者对电子产品的购买欲望要远远超过美国人。而且，中国的经济实力正在飞速提升，民众的消费水平和消费观念也发生着变化，这都构成了苹果进入中国市场的客观有利条件，放弃中国市场是不明智的。一些业内人士也认为，中国的消费者喜欢将自己携带的电子产品当成社会地位的象征，所以更换手机的速度是平均 6－12 个月，假设苹果的 iPod 大量进入中国市场，将会成为最受欢迎的电子产品之一。

为此，库克找到乔布斯进行了一次长谈。库克告诉乔布斯，苹果应当改变对中国市场和中国消费者的偏见，要重视起来。乔布斯听了库克的分析后，觉得他说的有道理，于是就马上展开了进军行动。库克随即联系上了中国的第二大 PC 制造商——方正集团。经过几次协商之后，苹果和方正签署了意向合作协议，协议中明确规定每一台 PC 都必须要装载苹果的 iTunes 音乐软件。至此，库克终于为苹果寻找到了一条打通中国市场的途径。

库克的做法十分聪明，他让 iTunes 音乐管理集成解决方案软件和 iTunes 音乐网站相结合，让苹果在销售一部 iPod 之后，还能获得更多的来自音乐下载的收费。事实证明，库克瞄准中国作为新的市场是正确的，根据 2004 年苹果第一季度财报显示，苹果销售的 iPod 从上年同期的 73.3 万台增长到了将近 450 万台，而

iTunes 音乐商店、iPod 配件和服务给苹果带来了 1.77 亿美元的营业额，业绩惊人。

正因为 iPod 进入中国市场，给了索尼以极大的压力，在此之前它是中国数码音乐消费市场的明星，苹果的横刀夺爱让它感受到了压力。索尼不想失去在音乐消费市场长达 25 年的头把交椅，可是面对苹果它又拿不出更好的办法与之对抗。苹果只用了一年的时间就从索尼手中抢走了霸主地位，它在亚洲市场的影响力与日俱增。

库克对中国市场的情况分析得十分透彻，他坚信只要十年的时间，中国就会成长为全世界最大的消费类电子产品市场，苹果必须加紧在这里的扩张速度和力度，否则良机尽失，给苹果带来的损失是难以估量的。如果让索尼一家独大，那么用户会在最短的时间内对索尼确立品牌忠诚度，帮助索尼建立起较高的知名度，那么苹果就没有市场可以尽情瓜分了。

2004 年 7 月，库克安排苹果中国区的高管频繁地召开各种会议，商讨在中国区的商业战略问题。7 月底，苹果在北京召开了 iPod mini 新品发布会。这次会议规模空前巨大，标志着苹果在中国市场展开新战略。库克的目标十分明确，他要抓住这个有利的机会和新加坡、韩国等企业抢占中国市场。

新加坡的创新科技公司，是苹果中国市场的竞争对手之一，其生产的 MP3 销量很不错，他们的高管曾经表示："创新在中国的硬盘播放器市场即将启动。从前中国 MP3 市场不是很成熟，而今年，已经开始呈爆炸式增长，是启动的好时机了。"可见，创新科技也意识到了中国消费者正在成长，其潜藏的市场消化能力在逐步加强。创新科技像苹果一样，将目标客户锁定在了中高端市场上。这样一来，他们的主打产品将和苹果的 iPod 发生重叠，竞争的激烈程度进一步加剧。

面对创新科技的步步紧逼，库克也采取了相应的措施，他认为想要在中国扩大 iPod 的影响力和销售额，只有找到合适的代理商才行。为此，库克开始积极寻找符合他要求的中国代理商。2003 年，苹果终止了和佳杰科技公司的代理合作，转而找到了天雄伟业签署了合同，库克这么做的目的是想让中国的消费者都有了解 iPod 的机会并转化为忠诚的粉丝。天雄伟业和佳杰科技相比，传播优势更加明显，尽管他们在电子分销领域的表现差强人意，但他们拥有数量众多的直销店，对推广 iPod 能起到至关重要的作用。

不过，事情的发展并没有在库克的预料之中，在跟天雄伟业合作了一段时间之后，他发现对方的销售业绩并不太好，于是库克马上调整了策略，在 2003 年 8 月又和北纬机电签署了代理合作协议。北纬机电是联想产品的分销商之一，经验丰富，渠道宽广，难怪库克会看中他们。

在更换了合作伙伴之后，iPod 的销量一路飙升，呈现出了几何式的疯狂增长。因为北纬机电在全国各大城市都有终端销售店铺，所以推广速度极快，在 2004 年，iPod mini 的月分销量增幅达到了 300%。

2004 年年底，库克又将天雄伟业和北纬机电更换成了另外两家公司——北京翰林汇信息技术有限公司和朝华科技，他们都是负责 IBM 产品的代销商。库克觉得这两家公司都有和 IBM 打交道的经验，跟自己对接起来更容易。此外，库克也加大了 iPod 在中国市场的广告投放力度，让 iPod 频繁在镁光灯下曝光，让更多的中国消费者渐渐熟知了这个品牌。在他精心打造的宣传体系下，iPod 越来越走红，其粉丝群体日益壮大，成为了中国电子消费市场上的新宠。

iPod 不仅给苹果带来了巨额的销售利润，也让库克前瞻性的战略眼光得到了验证，苹果上下对库克的能力认同度越来越高。不过库克没有就此满足，他还要继续拓展中国市场，他认为中国市场潜力无限，单靠 iPod 一款产品远远不够，要将苹果的整条产品线都搬过来，力争成为市场的主角。

从 2008 年开始，库克就打算让 iPhone 进入中国市场，他所欠缺的只是一个机会，现在这个机会终于到来了。很快，库克开始和中国移动进行谈判，双方坐在谈判桌上以后，展开了唇枪舌剑，由于库克想和中国移动共同瓜分 iPhone 数据服务收费的 20% 到 30%，这让中国移动感到很不爽，最终拒绝了和苹果的合作。

然而库克没有放弃，他又找到了中国联通进行了接触，由于对方和中国移动相比没有那么强势，双方在 2009 年 8 月 28 日联合宣布：iPhone 手机将在 2009 年第四季度进入中国市场，预计推出的版本为 iPhone 3G 和 iPhone 3GS 两款。

2009 年 9 月 28 日，中国联通宣布从 10 月 1 日开始在联通网上营业厅预约销售 iPhone 手机，用户可以单独购买裸机或者合约机，手机分为 16GB 和 32GB 两个版本。2009 年 10 月 14 日，中国联通正式发售 iPhone，同时还公布了 iPhone 裸机价格的方案。

很多人将苹果和联通的合作看成是姗姗来迟的婚姻——早点步入教堂将会给双方带来更大的利益。虽然存在着些许遗憾，但是库克依然满足并坚信两家联手能让苹果的业绩再创新高。库克说："这款苹果公司最具标志意义的产品就是在中国境内制造的，估计已有 200 万台 iPhone 通过黑市流入中国，说明存在巨大的需求空间。这是一个拥有 7 亿移动电话用户的市场，比美国和欧洲的用户加起来还要多。"随后，库克又和中国电信签署了合作协议，和中国三大运营商中的两个结为了盟友。下一步，库克想要在中国建立苹果的专卖店。

2010 年 10 月，苹果在中国的专卖店达到了 4 家，虽然数量不多，但这四个店在一个季度里就为苹果贡献了 38 亿美元的收入，同比增长速度为 6 倍。

在苹果推出的系列产品中，iPad 是一个非常重要的产品，因此库克不遗余力地要将它带入到中国市场为苹果赢得巨额利润。在他精心的安排下，iPad 平板电脑在 2010 年 9 月 17 日正式进入中国市场。在短短的两年中，iPad 就在中国的平板电脑市场中占据了将近 75% 的市场份额。

根据 2012 年第二季度的市场调研显示，中国消费者一共购买了 234 万台平板电脑，同比增长 63%，其中 72.6% 是 iPad，这足以证明苹果的实力惊人。另外，相关数据还显示，在 iPad 荣登平板之王榜首的同时，其他品牌的平板电脑的市场份额连 10% 都没有超过。比如第二名的联想平板电脑，在中国市场的份额只有 8.38%，和 iPad 相比少了一大截，同时三星的平板电脑还不到联想的一半，只占据了 3.59%。

自从 iPad 发布以来，其市场份额一直在中国市场处于领先地位，到 2012 年 2 月，iPad 在中国的平板电脑市场份额高达 98.89%，其他的品牌只能占据 1.11% 的比例。这种悬殊的对比情况，是库克乐于看到的，他用实际的战例证明了 iPad 在平板电脑领域的强势，也证明他的战略眼光和营销手段是正确的。

征战中国市场

2012 年新款的 iPad 在进入中国市场之后，对库克而言也是前所未有的挑战。由于在 iPhone 4S 发售的时候曾经出现了抢购混乱的场面，所以库克要求苹果直销店在公开发售之前进行网上预订服务，然后在约定好的时间内将 iPad 送货上门，避免发生事故。2012 年 11 月，苹果又发售了 iPad 系列中的另一款产品——iPad mini。

iPad mini 是以中国市场作为销售目标的，不过它的营销策略却让人很无语。库克居然将 iPad mini 定位为儿童玩具，结果遭到了很多人的反对，他们觉得这么一个价格不菲的东西谁会买来给孩子玩？然而库克就是坚定了这个想法，他说这正是自己长年累月对中国市场研究之后形成的营销战略计划。

库克曾经让他的团队做过一项有关消费者对产品购买意向的调查，结果显示美国 80% 的消费者都不会购买 iPad mini，而是倾向购买下一代的 iPhone 产品——iPhone 5。反观中国，随着教育硬件设备的进步和发展，广大中小学对科技设备的要求与日俱增，不少电子终端制造厂商都将目光锁定在了教育市场。因此库克才决定将 iPad mini 当做儿童玩具对外出售。

在 2012 年第二季度，iPad 在中国平板电脑的市场占有率已经达到了 72.6%，而其中没有哪一款机型是针对中国儿童开发的，所以库克对 iPad mini 抱有很大期望。

没有库克就没有 iPad 的成功，这种看法虽然有些绝对，但也的确反映了事实。库克以他的战略眼光牵引着苹果这辆巨大的战车杀向了中国市场，让无数竞争对手为之折腰。尽管 iPad mini 作为儿童玩具的产品定位并不明显，但依然是一款热销的机型，它凭借着小巧的机身赢得了不少经常外出的消费者的需求。

iPod、iPhone、iPad 等产品被中国市场热捧，Mac 电脑也是备受欢迎，只是在苹果当时的亚太战略的影响下，具体的营销战术不够细化，让 Mac 的后续营销势头逐渐弱化。在 2012 年第二季度财报显示中，亚太地区的 Mac 电脑的总销售量是 59.3 万台，同比下滑了 4%。库克对这个结果很不满意，他也意识到苹果对亚太地区消费群体的重视程度还是不够，否则不会出现这么明显的业绩滑坡，如果不采取措施弥补，苹果在个人电脑领域将失去用户的追随。库克说："我们的 iPhone 和 iPad 在中国卖得非常好，希望 Mac 在中国也能有很好的表现。"

为了提高 Mac 电脑在中国市场的销量，库克马上做出了战略调整，对发售到中国的 Mac 电脑改进了系统同时推出一批配置全新的笔记本产品线，比如 Macbook air、Macbook pro 等，另外在硬件方面也做了提升，将显示屏提升为新一代的视网膜屏。当然，这些新的 Mac 电脑也会进入欧美日本等其他市场。不过，这些改进中最尊重中国用户的就是 Mountain Lion 系统，这个系统中增加了一些面向中国用户的新功能。

由于调整了战略战术，Mac 电脑的销量开始猛增，越来越多的用户将它当成是高大上电子产品的代名词，培养出了一批又一批的忠诚用户。虽然中国市场为苹果提供了 20% 的利润营收，然而库克并不满足，他认为中国市场还有潜力可挖，苹果必须要深耕潜在用户，他认为苹果的胆子应该更大一些，步子要再放开一些，因为他们现在只触及到了中国市场的表层而已。

2012 年 6 月，美国的旧金山召开了苹果全球开发者大会，会上苹果推出了支持中文操作的 iOS 6 系统，在会上苹果重点强调的就是中国市场的开发计划，库克也表示要想真正、彻底征服中国用户，苹果必须将营销利刃深深刺入市场的内核，一探究竟之下才能发掘更多的真金。由此，库克提出了一个本土化策略。

所谓的本土化策略，就是以苹果的 iOS 操作系统为切入点，植入具有中国文化符号的元素，比如内置新浪微博、Siri 支持中文、将百度加入搜索引擎并提供土豆和优酷等视频网站等。通过这种资源整合，可以极大地提升用户的体验感，加深他们和 iPhone 的操作互动性。特别是 Siri 中文语音输入功能，对中国消费者来说非常实用。在开发者大会上，苹果现场演示了这项功能：当使用者用中文问"附近有没有咖啡店"时，Siri 立即搜索出附近 14 家咖啡店同时还加入了对咖啡店的评价。据说，Siri 连接上了中国国内的 LBS 数据库，拥有着海量的信息，能够给用户极大的查询便利。

这种细化操作系统的营销策略，正是库克一直琢磨的打动中国消费者的心理攻势，也是苹果从细微入手向中国市场进军的序曲。在这种战略思维的引导下，库克不断要求设计团队关注中国用户，随时随地设计、更新一些应用软件，以强大的产品内核，彻底将用户和苹果融为一体。

在推出了针对化的产品策略之后，苹果的营销战绩再度走高。2012 财年第二季度财报显示，苹果在大中华区的营收同比增长三倍，突破以往记录达到了 79 亿美元，折合人民币 498 亿元。中国毫无疑问地成为了苹果的第二大市场，仅次于本土。换个角度看，苹果在第二季度的每一天都能从中国市场吸金 5.5 亿元。苹果财报显示，中国消费者对 iPhone 4S 和 iPad 2 的需求度持续上升。

　　库克将中国当做苹果的重点开发市场，不仅为公司创造了利润可观的营销业绩，也在一个拥有十几亿人口的土地上推广了苹果的品牌。假设库克没有对中国市场的重视，这一系列成就将很难实现，更糟糕的是苹果将丢掉这块流淌着黄金的海外市场，给其他竞争对手乘势做大的机会。苹果既然有称霸世界的野心，就绝不能丢掉中国。

　　在乔布斯临死前曾经说，如果他生在中国可能连一个国企的科长都当不好，这或许是对中国的一种讽刺，也体现出乔帮主对中国的不重视。不过库克不是这样，他和艺术家气质的乔布斯相比，更像是一位精明能干的商人，他不会做出武断的结论，也不会带有任何偏执的个性，所以在库克成为 CEO 之后，苹果看起来在审美方面没什么进步，但市场竞争力却是越来越强，或者准确地讲，苹果精神犹在。其中最突出的一个变化，就是库克频繁访华，不过这并不意味着库克背叛了乔布斯，而是更好地帮助苹果组织了一场大型的公关活动并部署如何渗透进中国的商业策略。

　　在库克的中国行程中，最引人注目的当属 2014 年他去郑州的富士康考察了。要知道，在这里承担着 50% 的 iPhone 6 和 100% 的 iPhone 6 Plus 生产。由于苹果对新产品数量的需求强劲，所以富士康难免会承受着史无前例的生产压力。当时，富士康正处于人力招募和 UPH 提升的重要时刻，所以库克的到来既是为了鼓舞这个合作伙伴的士气，也是希望能看到中国劳动者工作环境的改善。

　　在库克驱车赶往富士康工厂的路上，周围没有鸣放礼炮，也没有人献上鲜花，连道路都没怎么清扫，因为富士康人更需要时间去赶工，唯一的迎宾队伍是由普通的富士康女工组成，她们穿着丝袜短裙和统一的富士康马甲工衣，有的人甚至在等待的过程中玩起了手机，当然使用的多是小米、华为等国产机。

在库克参观工厂期间，有一张他和女工亲切交谈的合影，虽然体现出了库克的亲民本色，却是人类历史上薪酬差距最大的一次对话：库克 2011 年收入为 3.71 亿美元，而富士康的普通女工底薪为 1950 元，算上每月加班 80 小时，综合收入不过 3000 元人民币，她们差不多要消耗 6 万年的时间才能赚到库克一年的收入，于是有人感叹：同样身为电子产业从业者，差距实在太大。

从库克如此亲民的态度来看，他很可能在酝酿着提高富士康报酬的计划，毕竟身为男人他只是搬了一个箱子，而富士康的女工每天要搬 1000 个箱子。当然，苹果在改善代工厂劳工环境方面看成业界良心，他们每年都委托 SER 和 FLA 等第三方机构进行年度稽核，并试图从产品的外壳材料中去掉一些有毒物质，也取消了组装过程中用正庚烷擦拭机台的流程，这些都是对富士康的工人健康负责的表现。另外，iPhone 6 订单给富士康带来的也不只是疲惫和压力，更造就了一批产业链上的富豪，他们因为被纳入到苹果的生态体系中而发了一笔财，所以库克的亲民是一个希望提高合作双方契合度的信号。

相比于库克和富士康女工的对话，和马云之间的交谈要显得更加和谐。当时，库克和马云在一个星期内见了两次面，交谈得十分融洽，很像是英雄和英雄之间的惺惺相惜，而且因为马云曾经当过英语老师，让他们之间的交流不需要借助第三方，也就变得更加私密和流畅。库克和马云的交流，无疑对消费者工作和生活的方式改变有着重要的意义。根据坊间传闻，Apple pay 和支付宝合作的事情似乎变得更加真实起来。

在库克时代，智能手机的硬件基本陷入了停滞期，而推出 iPhone 6 这样一款大屏幕手机也算是苹果最后的绝招了。所以库克必须推行新的产品竞争策略：软件＋服务的部署，而 Apple pay 就是整个新战略中最重要的组成部分。早在 Apple pay 发布之前，库克就找到了耐克、星巴克等大牌的零售商表示了合作意愿，让 Apple pay 在美国市场迅速生根发芽。不过在中国市场却显得比较特殊，因为政府并不希望将金融体系交给外国人，所以库克最理想的方案是和国内的同行进行合作，一起赚钱，而马云恰恰是最佳人选。

自从阿里巴巴上市之后，马云顿时名扬天下，成为各大媒体关注的焦点，库克正是看中了马云的支付宝日渐火爆才三番两次地拜访他，因为 Apple pay 和支付宝一样具备了相同的商业逻辑，而且支付宝的国内用户量大概在 3 亿左右，如果能够成功移植到苹果的移动支付系统上，将进一步提高国内消费者的支付效率——用户很可能不需要反复输入几遍难以记住的密码。而且，支付宝还能借助苹果走向国际化市场，成为其国际占率中重要的合作伙伴，无论是对苹果还是对阿里巴巴，都是极为有利的合作模式。

将营销重点放在中国，这是库克时代的苹果最为显著的竞争策略调整，中国对苹果而言，是一个充满着无数潜在商机的金矿入口，更是一个培植"果粉"的肥沃土壤，库克慧眼独具地踏上了一条开辟新市场的拓荒之旅。

挥师亚太地区

企业的成长可以分为横向成长和纵向成长。所谓横向成长，是产品的多元化发展，即推出种类繁多的产品，产业线拉长，进军的市场领域不断扩大从而提高业绩。所谓纵向成长，就是专注于某个领域，在这个领域中推出层次越来越高的产品。选择什么样的成长方式，和企业自身的类别、领导者的战略布局以及市场环境有着密切的联系。

纵观苹果的发展史，可以看出它集合了横向成长和纵向成长两个方面，它在 IT 领域推出了 iPhone。iPad 等技术含量越来越高的产品，又在软件和电视机领域有所涉足。另外，苹果锁定的市场目标绝不仅是欧洲和美洲，而是整个世界。在库克出任 CEO 之后，他最为看重的是亚洲市场，而亚洲市场的重中之重就是中国。

2011 年，库克来到中国和土豪级运营商中国移动初步接触，揭开了苹果和移动合作的新序幕。在此之前，苹果合作的对象是中国联通。经过一段时间的观察，库克发现单单和中国联通合作限制了苹果手机的推广，流失了一部分潜在用户，所以要采取和欧美市场的同样战略——寻找更多的合作伙伴。

库克的这个战略转变是正确的，中国移动在当时有 6 亿用户，数量极为庞大，对苹果存在很强的吸引力，迫使它改变了原有的单一合作路线。与此同时，苹果也加强了与中国电信的合作进程。外界对库克的这次中国之行进行了解读：大举进军中国市场的前奏。

库克有一万个理由要重视中国，因为美国的手机用户只有 3 亿 300 万人，而中国的手机用户规模超过了 9 亿，但从智能手机的普及率来看，当时中国只有 35%，而北美地区则达到了 49%，这意味着潜在市场相当广阔。苹果每提高一个百分点，为自己带来的收入都是巨大的，因为中国的用户基数无人能及。

　　早在和中国联通牵手之后，苹果在中国市场的占有率就达到了9%，这个数字并不能让库克感到满意，因为这只是一个"起步价"。在2011年前后，中国市场占有率最高的是三星和诺基亚，他们在拼力争夺头把交椅的位置。不过从扩张速度来看，苹果后劲十足，发展空间也未可估量，其竞争优势明显，特别是在推出分期付款这种购买模式之后，囊中羞涩的"果粉"们纷纷更换手机，这个诱惑力是难以抵挡的。

　　2011年，正是传统的功能机和新兴的智能机交叠存在的时代，年轻人都梦寐以求拥有一部苹果手机，而年纪大的一些人还在使用诺基亚这样的手机。让苹果感到欣慰的是，三星在中国市场的占有率正在逐步下降。三星的衰落伴随着苹果的崛起，在苹果2011财年第三季度的报表显示，苹果的扩张速度是惊人的。如在大中华区（亚太地区），苹果的销售额同比增长幅度为247%，而欧洲、日韩等远东地区的增长率分别是71%和66%，北美地区仅仅是63%——这和中国相比简直不值一提。

　　库克认为中国是苹果最重要的市场，他说："中国在4-6月全公司的销售额里占到了38亿美元，2011财年光是在中国就已经挣了88亿美元了。"要知道，2011财年，苹果在4-6月的总销售额是285亿美元，而中国就占据了其中的13.3%，可谓举足轻重。

　　三星对苹果的亚洲扩张运动感到恐慌，本来曾经不可一世的诺基亚正在衰亡，可没想到苹果的杀入让这场争夺头把交椅的智能机之战变得更加复杂。和实力稍逊一筹的HTC相比，苹果显然更具有杀伤力，它迅速地培植了一大批死忠粉，所以三星不得不将苹果当成头号对手，它不会放弃中国市场，只有和苹果一拼高下才有生存的希望。

苹果的介入让中国的智能机市场发生了变化，从群雄混战渐渐演绎为两大高手的巅峰对决。由于中国是全世界范围内，智能手机市场相对更成熟的国家，所以其他地区对苹果来说算不上真正意义上的战场，只有在中国站稳了脚跟，才有斩获奇功的可能。

和苹果相比，三星在旗舰机和低端机领域都有涉猎，价格也从七八千到七八百不等，这就具备了价格优势，用户的选择范围也更大。苹果走的都是高端路线，价格偏高，机型较少。为了弥补自身的缺陷，库克也不遗余力地和三星打起了价格战。

当时三星电子手机部门的负责人说："为了强化我们在智能手机市场的占有率，我们打算在新兴市场推出 200 美元以下的普及型智能手机。通过这样的战略，我们一定能够超过苹果成为全球智能手机的领军人物。目前为止三星电子在智能手机市场还只是 fast follower，但不久的将来我们一定会成为 fast mover 的。"

竞争对手调整了市场策略，库克当然也要出招应对，很快，苹果推出了低配版本的 iPhone 4。库克在 2011 年说："iPhone 不应该是只为富人设计的手机，应该让大家都买得起。"

2011 年 6 月，苹果大量订购了一批中低价位的智能手机配件，做好了降低生产成本推进低价策略的准备。库克表示，他们正在进军比较流行"先付款制"的中国市场。

尽管低配的苹果手机价格仍然不菲，但和三星的一些旗舰机相比，已经不是那么"高高在上"了，而且苹果的品牌溢价正在被中国的用户所接收，很多人愿意节衣缩食或者分期付款购买一部苹果手机。库克很清楚，一旦形成了品牌使用黏性，苹果的市场深耕能力也会被抬高。

库克的咄咄逼近，让三星根本无路可退，本来在智能机领域三星的势头并不猛烈，现在苹果不断调整策略适应中国市场，三星只有正面迎击而难以回避。从 2008 年互联网寒冬开始，三星遭受了金融危机的打击，在发达国家和地区的市场占有率逐年下滑，如果现在丢掉了中国市场，对它而言将是致命性的挫伤。在产品设计上三星难以和苹果匹敌，那只有通过价格大战来缩短双方的差距了。

苹果与韩国的渊源

虽然苹果和三星在亚洲市场上成了一对避不开的宿敌，但库克却和韩国有着非同一般的渊源。通常韩国的政府部门和企业去造访苹果的时候，库克总会亲自接待，不会将这个任务交给别人。

2003 年是苹果的转型年，乔布斯通过 iPod 告诉人们苹果不会只做电脑产品，会向更广阔的市场进军。很快，韩国情报通信部的部长来到美国展开了为期 5 天的访谈，目的是想和美国的 IT 企业高层取得联系。选定的目标不仅包括苹果，还有微软、惠普等知名企业。情报通信部部长陈大济受到了库克的接待。

库克对韩国 IT 行业的评价一直很高，他认为韩国人有着很强的创新能力。2011 年 3 月，库克接待韩国国会议员时，对方特地向他讨教了一个问题——怎么样才能制造出 iPhone 一样的革命性智能手机？库克想了想回答说："韩国人想出了很多好点子与好技术，虽然最终渐渐消失或者没有普及，但假如把这些点子与好技术整合一下，其实就是智能手机了。"

有意思的是，库克在肯定了韩国的技术能力之后，从此去韩国的次数似乎变多了。当时，他去韩国的主要目的是监督液晶屏的生产，由于 iPhone 的液晶屏供应商是 LG 显示器公司，所以库克每年差不多要来两三次，每次到来必定会好好参观一下 LG 显示器公司的工厂。

如果将 iPhone 拆解，会发现里面有很多韩国出产的配件，比如处理器是三星生产的，液晶屏是 LG 显示器公司生产的，之所以不远万里从东亚国家拿货，是因为韩国的生产技术得到了苹果的认可，就连挑剔的乔布斯对 LG 的液晶屏评价是："拥有着其他公司无法比拟的性能。"2010 年，苹果和 LG 显示器签订了五年的供货合同，同时支付了 5 亿美元的预付款。

苹果看中 LG，而 LG 也重视苹果这个大客户。对于液晶屏生产厂商而言，常规的供应对象是电视机，不过在金融危机的影响下，欧美电视机厂商的订单纷纷取消，2011 年最稳定的就是苹果了。在 2011 年第二季度，中国台湾的液晶屏厂商面临亏损，只有 LG 显示器公司继续盈利，这跟苹果的订单有着密切的联系。

尽管苹果曾近因为专利纠纷和三星打了官司，但它们之间并非是你死我活的关系，相反是共生共存的。在液晶屏等配件领域，苹果是三星的大客户，当然也是三星的头号竞争对手。此外，三星旗下的其他企业也有不少是苹果的供应商。

2010 年，三星卖给了苹果价值 50 亿美元的 IT 配件，占到了三星电子总销售额的 3.6%，2011 年，销售额达到了 75 亿美元，苹果为三星提供了丰厚的资金。当然，三星提供给苹果的也是质量可靠的产品，比如 iPhone 4 的 A4 处理器属于 45 纳米 1GHz 的尖端技术，比之前的 65 纳米缩小了 27% 左右，达到了世界先进水平。

通常，IT 企业对普及化的产品会使用一些廉价的产品，只有小规模生产的特定机器才使用昂贵的尖端配件。不过三星却知道苹果舍得在成本投入上花钱。库克也经常和韩国的一些主流 IT 人士接触，这里不仅有合作伙伴 LG，也有亦敌亦友的三星。2009年2月，三星电子的社长去美国拜访苹果，库克接待了他。由于库克对韩国怀有特殊的感情，在苹果和三星就专利问题打官司时，库克看在韩国企业和三星电子的面子上，采取了比较柔和的态度，换做是乔布斯的话恐怕难以收拾了。

　　三星和苹果虽然在手机成品上产生了矛盾，但是他们也是互利互惠的关系，一旦彻底翻脸，三星将失去苹果这个大客户，苹果也会丢掉技术最过硬的供应商。因此从大局出发，三星和苹果暂时还不会兵戈相见。可是事情的发展并未如大家想象的那样，苹果和三星之间的矛盾越来越严重，问题不单纯聚焦在手机上，而是将战火烧到了平板电脑领域。很快，有消息称库克对配件厂商进行了 39 亿美元的投资——难道苹果在培养新的供应商？

　　库克虽然做事温和，但在原则问题上和乔布斯是一样强悍的，他十分讨厌抄袭这种行为，所以说过"如果有人要盗用我们的专利，无论是谁，我们都将对其赶尽杀绝"这样的话。2011年，有人问库克，苹果的长期计划制定到了何种程度和范围，库克说这是苹果展现给大家的魔法，暂时还不能让别人了解细节，因为苹果不想被偷学到技艺。

　　库克出任 CEO 之后，苹果和三星之间的专利大战继续进行。库克说："虽然苹果一直期待与三星保持亲密的合作关系，然而三星的手机部门却做得过了界。很久以来一直想要解决这个问题，最终我们把问题交给了法院来处理。"面对库克的强硬态度，三星也作出了回应："这就是一个很简单的道理，钉子冒出头了，有人就想把它打下去。"言外之意是，三星的仇家太多，他们都趁着这个机会和苹果一起共同打击三星。

2011年4月19日，苹果和三星的专利诉讼大战揭开了序幕。首先，苹果对外宣称："三星电子的智能手机与平板电脑在技术、设计、操作系统乃至包装方面都抄袭了我们。"随后，苹果将这些罪状通过加利福尼亚北部地方法院提起了诉讼。不久，三星立即作出了回应："苹果所谓的'剽窃'与事实不符，相反，是苹果抄袭三星的地方更多。"由于三星拒不承认，双方只好通过诉讼的方式对攻。在这个过程中，苹果更加积极主动，也表现得异常愤怒。苹果的这种进攻态势，让三星只有招架之功没有还手之力。

两大手机制造商之间的对抗，杀得是天昏地暗，无论哪一方都不希望出现任何差池，否则会带来名誉上和经济上的巨大损失。到了2011年9月，苹果和三星在全世界九个国家的十二个法院进行了20多起诉讼官司，特别是在库克出任CEO之后，他对三星的进攻变得更加猛烈，人们这才明白库克和乔布斯在对待专利的问题上都是寸步不让的。

或许，正因为库克对韩国IT企业有着比较深入的了解，所以他比任何人更有信心去赢得诉讼案的胜利。库克熟知韩国企业的运作方式和他们的思维模式，也就有了对付他们的办法。这正应了那句话：最了解你的人，才是最危险的人。

双方除了打诉讼战之外，库克对韩国配件商的要求也变得更加苛刻和严厉了，只要发现产品不如以前的质量好他就会责令对方返工重做，以"甲方"的高姿态来压制供应商。这样一来，韩国的供应商们感觉到了压力，一旦苹果和三星交恶，很可能会影响到苹果和韩国其他配件商的合作意向。与此同时，中国台湾和日本等同行们却看到了商机，他们忙不迭地向苹果表示了合作的愿望，这其中有日本的夏普——日本国内液晶屏排名第一的龙头企业。

夏普其实早就盯住了苹果这个土豪，从 2011 年下半年开始，夏普对自身进行了调整，展现出了和三星一争高下的势头，此举也赢得了苹果的重视。夏普在短时期内不愁没有订单，但它更希望三星能够彻底和苹果闹掰，这才是长久之计。

库克通过寻找其他供应商的办法，迫使供应商之间打起了价格战，这一招十分高明，也给了长年合作的 LG 显示器公司以严重的威胁。不过，库克并非是临时变脸，在他刚出任 CEO 的时候，就开始有意地疏远三星了。

2011 年第一季度，三星电子的 Nand-flash 内存市场占有率达到了 35.9% 位居第一，但是成长速度却比排名第二的东芝要慢一些。三星和东芝之间的差异，正是受到了诉讼案的影响，库克将本来应该交给三星的订单转手给了东芝，此外库克还积极地和中国台湾的企业接触，因此媒体分析认为，苹果在此时有可能把智能手机和平板电脑上的处理器将交给其他供应商来生产，不再是三星。2011 年 9 月 16 日，这个分析被证明：苹果已经和中国台湾的 TSMC 签署了合作协议，从 2013 年开始 iPhone 和 iPad 的处理器都将交给 TSMC 制造。

俗话说"墙倒众人推"，在三星和苹果关系紧张之后，计算机处理器的龙头英特尔公司也打算凑热闹，虽然它在手机处理器市场上还是个新人，但毕竟有雄厚的资金和技术力量的支持，一旦打败了三星，将会从苹果手中获得不菲的利润。

库克对韩国怀有特殊感情，但感情归感情，事业归事业，在处理公司的核心问题上，库克保持着和乔帮主一致的强硬态度，他不允许任何公司抄袭苹果的设计成就，因为他属于苹果，苹果是他生命的一部分。

三星有两个完全独立的部门，一个是半导体，另一个是智能手机，它们作为优秀代工企业的标志给三星拉来了更多的订单。iPhone 的巨额销量，让三星意识到给 A9 处理器代工是非常赚钱的。然而在最近几年，市场形势的变化对三星越来越不利，最致命的打击就是苹果的"去三星化"政策。

库克倡导的"去三星化"，就是将苹果的供应链向中国台湾和大陆转移，由此引发了影响深远的蝴蝶效应，让中国台湾和大陆的智能手机产业链越来越完善，推动了中国智能机的发展，而三星则受到了严重的削弱，原本在显示屏、处理器等方面的优势渐渐消失。库克力主的供应商多元化战略，让他们在供应链范畴内赢得了更多的机会，从而摆脱过去对三星的依赖，寻求更大程度上的独立和自主。

11 鏖战红海市场

和谷歌对抗

在激烈的市场竞争中，任何一个参与者都要面对来自用户的苛求和对手的步步紧逼，即便是实力雄厚的苹果也一样承受着这种压力。要想让苹果继续保持竞争优势，库克不仅要部署产品发展计划，更要制定反击策略，这样才能确保苹果的王者地位不失。幸好库克和乔布斯一样都是不服输的人，所以只要预见到市场有变，他就会马上采取相应的策略，为苹果赢得市场空间。

库克笃信丛林法则，也坚信"莫斯科不相信眼泪"，他明白苹果要想时刻保持着领先地位，只有将竞争对手一一击垮才行。库克经常会提醒大家不要失去斗志，时刻保持着竞争力，凸显苹果的品牌优势和整个团队的创新能力。库克是一个理性冷静的人，他从不会因为苹果这几年的高速发展而志得意满，因为他看到竞争对手也在成长和进步，苹果如果固步自封也不会永远强大下去。从当前的市场竞争状况来看，苹果最大的敌人就是谷歌。

谷歌和苹果一样，在成立之后就拥有着傲人的发展速度，也具有着称霸行业的野心，实力上也毫不逊色于苹果，如果不能重视这个对手，苹果很可能会被它反超。谷歌目前在广告领域占据着巨大的市场份额，盈利状况良好，发展势头迅猛，将很多对手甩在身后。

2008 年 3 月，谷歌北美广告销售部副总裁阿姆斯特朗宣布，谷歌在 2008 年到 2009 年的视频广告市场中占据很高的地位，随着时间的推移谷歌还将进入搜索广告和视频广告领域。

谷歌为了将成果扩大，在广告领域继续保持着向上的斗志，不给对手一丝喘息的机会。2008 年，谷歌成功收购了 DoubleClick Inc，标志着它的业务范围扩展到了搜索广告之外，图片广告、横幅广告成为新的盈利点。为了成功实现业务转型，谷歌特别成立了工程和销售团队，他们努力研究怎样从社交网站的广告中收获利润。

在谷歌进击的野心推动下，他们的广告业务变成了可怕的吸金利器。2010 年，谷歌最大的 1000 个广告主在谷歌展示广告网络的投入增幅超过了 75%，到了 2011 年，谷歌广告的年收入达到了 25 亿美元。2012 年，谷歌在显示广告业务上依旧高歌猛进。2012 年谷歌的显示广告收入超过了 Facebook，在美国显示广告市场的份额达到了 15.4%，而 Facebook 和雅虎的市场份额分别为 14.4% 和 9.3%。谷歌的步步紧逼，让排在后面的两大巨头都感受到了窒息般的压力。

虽然广告业务领域并非是苹果的主攻方向，但是这几年它也投入了不少，而谷歌的狂飙式发展也将在日后波及到苹果的自身利益，另外不能忽视的是，库克天生的竞争欲望也促使他要和谷歌奋力一搏。

在 iPod、iPad 以及 iPhone 等产品大卖特卖之际，库克意识到苹果应该在广告领域有更大的动作了。当然，库克不会盲目和谷歌竞争，而是要谨慎构思竞争计划，因为他的每一个决断都和苹果未来的发展命运紧密结合在一起。经过分析和论证，库克使出了第一招——让他的团队设计了一个打破传统广告模式的新工具 IAD。

IAD 是一个专门制作广告的工具，它的作用是能够帮助用户制作广告内容，当用户点击一个广告后，IAD 就能在程序中打开一个 HTML 5 格式的广告，当用户关闭时，又能立即回到程序中，避免像以往那样停留在广告网站中，这又是一个提升用户体验感的实例。

由于充分考虑到了用户的使用体验，IAD 更符合人性化操作的需求，在它被成功设计出来以后，库克马上让苹果旗下的手机广告公司停止了传统手机广告的订单，转而将全部的资源投放到互动式的 IAD 广告，目的就是为了引起消费者的广泛关注。另外，库克对传统的手机广告早已审美疲劳，因为在广告中都是让用户脱离手机应用，通过浏览器来查看外部网络链接，对于手机应用开发商而言这是很糟糕的一种方式，也让用户的体验感下降。最终，这类广告的预期效果远远没有实现。

和传统广告相比，IAD 广告模式是一个完全集成的环境，能够在手机应用内部显示互动式广告，手机用户也能随时回到广告之前的应用界面，丝毫不影响用户的正常使用。

IAD 广告优于传统手机广告的地方是，它能够为用户提供清晰度很高的视频文件和丰富的媒体体验，它能最大限度地增加用户浏览广告、和广告互动的时间，比传统的电视广告更易操作和控制。因此在 IAD 广告发布之后，库克马上关闭了 Quattro 的标准条幅广告。

关于 IAD 的好处，库克这样解释：广告主可以通过访问新站点去了解更多 IAD 的信息，开发人员也能通过相关站点了解 IAD 的收入。库克十分看重这个突破，也希望通过这个平台加深和客户之间的合作。之后的 iPhone 和 iPodtouch 新品发布会，都利用了 IAD 手机广告平台。苹果以全新的广告传媒模式，有力地回击了势头正盛的谷歌。在 2010 年，苹果赢得了将近 50% 的手机广告市场。

2010 年下半年，很多厂商找到苹果洽谈合作事宜，总价值超过了 6000 万美元，其中包括百思买、香奈儿、联合利华、通用等多家著名企业。

其实，当苹果刚开始发布 IAD 时，人们是因习惯而被震惊了——苹果的产品一向都很有个性，这一款应该也不差。有业内分析师甚至预测，IAD 每年的营收将达到了 46.7 亿美元。当然，库克也很看好这项广告业务，他相信 IAD 在当年的美国手机广告中占据 48% 的市场份额。平心而论，这个目标并非不切合实际，因为在 2009 年苹果销售的 iPhone、iPad 和 iPod 总量超过 2 亿台。显然，苹果和其他竞争对手相比更具有控制力和品牌效应。然而这一次库克却算计错了。

当 IAD 进入市场之后，销售业绩一路下滑，它在美国手机显示广告市场的份额，从 2011 年的 7% 下滑到 2010 年的 6.7%，收入仅仅达到了 1.23 亿美元，和同行相比显得有些微不足道了，当时 Google 占据了 17%、Facebook 占据了 21%、Pandora 占据了 12.6%、Twitter 占据了 7.3%。

为何苹果会落后于同行这么多，究其原因，是苹果并没有将广告业务当成它的核心业务，因为 IAD 的定位是帮助 iOS 开发者赚钱而不是帮苹果赚钱，这种定位限制了广告收益。另外，苹果的 IAD 和 Facebook 和 Twitter 相比没有竞争力，因为苹果缺少大规模用户的应用，导致 IAD 成了无人问津的冷产品。而且，IAD 的收费很高，在 2010 年，一个广告主要想在上面投放广告，初始资金是 100 万美元，这让很多广告主无法接受，而那些有实力的广告主对手机广告也保持着怀疑态度。2011 年，苹果将收费门槛降低到 50 万美元，2012 年下调到了 10 万美元，在 2013 年下降到了 50 美元。

手机广告目前并不成熟，是一个需要完善的新型广告模式，只有当广告发布平台和广告主同步成长之后才能发挥它的作用，然而苹果的封闭性特征让这二者难以成长。为了保证广告质量，苹果要求亲自为客户制作广告，而且客户还不能在 IAD 中增加第三方统计系统，同时 IAD 也不能提供广告出现何种应用上的数据。

苹果缺乏热门的 App 所以影响了它的广告收益。未来 Google 移动显示广告的主要增长点将会来自 YouTube 在移动领域的流量变现。不过从手机广告平台来看，iRadio 无法解决现有的问题。不光是 IAD，Google 的手机广告平台 AdMob 也存在经营不善的状况，2012 年的手机广告收入仅为 3.14 亿美元。

手机能够让 IAD 掌握更多的用户数据，变成更精准的广告投放。然而掌握数量众多的用户数据并不意味着一切，因为这个手机广告平台没有解决一个问题：什么样的广告形式才是最适合的？比如现在铺天盖地的搜索广告，已经让用户感到厌倦，只有突破这种单一模式才有提升利润的可能。

Twitter 和 Facebook 做了比 IAD 更大胆的尝试，这两家公司的移动应用里并没有提供类似苹果 IAD 的横幅广告或者图片广告，反而将广告融入信息流，这减少了用户的反感度，也更适合小屏幕手机。尽管这种方式存在争议，然而这种颠覆传统的尝试正是推特和脸书市场份额大增的主要因素。反观苹果，它的主要盈利点来自硬件，因此它对广告业务的投入不足，最终也会在市场上以惨败而结束。

迎击 Gallaxy S3

苹果的竞争优势毋庸置疑，不过要想在行业中始终保持头牌地位，这需要更巧妙的经营和运气，毕竟强悍的竞争对手很多。苹果的产品优势巨大，但并非无懈可击，比如拿 iPhone 来说，从它诞生那一天起就成了同行竞相讨伐的对象，各种同类产品一上架，让苹果的优势显得不那么明显了。

2007 年第一款 iPhone 上市，就遭到了同行的围追堵截，其中实力最强的就是安卓手机。它是由谷歌在 2007 年 11 月 5 日推出的手机，也是现在主流的手机系统之一，它的最大卖点就是其系统的开放性。由于开放，所以安卓允许各种移动终端厂商加入到安卓的联盟中，这种开放让安卓吸引了很多开发者，也在厂商和消费者那里提升了人气。对于消费者来说，最大的受益者就是安卓机上装的各种丰富的软件资源，这种平台优势能够为安卓带来极大的市场竞争力，消费者也能够用比较便宜的价位购买到采用安卓操作系统的手机。

安卓的开放性让厂商推出了很多千奇百怪的产品，在功能上的差异和特色让安卓手机品类大放异彩，也不会影响到数据同步，软件的兼容性也正常。举个例子，假设你从诺基亚塞班风格手机一下子改成了苹果的 iOS，还能将塞班中的出色软件整合在 iPhone 上，这种便捷最容易打动消费者。

除此之外，安卓还给第三方开放式提供了一个自由度极高的使用环境，第三方开发商不需要被任何条框束缚，能够大胆地设计出独具特色的软件应用。这种种优点，都是安卓机深受广大消费者欢迎的关键。苹果和安卓之战，在 2010 年的斗争达到了高潮。

2010 年，中国的安卓手机数量为 882384 部，而 iPhone 的手机数量为 725358 部，在数量上安卓占优，而且其销量的增长速度也十分惊人。2010 年第一季度，iPhone 手机在全球智能手机市场上所占的份额为 15.4%，比 2009 年同期增长 4.9%，而安卓机所占的份额为 9.6%，比 2009 年同期增长 8%。更重要的是，安卓手机凭借数量众多的运营商和设备商的支持，在销售渠道方面发展迅速。

2010 年 6 月，摩托罗拉在中国推出了 3 款采用安卓平台的运营商定制手机，而华为、索爱等厂家也推出了多款安卓手机，比 iPhone 在中国的销售状况要好很多，因为当时苹果仅仅和中国联通存在合作关系。

显然，安卓正以农村包围城市的劲头来围剿苹果，不断挤压和抢占苹果的市场份额，而且安卓操作系统不断更新和完善，丝毫不比 iPhone 技术含量要低。鉴于这种情况，库克也感到了巨大的生存压力，他认为安卓虽然在销量上赢得了成功，但真正给苹果造成压力的是它的操作系统，一旦安卓在应用软件上逼近苹果，将可能成为 iPhone 系列产品的掘墓人。2010 年，联想推出了第一款智能手机手机乐 phone，用户目标直击被 iPhone 吸引的客户群体，联想方面表示要和 iPhone 背水一战。

有人认为联想只是夸夸海口罢了。然而联想乐 phone 的月销量达到了将近 10 万台左右，和 iPhone 的月销量旗鼓相当。库克认为苹果必须有所行动才能遏制对手的反扑，于是在 2010 年 6 月 8 日凌晨 1 点，苹果宣布正式发售 iPhone 4 的 16GB 白色版手机，企图利用这款手机从竞争对手的包抄中突围。没过多久，功能更强大的 iPhone 4S 也进入市场，库克还为它匹配了思路清晰的营销战略，其中最典型的就是饥饿营销。

在 iPhone 4S 还没有在中国正式发售前，苹果早已做好了囤积用户的准备，在 iPhone 4 销售最为火爆的时候突然发布消息，称 iPhone 4S 的各个型号都处于断货状态，无法在线购买，而且连预订服务也没法提供给消费者，就连专卖店也宣布无货。这个招数使出之后，立即吊起了消费者的胃口，让之前不怎么关注苹果的人也引起了兴趣。因为供货紧张，一度降价的 iPhone 4 也出现了价格反弹，库克这一招就是为了用断货来抓住消费者的心，让苹果成为人人都想占有的稀缺之货。结果，iPhone 4 的销量直线上升，屡创新高，让竞争对手无所适从。

库克没有就此满足，他继续发力，通过推出新产品来证明自己的实力。然而在乔布斯逝世之后，苹果的老对手三星开始跃跃欲试，准备挑战 iPhone 的霸主地位。2012 年 5 月，三星在伦敦正式发布最新的旗舰机 Gallaxy S3，很快就进入了中国市场。三星的这款王牌机具有着人脸识别的功能，能够准确分辨使用者的面部表情，堪称是智能手机问世以来最善解人意的手机。此外，Gallaxy S3 还创新性地推出了"智能休眠"功能，能够准确判断用户怎样使用手机，比如用户在阅读电子书或者浏览网页时，可以通过前置摄像头的眼部识别技术自动保持屏幕的亮度，让用户保持观看。同时，Gallaxy S3 还能识别人的动作，比如用户在给某人发短信时，只要将手机放在耳边，体感拨号功能就会自动帮助用户拨通某人的号码。

除了加入先进的功能外，Gallaxy S3 还实现了中国三大运营商的全覆盖，从而让使用群体无限扩大。中国移动 TD 版本的 Gallaxy S3 具有一键登录下载游戏新闻生活娱乐等多功能的安卓应用程序，非常方便。中国电信的 Gallaxy S3 和中国联通的 Gallaxy S3 也各具特色，和 iPhone 4 相比具有很突出的对比优势。在 2012 年第一季度，三星已经超过苹果成为世界排名第一的手机制造商，并在当季度出货量达到了 4220 万部，而苹果同季度的出货量是 3510 万部。

三星的步步紧逼给库克带来了前所未有的压力，但是他不会畏惧，而是要采取措施对三星进行反击。2012 年 9 月 13 日，苹果对外正式推出了 iPhone 5。

iPhone 5 采取了阳极氧化铝和玻璃材质的全新搭配，机身厚度仅为 7.6 毫米，手感要比 iPhone 4S 好很多，而且屏幕尺寸达到了 4 寸，分辨率为 1136×640，iPhone 5 的触摸传感器集成在屏幕上，触摸灵敏度极高，成了当时行业中最精确的显示器。另外，

iPhone 5 的屏幕移除了一层，饱和度提升了 44%，是非常先进的显示屏。iPhone 5 配备了 A6 处理器，应有速度更快，而摄像头则达到了 800 万像素，具有 f2.4 光圈，可以拍摄分辨率为 3264×2448 的照片，同时增加了全景拍摄功能。而且，iPhone 5 还支持 4G LTE。iPhone 5 配备的 8pin 新接口比之前的缩小了 80%，更耐用也更容易操作。

iPhone 5 一经推出，引来无数"果粉"的疯狂抢购，一个小时就卖出了以往一周才能达到的出货量，轻松破了 iPhone 4S 的 22 小时销售记录。一些外媒报道，iPhone 5 在上市的第一周就达到了 500 万部的出货量，这给三星的 Gallaxy S3 带来了巨大的竞争压力。

库克亲眼见证了每一款苹果产品的诞生，其中不乏一些在诞生后得到用户好评的产品，尤其是 iPhone 系列手机深受消费者追捧。作为乔布斯的继任者，库克知道自己肩负的责任，他不畏惧竞争，敢于向对手发起挑战，他要用自己的战略战术迎击竞争对手，拼尽全力维系苹果的行业霸主地位。

在线音乐，苹果争雄

库克多年从事企业运营工作的经验，让他对市场商机有着极其敏感的嗅觉，最典型的就是 iTunes 音乐商店的推出。

20 世纪 80 年代中期到 90 年代后期，各类媒介平台都开始由模拟化转向数字化，尽管他们在技术上取得了突破，却让不少唱片公司大为光火，人们热衷于下载免费的数字音乐而冷落了卡带和唱片，致使唱片公司盈利越来越困难。在这种压力之下，唱片公司为了扭转不利局面，将矛头指向了 Napster 在线音乐软件以及

MP3. com 等多家音乐网站，对他们发起诉讼。官司打响之后，一些依靠音乐软件盈利的公司如坐针毡。有识之士认为，想让传统的唱片转型是一件极其困难的事情。

盗版猖獗已成不可挽回的定局，消费者对免费的数字音乐展现出了无可抑制的迫切要求，美国的唱片业苦不堪言。在这种混乱的局势下，苹果却意外地发现了新的商机。

当时乔布斯和库克都意识到，数字音乐是大势所趋无法改变，但只要通过合理的技术手段能够对其纠正。于是，乔布斯和库克推出了 iTunes 音乐商店，让付费数字音乐走进了消费者的视野。此外，库克还发现，只有让推出的音乐商店简单易用、稳定可靠才能引导消费者付费下载，这等于帮助唱片公司和盗版厂商进行抗争。

苹果推出的 iTunes 是一款能够运用在 Mac 和 PC 上的免费应用软件，它的作用是帮助用户管理和播放数字音乐和视频，还能将新买的应用软件自动下载到其他设备上。对消费者来说，iTunes 是一个虚拟商店，可以满足用户的所有娱乐需求，避免了在收听唱片时耗费的找唱片的时间，因为在 iTunes 的资料库中收藏着用户钟爱的各种音乐，播放速度极快。

iTunes 虽然是对抗盗版厂商的有力武器，但要和唱片公司取得合作并非易事，毕竟在他们眼中，iTunes 代表的同样是虚拟的数字音乐，是唱片的天敌。尽管如此，乔布斯和库克还是打算试一试。

库克首先找到了华纳唱片公司和环球唱片公司，它们都是当时世界上传统音乐领域中实力雄厚的公司。很快，双方进入到了漫长而痛苦的谈判中，为了说服两家公司和苹果合作，库克甚至做了有限度的让步，他同意对即将购买的音乐进行数字版权管理，并保证 iTunes 上购买的音乐只能在 3 台授权计算机上播放，而音乐清单刻录的 CD 数量不准超过七张。

在搞定了华纳和环球之后，库克又和博德曼、百代以及索尼唱片公司签订了合作协议。2003 年 4 月 28 日，iTunes 正式上线，向用户提供 20 万首歌下载。一经推出，广受欢迎，半年过后，库克又有了新创意：他说服了唱片公司将 iTunes 和 Windows 用户共享，库克清楚地看到了 iTunes 音乐商店的未来。

尽管 iTunes 商店在库克的部署下逐渐走向正规，然而库克并没有满足目前的成绩，他想让 iTunes 在数字音乐领域继续推进。库克意识到，iTunes 要扩大地盘就不能仅在美国发展，还要在世界各地同步开进才行。经过一系列精心的策划和准备之后，苹果在 2004 年相继在欧洲国家推出了 iTunes 业务，很快就赢得了广大音乐迷的欢迎。在进入市场的第一个星期，英国、德国、法国等音乐迷们总计下载歌曲超过 80 万首。截止到当年 8 月 30 日，iTunes 音乐网店一共卖出十亿首歌曲。

2007 年，苹果在卢森堡发布了视频平台，开启了出售数字视频的新业务。为了开辟这块新战场，苹果和卢森堡业务人员接触了几个月的时间，库克回忆这段经历时说："谈判确实有些漫长，但我们最终达成了愿望，这将是苹果在线视频业务进攻欧洲市场的开始。"

为进一步完善 iTunes，库克准备收购一家名为 LALA 的在线音乐零售网店。LALA 在线音乐是一家新兴的流媒体音乐网站，曾经开发出了一种允许用户购买在线试听许可的程序，它的在线曲库达到了 800 万首歌曲，用户可以像收听网络电台那样选择自己喜爱的歌曲，而且首次试听是免费的。在成为注册用户之后，LALA 会扫描用户本地电脑上存储的全部歌曲然后将其添加到用户的自定义曲库中，方便用户在其他互联网设备上收听，也能让用户和好友实现资源共享。

LALA 最大的亮点就是他们的技术团队和在云计算音乐服务领域的运作经验，一旦将他们划入囊中，将会有力地帮助苹果打造更完美的在线音乐业务。经过几次谈判之后，2009 年 12 月，苹果以 8500 万美元的价格收购了 LALA 在线音乐网，由此为苹果提供了从浏览器端访问音乐的技术，用户不需要下载就能在任何端口通过网络试听和购买音乐，感受一个功能全新的 iTunes。

添加了 LALA 的在线管理技术以后，用户只要登陆 iTunes 就能在任何电脑上收听自己收藏的音乐，这个技术突破能让苹果在其他网站销售音乐，还能在网络搜索结果上销售音乐，扩大了利润来源渠道，也方便了用户的视听需求。在库克的努力下，苹果只用了几年的时间就将 iTunes 变成了数字音乐的王牌。加上苹果独特的服务优势，更是让 iTunes 大放异彩，吸引了大批果粉和音乐迷争相使用。

iTunes 的强势冲击，直接影响到了零售业巨头沃尔玛的利益。由于 iPod 和 iPhone 的出现，iTunes 已经将沃尔玛的零售音乐彻底甩在身后。2008 年 4 月，iTunes 音乐商店在美国音乐零售市场占据了 19% 的份额，成为美国第一大音乐零售商，而沃尔玛的线上音乐商店和线下实体商铺总销售额才排在第二位，一共占有 15% 的市场份额，极大地撼动了沃尔玛之前的龙头地位。其实在苹果进军数字音乐领域之前，沃尔玛已经意识到了危险的到来——越来越少的人购买 CD，转而去下载盗版音乐，沃尔玛不得已在

2003 年推出了在线音乐下载服务，每下载一首歌曲的价格为 88 美分，低于 iTunes 的 99 美分的价格。

到了 2006 年，美国年轻人中的 38% 表示不愿意花钱购买 CD，而在 2007 年这个数字居然涨到了 47%。在库克看来，这是 iTunes 进入市场的最佳时期，由此囤积了一大批 iTunes 的死忠粉。目前，iTunes 的曲库中 600 万首歌曲可供下载，一共拥有 5000 多万用户，到目前为止歌曲销售总量超过了 40 亿首。2006 年 9 月，苹果在 iTunes 上销售迪斯尼电影，沃尔玛得知这个消息后相当震惊，这意味着苹果将蚕食沃尔玛的影碟生意。

iTunes 的成功，不仅给了苹果丰厚的回报，也给了其他竞争对手跃跃欲试的冲动，他们不能眼睁睁地看着钱都让苹果一家拿走，他们也要从中分得一杯羹。

第一个向苹果发出挑衅的是微软，比尔·盖茨不甘心苹果在数字音乐领域遥遥领先，2004 年 8 月正式宣布在 MSN 在线服务中提供在线音乐的下载，每首歌曲的下载费用是 0.99 美元，和 iTunes 的价格相同。另外，微软还表示加强和硬件厂商的合作，努力开发出具有竞争力的新媒体设备。2005 年，微软推出了属于自己的数字音乐商店——MSN music。到了 2006 年 7 月，微软又推出了 Zune 音乐播放器和网上音乐商店，微软和世界第三大音乐唱片公司百代签署了合作协议，为微软数字媒体播放器 Zune 提供预装的音乐视频文件。

除了微软之外，苹果遭遇的第二个竞争对手是日本的索尼。索尼作为消费电子巨头，在数字音乐领域一直保持着霸主地位，在苹果推出 iPod 之后，索尼的市场份额逐年下滑，给它敲响了警钟。为了夺回属于自己的市场地位，索尼表示会不惜一切代价抢占数字音乐市场。为此，索尼做好了发售 1000 亿日元价值的债券，募集资金重振消费电子业务。

第三个向苹果发起挑战的是诺基亚，当时它出资 6000 万美元收购了美国数字音乐发行商 louduye 公司，当时 louduye 公司拥有 160 万首歌曲的数字音乐平台，诺基亚利用这个平台准备建立属于自己的网上音乐商店。

三星是第四个向苹果发起挑战的，2006 年 9 月 1 日，三星宣布要推出自己的音乐服务，为此三星还选择了美国的 MusicNet 网站当做合作伙伴，这个网站将帮助三星提供音乐下载销售和注册服务。

第五个给苹果造成威胁的是雅虎，2004 年 9 月，雅虎宣布以 1.6 亿美元收购基于网络的数字音乐和软件供应商 Musicmatch 公司，雅虎的在线音乐用户数将增加一倍以上。此外，著名的 Myspace 网站也将进军数字音乐领域，它当时已经出售了 300 万支乐队发行的歌曲。Myspace 拥有多达 1.06 亿的用户，在数字音乐领域有着天然的优势。它宣布和三大唱片公司共同打造一家网络音乐合资企业，让用户在分享和记录自己音乐喜好的同时还能下载音乐，而且 Myspace 表示，它们会更多依靠广告营收给用户提供更便宜甚至免费的音乐下载服务。

第六个让苹果感到不安的是视频网站巨头 YouTube，它为了和苹果抗衡，找到华纳等多家唱片公司进行合作，为用户提供免费在线流行音乐电视剧，此举严重冲击着苹果的付费音乐下载市场。

库克意识到，社交网站对 iTunes 的仇恨程度与日俱增，为了与之抗衡，苹果完全卸载了 rendezvous 的音乐共享机制，从而让原来的 iTunes 用户在局域网和任何一个地方使用 iTunes 的用户在线共享音乐，用户可以通过流式广播浏览对方电脑中的歌曲但无法完成下载。苹果本以为这是对版权最好的保护方法，没想到网络上很快就出现了仿效苹果系列软件命名规则的破解工具，在这些工具的作用下，iTunes 的权限设置被彻底破坏了，破解工具可以将网络上的任意登陆地点伪装成局域网的访问，同时还能实现非法下载。

面对竞争对手的围剿，库克明白只有推出自己的新产品才能提高产品的服务质量。为了让用户方便购买音乐，苹果提供了一种新的购买机制：只要消费者付费购买了一首歌曲，只要不再互联网上共享或者交易，那么他无论怎么使用这首歌曲都随意，比如刻录光盘、下载到 MP3 里。

2011 年，iTunes 商店打破纪录地为苹果贡献了 14 亿美元的收入，2012 年 3 月，iTunes 的月度覆盖人数超过 3000 万人，同比增长近 1 倍，而且 5 年来增幅都在 4 成以上，网民渗透率达到 7.1%。应该说，iTunes 音乐店在线音乐下载服务是在线音乐服务业务的标杆，这种新模式的创立将为很多唱片公司指明未来的发展方向。

曾经有用户做过实验，用第一代的 iPod 连接到最新的 iTunes 12.1（2015 年）上，没想到居然连接成功而且还提醒用户设置新设备，这说明苹果并没有放弃支持第一代 iPod，用户只要连接或者设置 Firewire 400 - 800 适配器就能正常使用，如果你的 Mac 设备比较新的话，那么你需要的就是 Firewire 800 转 Thunderbolt 适配器，14 年的跨度却没有影响到 iTunes 的使用，可见苹果在产品设计上如何用心和尽责。

或许，这就是苹果风格，这就是苹果精神。

移动支付，"等等看"

尽管库克有着和乔布斯一样的强烈竞争意识，但他不是性情莽撞之人，他做出的每一个决定都是深思熟虑的，他知道自己身为苹果的掌门人，一个错误的决定完全可能毁掉公司的前途。

当今社会发展变化飞快，商机也是无限，但并非每一个"商机"都能带来利润，其中有一些是陷阱。库克的高明之处在于，他不会盲目带领苹果杀进某个领域，而是要事先考察一番才做好决定，苹果虽然成为了 IT 界的王者，但它并不是一个全能型的公司，不可能在任何一个领域都能春风得意，库克给苹果奠定的行事准则是：有所为，有所不为，才能继续做大做强。

眼看着不少企业开始涉水移动支付领域，一些人就给苹果提出了建议：做移动支付，却被库克摇头拒绝了。他的这个举动，很多人都感到不理解，要知道在 2011 年，全球移动支付用户规模达到了 1.41 亿人，同比增长 38.2%，交易金额也将由 2010 年的 489 亿美元增长到了 861 亿美元，增长率超过了 76%。有人评价说：目前的全球进入了移动支付的战国时代。

在移动支付战场，表现得最为活跃的当属谷歌，它在 2011 年 9 月正式开通了谷歌钱包业务，在此之前做好了四个多月的准备。谷歌钱包是一款手机应用，它能将用户的手机变成钱包，将塑料信用卡存储为手机上的数据，也能附带各种优惠功能，这项业务使用的是近场通信技术，通过在智能手机和收费终端植入的近场芯片完成一系列信息交换，可以将信用卡信息、折扣券代码等数据进行交换，实现移动支付的一站式零售服务。

　　谷歌对谷歌钱包十分看好，他们希望凭借这项业务让谷歌在移动支付领域拔得头筹，可是让谷歌始料未及的是，谷歌钱包的市场表现十分糟糕。2012 年 3 月，负责谷歌钱包业务的两名经理辞职，这意味着该项业务实在差强人意。

　　为什么谷歌钱包会遭受市场冷遇呢？从表面上看它给用户带来了方便，可以让用户随心所欲地购物，然而这项业务推广工作却很难做，而且支持这项应用的运营商和手机机型很少，大大低于谷歌最初的预期。

　　谷歌钱包的失败，一方面是由于它没有做好前期的市场调研，另一方面是它高估了自己在移动支付市场的博弈能力。虽然谷歌是目前世界上数一数二的 IT 公司，但它不可能在电信运营商、手机制造商、信用卡公司、银行以及各商户的众多条复杂的利益链中有机地进行资源整合，因为这么多参与者的共同利益是很难协调的。

　　谷歌钱包的操作十分复杂，首先用户要有一张花旗银行发行的带有"万事达"卡标识的信用卡，还要有一台由美国运营商 sprint 发行的具有 NFC 支付芯片的智能手机，而在当时只有三星和 LG 生产的 6 款手机具备这个功能，另外还必须要找到支持移动支付刷卡的商店才能完成支付，当时美国可供支付的店铺有 14 万家左右。从这一流程来看，谷歌钱包类似一个安卓的开放产业链，然而因为谷歌在支付领域不占有核心资源，难以对联盟成员形成控制力，让整个支付体系形同一盘散沙，很难形成合力。

　　事实上，谷歌钱包在刚推出时，就已经和电信运营商产生了矛盾，作为美国最大的移动运营商 Verizon 公司，认为谷歌的这项业务存在安全漏洞所以拒绝与之合作，让谷歌只好和规模最小的运营商 Sprint 合作。

苹果推出的 iPhone 能够让移动运营商对手机内容的控制性大为减弱，为了增强产业链的控制，运营商们都急于寻找一个新的爆发点。在他们看来，移动支付虽然刚刚起步，但已经预示着会是一个不错的获利良机，因此当谷歌退出这项业务之后，立即引起了各大运营商的不满。

谷歌钱包缺乏手机终端控制，这是因为它只能找到关系相对较好的手机厂商支持它的支付功能，结果谷歌钱包业务很难顺利展开。

谷歌钱包的生存状况被库克看在眼中，他密切关注着这个老对手在移动支付业务的表现，他吸取到了谷歌钱包的失败教训，所以他决定不会过早地带领苹果杀进这个新业务领域，否则将会遭到和谷歌相似的下场，对库克来说，耐心等待时机比盲目挺进更重要。

库克素以冷静而著称，特别是在他成为苹果的掌门人之后，更清楚自己的每一项决策都事关苹果的生死大计，唯有小心行事才是稳妥之计。尽管有一些数据显示，2016 年移动支付交易总额将达到 6000 亿美元，但库克并没有被这诱人的数字吸引，他继续按兵不动，观察局势发展。

苹果长期以来恪守的行动纲领就是"等着看"，虽然这个战略在某些人看来是过于谨小慎微，但对于庞大的苹果帝国而言，谨慎顶多会失去一些发展的机会，冒进却有可能让这座大厦崩塌。一位投资银行分析师这样形容苹果的"等着看"战略："苹果一直都是跟在其他公司身后进入某个新市场。"事实的确如此，苹果在 MP3 播放器、智能手机以及平板电脑等领域都是后进者，却后发制人反客为主。

　　库克的这种冷静哲学，恰是他狡猾的商业思维的体现：让别人帮助苹果率先做实验做研究，待到时机成熟，苹果凭借一蹴而就的勇力和雄厚的实力强势插入，给竞争对手难以抵挡的进攻。三思而后行，从商业思维变成了库克的求胜法则。

　　随着时间的推移，移动支付市场正在变得激烈和充满斗争。一直隔岸观火的库克，终于按捺不住一试身手的愿望，开始向这块新生领域试水了。

　　2012 年秋天，库克推出了名为"Passbook"的应用，不过最吸引人注意的当然不是它寻常的使用功能，而是 Passbook 根本无法和信用卡、借记卡连接的特点！所以在消费者看来，Passbook还不能取代传统钱包，和谷歌钱包相比不是一个量级上的产品。

　　库克为什么要推出"Passbook"这样一个惹人骂的东西呢？这并非苹果能力有限，而是库克还在小心翼翼地推行"等着看"策略，他想让苹果在移动支付领域继续以"矜持"谋发展，这也是 2011 年苹果敲定的既定战略。当时，苹果的一些工程师表达了想要设计并整合移动支付应用的愿望，然而库克左右权衡之下，还是决定放慢脚步。

　　虽然是"等着看"，但库克没有闲着，他开始让苹果的设计团队集思广益，开发一款综合性质的"钱包应用"。然而经过一番激烈的讨论之后，不少人认为直接支付对苹果而言太早，而如何获得赢利点也尚不清晰。最终，库克决定战略收缩，开发出能够让用户同时连接到支付卡和优惠券的应用，当用户去梅西百货购买服装时，能够为用户提供每笔交易的相关信息并告诉用户使用标准信用卡还是梅西百货卡。

　　从移动支付产品的定义来看，Passbook 显然是一款不上不下的产品，但它对库克来说足够了，他已经摸清了苹果在这一领域的"行军路线"。

　　2014 年 1 月 25 日，《华尔街日报》撰文称，苹果已经允许用户通过 iTunes 账户购买音乐、书籍和应用程序。这个政策的开发意味着，库克将带着苹果正式进军竞争激烈的移动支付市场。根据《华尔街日报》报道称，苹果正计划推出一种全新的移动支付服务，能够让用户快捷便利地通过 iTunes 商店购买实体物品。

　　10 月 20 日，苹果在其秋季新品发布会上，正式推出了名为 Apple Pay 的移动支付应用，它是基于 NFC 的手机支付功能。Apple Pay 正式推出以后，库克表示，根据相关调查数据显示，信用卡消费已成为人们日常采购活动中的主要消费手段，然而其支付过程却比较麻烦，不过 Apple Pay 却非常简单，它只要在终端读取器上轻轻一放，不需要输入信用卡信息和地址等就能完成支付，而且 Apple Pay 上保存的支付信息经过了加密处理，不会给消费者带来任何隐患。

　　用户要想使用 Apple Pay 也很简单，只要将 iTunes 帐户里关联一张卡添加进来即可实现，如果想要增添别的卡，只需通过 iSight 摄像头拍张照片就行，非常方便。而且，用户通过 Touch ID 就能进行指纹支付，同样轻松安全。

　　为了保障用户的银行账户安全，信用卡号不会被发给商家，而是采用一次性的动态安全码，即使用户丢掉了 iPhone 也不必注销信用卡，只需通过 "Find my iPhone" 服务停止所有支付行为就可以了，这和将各种卡存放在钱包相比更加安全便捷。对于隐私保护，苹果避免走谷歌的 "包打听" 路线：查看用户搜索了哪些东西，浏览用户的电子邮件，甚至追踪房屋的温度……苹果的核心服务原则是：单纯地帮助用户完成支付，不窥探用户隐私。

目前，苹果已经和美国的运通、万事达和 Visa 形成了合作关系，另外还和美国银行等 6 家银行签署了合作协议，这意味着Apple Pay 在美国用户的覆盖率达到了 80% 左右，很多大众的消费场所都被囊括了进去，比如麦当劳、星巴克、迪士尼宠物店Petco、梅西百货等。当然，库克绝不会满足让 Apple Pay 成为本土化的移动支付手段，他还会将这个应用推广到世界其他国家和地区，改变用户传统的消费模式。

随着苹果和银联的相继加入，NFC 移动支付手段将变得越来越普及，甚至呈现出一种爆发式增长的模式。

2014 年 10 月 27 日，马云和库克在南加州拉古娜海滩市会面。事后库克透露，他将和马云讨论两家公司就 Apple Pay 和支付宝的合作事宜。马云也表示，阿里巴巴有意向跟苹果展开进一步的合作。对库克来说，阿里巴巴集团是不可忽视的战略合作伙伴，因为天猫目前是苹果除官方网站外的第一个官方直营电商渠道。

10 月 28 日，库克在出席《华尔街日报》的首届 WSJ. D 大会上表示，在 Apple Pay 刚推出的 72 个小时内，就有超过 100 万张信用卡被激活。库克认为，这一数据足以证明 Apple Pay 有朝一日会成为全球最大的移动支付产品。对于诸如一些零售商不接受Apple Pay 支付的问题，库克觉得那对 Apple Pay 的发展构不成任何影响。显然，库克对 Apple Pay 的未来发展前景相当看好，他说："顾客喜欢你，你作为零售商或者商户才会变得重要。""Apple Pay 是首款同时也是唯一的一款简单、私密且安全的移动支付系统。"

库克绝非盲目乐观，现在使用 Apple Pay 的美国消费者，可以在 22 万家商店或者内部应用上进行消费，基本上涵盖了日常购物的各个角落，而在 2015 年苹果还将新增 500 家金融机构合作伙伴。

尽管 Apple Pay 势头迅猛，但库克也很清楚它的上升空间需要不断扩展和整合，所以在未来的三五年之内，苹果的主要利润收入还是 iPhone。关于移动支付市场，库克还有太多需要思考和谋划的内容，但是他并不着急，因为苹果已经蓄力已久，只要找到一个理想的切入点，就有一鸣惊人的良机。

12
"库克时代" 来临

颠覆"帮规"

　　人们都知道库克是一个管理运营天才，但在设计和营销方面，却显得心有余而力不足。了解苹果内幕的人都知道，库克除了设计和市场营销之外，其他什么事情都会，也都有管理能力。这样看来，库克似乎优点更多，这两处软肋显得不那么重要了。但透彻地分析苹果的生存之道可以发现，苹果最不能缺乏的就是设计和营销，这是它起家的资本和致胜的强项。

　　身为 CEO，库克不能无视他在设计和营销方面的弱项，他必须直接或者间接地挑起这两副重担才行，否则他就是一个不合格的 CEO。于是有人猜测，知人善任的库克会找设计天才和营销天才来帮助他取长补短，而最合适的人选当属乔纳森·艾维和菲利普·席勒。不过，这种可能性现在看来并不高。

艾维和席勒都是苹果的元老级人物，资历比库克要深得多，和他们相比，库克只能算作一个从 IBM 阵营中投诚过来的雇佣兵。一旦库克将设计和营销全权交给艾维和席勒，就等同于将苹果最重要的两个部门拱手让出，这是库克不可能做的。其实，经过在苹果多年的摸爬滚打，库克在设计和营销方面已经有了长足的进步。他宁可用一些不高的失败和挫折来换取个人能力的成长，也不会给手下功高盖主的机会。

库克的学习能力极强，加上他已经领悟了苹果精神，所以他不断提升着自己的设计水平和营销能力。更重要的是，如果库克仅仅是一个管理人才，乔布斯也不会对他如此器重，因为一个缺乏艺术鉴赏能力和市场战略眼光的人，绝不会被选定为临时 CEO。

2011 年 4 月，库克说了一句很有设计水准的论断："第一代的 LTE 芯片组使得手机在设计上进行了太多的妥协。"这句话被媒体曝出之后，业内人士立即作出了分析：苹果在 iPhone 5 上不会采用 LTE 技术。可见，库克对产品设计也展开了深度的思考，而不是简单地听设计者的一面之词。

当然，库克拥有着自己的智囊团队，也不见得是上述论断的"原版作者"，但这个观点一定是经过他认可的，也是他在掌握了深厚的专业知识的基础上理解的，否则他不会以一种自信的口吻说出这句话，要知道他所代表的不是他个人而是苹果。

库克的智囊团名叫 Top100 智囊团，团队成员是从苹果的精英团队中精挑细选出来的 100 个人。智囊团的起源可以追溯到乔布斯时代，那时候乔帮主每三天就会和智囊团商讨有关苹果未来的发展等主题。由于他们讨论的内容都是苹果的核心机密，所以这个组织相当神秘，100 个人中究竟有谁外界不得而知，在苹果内部也是讳莫如深。

每一个智囊团的成员，都不准向外界透露自己是智囊团一分子的秘密。智囊团对苹果来说是一处灵魂的巢穴，它汇聚了公司上下的全部精英，乔布斯正是和这些骨干力量通过多次头脑风暴，最终碰撞出了灵感的火花，他们分享着苹果的锦绣前程，也谋划着苹果的生存策略。难怪乔布斯会说："假如我再一次被公司扫地出门，我一定会把这 Top100 带走的。"

在乔布斯辞职之后，库克能够顺利接班并平稳过渡，和 Top100 对他的支持是分不开的，这个智囊团是乔帮主留给继任者的最大财富。在这些精英人物的辅佐下，库克不仅获得了再生的力量，也学到了从书本中永远学不到的知识和经验的集萃。库克的 CEO 之路，和这 100 个人宿命般地捆绑在了一起。

库克现在算不上一个设计能人，在营销方面也未能体现出过人之处，但不可否认的是他在慢慢地成长，或许在不远的将来，库克可能将两处软肋变成自己的强项。比如 iPhone 5 的设计就和库克有很大的关系，虽然这其中也有乔布斯参与的份儿，但库克起到了执行和实施的作用，如果库克没有深刻地领悟乔布斯的设计理念，没有汲取到帮主身上的才华，可能会执行出一个失败的作品。

乔布斯是一个很固执的人，怎样建立一个让他满意的苹果帝国，完全是按照他的个人意愿而决定，旁人很难改变他的想法，即使对方提出的意见有道理，乔布斯依旧会坚持初衷。相比之下，库克就显得随和了很多，他能够虚心接受别人的建议，不会顽固不化。

在乔布斯辞职去世以后，库克以新一代掌门人的作风，正在逐步改变乔布斯过去给苹果确立的条条框框，也在改变着乔帮主某些最初的强烈信念。

在新一代的 iPad 中，出现了触控笔，这个在很多商务人士看来必备的配件，居然曾是乔布斯深恶痛绝的，他不止一次在公开场合表示，自己很讨厌其他智能手机有这么个东西。在乔帮主看来，触控笔没有存在的必要，是一个拿出来之后就得被放回去的东西，他是不会给苹果的产品装配的。

乔布斯在 1997 年回归苹果之后，第一件做的事情就是封杀了接近今天平板电脑的产品 Newton——这款产品配有手写笔。乔布斯在自传中说过："上帝给了我们 10 支触控笔，因此我们不要再发明其他的了。"根据苹果的新品发布会可以预测，以后的 iPad 上很可能搭配手写触控笔。

2010 年的时候，乔布斯对市场上一度热销的小型平板电脑表示了不理解甚至嘲讽，他在公司财报会议上说，iPad 的 10 英寸屏幕是平板电脑所需的极限尺寸，如果屏幕再小一点的话虽然图片会看起来更清晰一些，但实际操作并不方便，除非把人的指尖磨成针头才能容易使用。在乔布斯去世后一年左右，苹果就推出了精致方便的 iPad mini，并没有像乔布斯预言的那样不受消费者待见，反而是苹果目前最畅销的 iPad 产品。

乔布斯在 2010 年的"天线门"丑闻时，表示了对大屏手机的不屑，面对三星推出的大屏机，记者问乔帮主苹果是否也考虑制造大屏手机，从而提高 iPhone 天线的性能，结果乔布斯认定三星的 Galaxy S 手机是"悍马"。他说，消费者根本没办法将这款手机握在手里，所以不会有多少人购买。可在他去世一年后，苹果推出了更大屏的 iPhone 5、iPhone 6 和 iPhone 6 Plus。

在一些人看来，苹果设计出屏幕尺寸更大的 iPhone 是为了和三星进行对抗，由此针对它的专利纠纷，也是为了弥补苹果在屏幕尺寸偏小方面的弱项。不过库克却认为，苹果其实早就可以生产出尺寸更大的 iPhone，因为这并不存在任何技术上的难题，只是苹果为了考虑在手机制造业务单方面做得更好才迟迟没有推出大屏幕。然而当时机成熟之际，库克决心推出大屏幕手机，连带着也将改进 iPhone 的显示技术、电池技术以及软件技术等等。为此苹果的设计团队专门为新手机集成了软件、硬件和服务，别具一格。

大屏幕手机的推出，和苹果"不做第一，只做最好"的产品哲学理念也有着深刻的联系，库克是想在这个领域的同类产品发展得更成熟一些才推出有竞争力的产品，从而给对手以沉重的威胁和打击。除了大屏幕手机之外，库克还推出了健康服务应用，名为"Healthkit"，这个应用平台能够整合 iPhone 或 iPad 上其他健康应用收集的数据，比如血压和体重等。苹果最新发布的几款新机型以及智能穿戴设备，都将成为 Healthkit 平台中的组成部分。

除此之外，库克还推出了一个能够收集用户健康数据的装置，这等于是给用户提供了全面监控自身健康的另一种手段，用户可以将这些数据告诉给他们的医生寻求健康方面的信息支持。而且，这个新装置还能保护用户的隐私，只要用户不想将这些数据被外界查知，就没有任何人能够分享它。

乔布斯生前，一直希望 iPhone 的软件可以对现实生活进行模仿，为此他曾告诉设计师们以他的 Gulfstream 飞机座椅为原型，模仿制造出 iCal 的皮革设计。于是，在苹果的多款产品中都有这样的模仿：Mail 的应用中有亚麻背景，iBookstore 将木书架当做特色符号，Notes 应用很像是 legal pad 拍纸本。然而这一风格在乔布斯死后发生了变化，负责移动软件的高级副总裁斯科特·福斯托尔被解雇——忠诚的乔布斯设计偏好执行者。没过多久，苹果推出 iOS 7 完全是一个被架空的东西，和现实世界没什么联系。

乔布斯重返苹果后，终止了苹果的慈善捐赠计划，理由是他现在的工作重心是要带领苹果盈利，可在苹果业绩好转甚至上市之后也没有推行慈善计划。虽然苹果一直积极响应艾滋病研究的红色慈善运动，可乔布斯却没有捐助多少钱，而是在库克出任 CEO 之后，恢复了苹果对公益事业的援助。

2011 年 10 月，在乔布斯去世后的次日，苹果发布了 iPhone 4s 和 iCloud。当时库克对外发言宣称，乔布斯永远活在他的心中，而且乔帮主的精神将深深浸入了苹果的每个细胞。后来，当 PBS 电视网采访库克时他表示，乔布斯生前位于苹果总部四楼的办公室照例保持着原貌，办公室的门上依旧写着乔布斯的名字，这意味着苹果将继承乔布斯的创新精神继续向前。

库克的颠覆帮规，不是刻意与乔布斯对抗，而是为了帮助苹果更好地适应新时代的市场需求，身为一名 CEO，他不得不顾全大局，为了让苹果牢牢站稳脚跟，他可以偶尔化身为帮规的"破坏者"。正所谓"不破不立"，一个不敢打破传统的 CEO，不是一个有魄力和创见的企业领袖。

给企业文化"换换血"

在乔布斯离开苹果之后，库克一方面继承了乔帮主订立的规矩和法则，另一方面他也对苹果的企业文化进行了适当的修改和完善。库克凭借着他做事有条不紊的耐心和果断坚决的魄力，让公司上下变得更富有人性化，和乔布斯相比，库克少了几分责罚和苛刻，多了一丝变通和理解。当苹果遭遇一些负面新闻时，也会从容不迫地承认错误，比如供应商的生产工作环境比较恶劣等。

库克在乔布斯身边工作时，他最初的职责只是负责供应链管理和日常企业管理，随着时间的推移，库克也对苹果的文化氛围进行了分析和揣摩，他认为自己能对其中的不足进行修订。在乔布斯病重期间，出任代理 CEO 的库克也着手做好了准备。

在库克正式上任以后，他将苹果带向了一个更成熟的层次，虽然他在重塑乔布斯式的企业文化还存在着距离，但是他的实用主义精神也让苹果的整条产品线稳步发展。只是到目前为止，库克还没有推出过新的有分量的新品，一度被外界热炒的苹果电视也在猜测阶段。于是有人认为，库克缺少乔布斯的激情，他的中规中矩和绵软温和，会扼杀团队的创新能力。

或许人们的担心不无道理，但如果非得以激情来比较乔布斯和库克，这本身就是一个伪命题。企业的创新力并非完全取决于领导者的个性特征，库克是一个卖力的工作狂，他思维缜密，重视数据和考证，愿意倾听、懂得分享，这些优势也一样会帮助他维系苹果赖以生存的创新能力。于是在今天的苹果内部，库克造就了一种井然有序、严肃做事的工作氛围，这和乔布斯时代的激情伴随着压抑的氛围截然不同。

乔布斯出任 CEO 时，苹果每两个月都会召开一次 iPhone 软件会议。会上，乔布斯会认真检查苹果旗舰级产品的每项准备增加的新功能，而在库克接手之后，这个会议被取消了。库克这样做并非是否定乔布斯，而是他选择将权力下放，不拘泥于对产品细节的控制。他认为这会让团队在设计产品时能放得更开，有利于创新能力的生长。

库克的企业文化改革，并非是绝对放权，在关键问题上，他还是会保留着和乔布斯一样的强硬做派。在苹果的一些内部会议上，他虽然表现得很冷静，但人们很难猜出他的真实想法。在讨论一些话题时，库克不会连篇累牍地讲个不停，而是会一针见血地抓住关键，惯用的句式就是"我不觉得那样足够好"等等。一般在他说完这句话之后，相关人员就会觉得无地自容。

库克有条不紊的作风并不会妨碍他作出果断的决定。在苹果遭遇了"地图门"事件时，起初苹果的反应并不是慌乱，只是说地图还在完善之中，库克也没有马上去找负责地图服务的移动软件主管斯科特·福斯特尔，而是找到了互联网服务主管艾迪·库查清问题的原因和解决办法。为此库克问了很多问题，也引起了他对 iOS 系统未来发展方向的思考。不过碍于舆论和竞争对手的指责，库克很快出面向用户道歉，并将软件设计工作交给原来只负责硬件设计的乔尼·伊夫。

这个换人的动作，在苹果内部来看无疑是一件大事，库克让伊夫参与进来，等于将苹果最重要的两个工作环节经由一人之手串联起来，这是库克深思熟虑的结果。然而还是遭到一些人的反对，库克在意识到团队有情绪之后，马上展开了调查，了解员工的真实想法。与此同时，不少员工向硅谷的企业发去了应聘函，其中以硬件工程师居多。有些企业曾经有员工在苹果工作过，当他们在一些求职简历上看到了熟悉的名字，其中有些人还曾信誓旦旦地表示在苹果工作一辈子，结果也动起了跳槽的心思。

人才的流动原本是正常的，即便是在苹果这样的知名企业，从整体来看，库克的口碑还是不错的，大家普遍认为他治理之下的公司，企业文化氛围更加温和而友善，这是人们乐于看到的变化。一位前苹果员工客观地说："公司的治理没有以前那么疯狂了，没那么严苛了。"他还提到，他认识的不少人也继续留在了苹果，他们都很喜欢库克，能够看到他身上更积极向上的一面。

库克不像乔布斯那样强硬得有些不讲理，他在投资者的施压下，同意从苹果的1500亿美元巨额现金中拿出很大的比例返还给股东，还主动将自己的薪酬和公司股价走势挂钩。当苹果因税收结构被调查时，库克将几十亿美元的利润存放在爱尔兰子公司，随后不久，他还在国会听证会上接受庭辩来论证此举的合法性。这对谨言慎行的库克来说，也是不得已而为之。但既然接管了这样一个巨星级的国际企业，库克只有磨练得更具有抗压力和战斗性才能胜任。

苹果的董事伊格认为，库克接手苹果是很艰难的行为，他所扮演的角色远非一般人所能代替。不过，库克为人比较灵活，有良好的自我意识，对自己有着清晰而客观的认识，绝没有刻意模仿乔布斯，这是很令人欣赏的优点。

给苹果"美容"

库克精通运营管理，在这方面有着常人难以比拟的优势，在进入苹果之前，库克在 IBM 和康柏两家大公司里就积累了丰富的运营经验，对企业的日常运营工作可谓了如指掌。库克的这个优点，弥补了乔布斯长于技术短于管理的特质。库克的出现能够避免苹果将全部精力都用在产品研发上，而是将一定的注意力放在市场开拓和管理营销方面。

在乔布斯时代，苹果是一个以工程师为主体的企业，整个团队在运作的各个流程中始终保持着产品至上的理念和原则，所以无论公司作出何种决策，都免不了带有浓厚的工程师风格，当然，这种团队特色能够给苹果设计出竞争力极强的产品，但是在成本控制、生产效率等方面就显得十分外行。

在库克看来，产品和管理是不可分割的整体，无论偏重哪一端都是一条腿走路，迟早会在激烈的市场竞争中摔倒，因此在他出任 CEO 之后，决意改变苹果的这种极客风格的团队现状，他想让苹果从一个传统型的设计公司变成一个现代化的营销管理公司。有了想法，库克马上付诸实践，他在一次苹果举行的纪念乔布斯的典礼上表示，他会继续遵循乔布斯的遗愿：不要考虑乔布斯会怎么做，而是要做出对苹果最有利的决定。

库克的决定是经过深思熟虑的，他认真考量了公司上下的运营细节，决定分成几步走推行管理改革。

第一步，库克开始向苹果的投资者们派发股息并回购股票，这个决定和乔布斯生前的思路几乎是背道而驰的，因为在他看来这会让苹果丧失掉有利的股权结构，然而在库克看来，只有让更多的投资者分享利益才能稳定苹果的发展，这是符合世界潮流的企业改革方式。

2012 年 3 月，苹果正式对外宣布将在当年财年开始时向股东派息，初步设定为每股 2. 65 美元，这是从 1995 年开始苹果第一次派发股息。另外，苹果董事会还批准了一项回购 100 亿美元公司股票计划，这项计划正式启动的时间是 2013 年的财年，预估要通过三年的时间来完成。库克的这一系列改革，赢得了广大股东的拍手称赞。要知道，苹果在对股权控制方面的做法一直被股东诟病，现在库克亲手打破了苹果禁止向股东派息的传统，这有利于提升各位股东的企业归属感，也能唤起他们和苹果共存亡共进退的决心和意志。

在库克宣布派息之后，苹果的股价立即巨幅上涨，股价首次收于 600 美元上方，报 601.1 美元；收盘较前一交易日上涨 2.65%；盘后其股价继续上涨 0.57%。其市值又创下 5600 亿美元新高，较全球第一大市值的埃克森美孚市值还要高出 1500 亿美元。

在有识之士看来，苹果通过派息和股票回购的方式，会让苹果在未来的三年中陆续向股东返还 450 亿美元的资金，给股东们以巨大的实惠，从而能源源不断地得到更多的新资金注入。

乔布斯时代看重资金的囤积，这跟苹果当初濒临破产有着很大的关系，所以乔布斯不断地将钱控制在手中，就是防止遭遇经济危机时一筹莫展，这种策略从维系企业生存安危的角度看无可指摘，不过在苹果进入到高速发展时期，过于吝啬就显得脱离时代环境和现实需求了。库克认为，现在的苹果已经今非昔比，拥有大量的资金储备，但如果这些钱放着不动，那就是一笔被困死的资金，毫无意义，应当让它们流动起来才有价值。

库克不想走乔布斯的老路，所以大胆地向股东派息，他这么做不仅是为了拉拢股东围绕在苹果身边，也是考虑到当时银行存款和 iPhone、iPad 以及 iPod 等产品强烈的市场需求，苹果只要把握住这几款产品在市场的优越表现，就能确保利润收入持续稳定。

事实证明，库克的改革是正确的，一些分析师和投资者觉得，库克之所以推翻乔布斯之前的做法，是认真倾听股东心愿的一个重要表现，这是大家等待已久却又不敢直言的。苹果的长期股东阿斯福这样评价库克的改革："正在逐渐改变苹果的文化，但的确在向着好的方向发展。根据我目前的观察，他所做的一切都是将苹果打造成为一家更有亲和力的公司。"

库克不仅推行了派息，还做了乔布斯生前绝不会做的一件事，那就是推出慈善项目。该项目规定：只要员工的慈善捐款不超过 1 万美元，苹果将捐出等额的资金。相比于派息，慈善项目的推出更有阻碍，因为这是乔布斯一直拒绝做的事情，在库克刚刚出任 CEO 时，这种推翻前任作风的策略很容易引起一些人的反感，为此库克承受着巨大的心理压力。

好在库克是一个心理承受能力很强的人，他对自己的决定有着充分的自信，也认定自己的能力会带着他在这条改革之路上越走越顺，所以他拿出了冷静和沉着来应对外界的流言蜚语。

有些人认为，库克搞改革是想和乔布斯划清界限，想从他的光环下走出来，确立他在苹果公司的领袖地位，因此库克只是为了改革而改革，其结果不堪设想。然而事实并非人们所猜测的那样，库克的改革都是基于苹果的发展大计出发的，他的种种新措施并没有给苹果带来负面的影响，反而给它创造了新的辉煌。

自从库克出任 CEO 之后，苹果的股价飙升了 60%，致使苹果的市值增加到了 5600 亿美元，位列全球第一位。在乔布斯去世后的第一个季度，苹果的收入竟然创下了 36 年以来史上最高纪录。苹果的优异表现，让一些内业人士非常看好，有的分析师甚至认为，苹果的现金储备将会继续增加高达百亿美元，粗略计算一下，相当于每个星期增加 13 亿到 16 亿美元的现金。

苹果在离开乔布斯以后，依然保持着迅猛的发展势头，足见库克的管理能力非同一般，所以有人评价他："库克担任 CEO 的表现应该得'A＋'，这恐怕是我们见过的最顺利的公司领导层变更。"的确，世界上很多知名企业在高层更换之际都会出现中层乃至基层的震荡，从而影响其在市场上的表现，而库克接替乔布斯却刷新了这种认识。

乔布斯在位时，很少和投资人会面，因为他也不想过多地借助外界的资金，然而库克却不同，在他出任 CEO 之后，开始大面积地接触来自各方的投资者，他会和华尔街的人进行沟通，也增强了和政府官员之间的联络。库克认为，苹果不是孤立存在的个体，它必须和投资者、政府协调好关系，这样才有利于苹果在第一时间内获得各种信息。

库克对苹果的转型管理，颠覆了有些人之前的一种猜测：谨小慎微的库克会按部就班地推行乔布斯的方法。事实恰恰相反，行事低调的库克做了很多乔布斯生前绝不会去做的事儿，而这种做法丝毫没有任何敌意和对抗性，只是希望将苹果管理得更好。没有乔布斯的苹果，依然运转良好。

一位苹果分析师说："在库克接管公司之后，苹果的市值增长了 1400 亿美元。尽管相对于它最高峰的股票价格下跌了 15%，价值 5000 亿美元的苹果依然超过了埃克森美孚 1000 亿美元的市值。库克担任首席执行官的 3 个季度以来，苹果已报告利润 310 亿美元，卖出 8900 万台 iPhone 和 3800 万台 iPad。这些都持续超过了华尔街的预测。"

库克不仅在对内管理上突破传统，在市场开拓方面也是大胆推进，他加强了和中国合同制造商的合作，而这是乔布斯在位时不会做出的决定。库克此举目的明确：中国有着丰富的廉价劳动力，只要和中国的制造商合作就能为苹果节省不少的成本。

《纽约时报》曾经撰文对中国的合同制造商展开猛烈的批评，引起了库克的注意，于是他立即赶到中国视察代工工厂，发现那里确实工作环境存在着问题，他很快将苹果纳入到公平劳工协会这个组织中，这是一家由整个行业提供融资的第三方监控组织，拥有造访制造工厂并独立发布调查结果的权力。

乔布斯对中国业务的漠视由来已久，而库克却十分看重中国市场，他认为中国市场的开发潜力十分巨大，苹果只要用心扎进去就不愁挖掘不到滚滚而来的利润。2011 年底，苹果在中国的资产价值达到了 26 亿美元，然而此时苹果在中国的零售店却只有 6 家，这个数据只能相当于苹果代表供货商所购买的原材料和设备的价值。

一些分析师认为，苹果 2012 年的预期资本支出达到了 70 亿美元，这意味着苹果已经谋求在未来获得巨大的增长，而这种投资的目的就是为了提高产量。一位名叫大卫·艾维斯特的投资公司四站管理经理声称，他代表客户持有了 2400 万股的苹果股票，而苹果的供应商一直在购买复杂的机械工具，日本钻头制造商也正考虑着向消费电子产品领域挺进。艾维斯特认为，这些活动都是代表苹果开展的，从苹果目前拥有的数额庞大的现金和制造技术来看，库克已经下定了决心去做乔布斯之前不曾做过的事，这充分反映了库克带领苹果走向转型之路的决心。

在库克的改造下，苹果逐渐摆脱了以设计为核心的企业核心价值观，转而重视起运营能力，这是库克进行团队管理改革的重要结果，只是在一些非专业人士看来，苹果的华丽之处是它的营销活动而非管理运营。库克的颠覆式改革，就是要让苹果的运营效率提升到最高的层次，让整个团队都能真正重视起来。为此，库克批准那些之前没有参加公司内部重大会议资格的项目经理和全球供应链经理出席会议，了解公司最高层的运营动态，通过让团队成员耳濡目染的方式提高团队的影响力和决策力。

库克的改造计划，其实质是让苹果从不食人间烟火的另类公司变成一家更容易被人理解的现代化企业，而这种寻常性和普通性，能更好地适应市场竞争。一位曾经就职于高盛集团的银行家在进入苹果之后，专门负责公司并购交易事务，而在乔布斯时代，这些工作都是由乔帮主本人来完成的，在库克时代，这些工作只交给这位高管一人，难怪有苹果员工说，公司和其他企业的差别越来越小了。

当然，库克的这种改革不是要磨掉苹果身上的闪光点，而是要去掉那些不适应时代潮流的"负面个性"，这样才能顺应时代要求，让苹果更具品牌吸引力。

跟"仇敌"握手

2014年，库克接受了美国著名脱口秀主持人查利罗斯的采访。在采访中，他开诚布公地谈到了苹果的合作伙伴——IBM。库克认为，正因为苹果和IBM建立了合作关系，才推动了苹果在企业领域的产品销量。

　　在乔布斯时代，苹果和IBM一直关系紧张，双方处于剑拔弩张的状态，而在库克时代，IBM竟然成为了苹果的合作伙伴之一。苹果和IBM的合作，让两家闻名于世的IT企业珠联璧合，重新拓宽了市场份额，其中的某些新领域也是苹果之前没有涉足到的。对此库克的看法是："我想，与IBM达成交易，对我而言是一次伟大举措，因为这将给用户从一个不同于过去的视角来了解苹果的机会。"库克表示，苹果和IBM的合作还会继续，他们会合力推出一百多个定制应用程序，而这些应用大部分是基于IBM的软件而开发的。

　　在库克眼中，和IBM的联手并非是对乔布斯精神的背离，相反让他觉得这是苹果和IBM最美妙的一次联姻。库克说："IBM为平板产品带来了重大的企业知识，而我们给了企业它们所想要的产品。因此我们之间不存在任何竞争。对我来说，这是一场没有隔阂的完美婚姻。"

　　IBM曾经是苹果一个的重要竞争对手，也是对其最有威胁的对手，现在却成为了帮助苹果在新业务领域谋求新赢利点的伴旅，这是库克"利益至上"的外交策略的体现。同样，宿敌微软虽然和苹果的关系长期处于对抗和僵持，然而现在他们的关系似乎比任何时候都更要亲密。即使是和苹果纷争不断的三星，也并非是苹果的头号敌人，真正让苹果寝食难安的是谷歌。

　　库克认为，苹果最直接的竞争对手是谷歌，因为谷歌给三星提供了安卓系统而且将安卓系统做成了一条稳固的食物链。在这条食物链中，谷歌毫无疑问地位居顶端，然后借助顶端优势向其他公司推广硬件业务，而三星就是这条食物链中发展状态最好的一家公司。库克承认，他对谷歌以及其他IT巨头都是心怀尊重的，为此苹果和 Facebook 以及 Twitter 都建立了合作关系，这是因为苹果同时喜爱这两家企业。

库克对竞争对手的开放态度，显示了他顺应时代发展潮流的敏锐眼光，他崇尚竞争，但绝不推崇盲目竞争，只要是能为苹果所用，他可以有限度地退让原则。

2014 年 7 月，苹果正式宣布和 IBM 建立了合作伙伴关系，将业务重点放在了企业级移动市场上。强强联手，有利于将两家各自在市场上的优势充分发挥出来，比如 IBM 的大数据分析能力，可以充分引入到 iPhone 和 iPad 中，显然，库克希望通过这种合作方式改造企业级移动市场。

库克解释了苹果为什么长期没有强势进军企业领域的原因："真正的答案就是应用问题。我们一直缺少足够的非常深度垂直的应用，比如像航空公司飞行员做的那些应用，或者是像银行出纳员做的那些应用。"

现在，库克意识到市场的变化迫使苹果要给自己留有更广泛的生存空间，所以积极寻求办法来解决类似问题。库克认为，目前最合理的方法就是和在企业领域具有类似丰富经验的合作方展开合作。同时他也承认："IBM 在许多垂直服务方面拥有丰富的知识，他们还拥有强大的销售力量，因此 IBM 将能够给苹果公司提供足够的企业领域相关的知识和经验。"

目前，IBM 正在针对多种不同的垂直服务设计多种不同的应用，其中有银行、药物、航空等。作为合作伙伴，苹果将持续地为企业用户提供他们想要的产品。库克说到："我们拥有他们所需的东西，他们也拥有我们所需要的东西。对我自己而言，这将是一种非常完全的结合。"

2015 年 3 月 3 日，在巴塞罗那召开的世界移动通信大会上，苹果和 IBM 同时亮相，比肩携手地推出了基于 iPhone 和 iPad 终端的企业级应用，另外还率先揭晓了分别为航空、零售和金融行业设计的三款程序。IBM 公司表示，希望能够在和苹果正式建立合作关系的第一年里对外发布 100 个应用。

到目前为止，苹果和 IBM 合作发布的应用程序一共有 14 款，内容涵盖金融保险、银行财政、通讯服务、公共事业和能源管理等众多领域，而且每一款应用都有各自不同的功能和成就，苹果会根据企业客户的变化而制定新的产品策略。

库克之所以选择和 IBM 合作，是因为他看重了 IBM 是老牌的企业级服务提供商，而苹果是当今移动终端领域的领头羊。尽管如今的 IBM 已经不是当年那种气势逼人的龙头企业，不过将近百年的品牌积淀，绝非那些新生企业一朝一夕就能追赶上来的。

虽然 IBM 在最近几年表现平平，甚至有走低的趋势，然而它还是具备着吸引库克与之合作的魅力。从这个角度来看，两家合作就是一次英雄相惜：IBM 意欲重振雄风，进入自己并不擅长的移动领域，而苹果是想通过 IBM 在企业用户中的稳定地位和良好口碑，以其最擅长的应用服务 App 为切入点，诱惑那些企业用户购买苹果的硬件，所以苹果进军企业级市场的态度再鲜明不过了。

苹果和 IBM 合作的过程分为两个阶段。

第一阶段，合作正式确立，达成"排他性协议"。

2014 年 7 月 16 日，苹果和 IBM 共同宣布双方达成"排他性合作协议"，合作内容主要为"联合两家公司领先市场的力量，通过一种新类别的商务应用来改造企业移动市场"。

从文字阐述中可以发现，苹果和 IBM 的合作是要将 IBM 的大数据和分析能力引入苹果公司的 iPhone 和 iPad，也正是因为排他性，合作中 IBM 所涉及的业务都不可能出现在 Android 阵营的终端产品里。对此，IBM 的 CEO Ginni Rometty 表示，苹果和他们早在 2013 年的时候就互相摇动橄榄枝表示了合作的意向，当然双方就具体的合作事项进行了多次沟通和谈判，反复召开了多次沟通会议之后，集合了两家在营销、市场、开发、工程等方面的技术精英和管理人才，从重视程度可以看出苹果和 IBM 对即将到来的合作多么重视。外界也不难发现，一旦双方联手，那就意味着他们可以同时进入个人消费和企业用户市场，并超越互联网和移动互联网。

没过多久，瑞士银行在其发布的分析报告中提到，苹果在这次合作中明显占据了主动权，而 IBM 倒像是一个打酱油的角色。据称在和潜在客户见面时，IBM 的销售人员被要求只能使用苹果的 Mac 计算机，而不能使用其他品牌的电脑。甚至在向客户进行介绍时，也必须采用苹果的 Keynote 软件才行。

第二阶段，上线首批企业方案。

2014 年 12 月 11 日，苹果和 IBM 共同推出了第一批两家联合设计的名为"IBM MobileFirst for iOS"的 10 款企业管理与分析应用。通过这个设计产品不难发现，双方当时的具体模式是"打造企业版的 iOS"。简单来说，就是苹果负责提供优质硬件设备，IBM 提供强大的企业大数据和云服务解决方案，所谓的联合开发应用程序集成在企业的后端系统，就是让 IBM 把这些应用程序和企业系统相集成，而苹果肩负的任务是将应用介绍并推销给第三方。根据统计，这次上线的 10 款应用的第一批客户，其中有鼎鼎大名的花旗银行、美国电信运营商 Sprint、加拿大航空、墨西哥北方银行等业内著名公司。

现在回想一下，如果乔帮主还活着，苹果是笃定不能和他们的死对头 IBM 进行合作的，因为在历史上乔布斯曾经五次炮轰羞辱 IBM 公司，比如讽刺广告、竖中指、倒戈英特尔等等。所以不难看出，乔布斯时代的苹果，是一个典型的产品驱动公司，对产品的把控，对硬件的高度集成，对自有渠道的建立等方面都有自己的系统和原则，所以苹果是一个能够在封闭状态下存活的怪物，也能够将这种封闭性当成一种有效杀伤对手的武器。然而在乔布斯去世之后，苹果的这个风格就发生了变化。

2014 年 7 月，苹果财政报告显示，他们的利润有 70% 是来自 iPhone 的销售，虽然 iPhone 的增长率已经放缓，此外用户对 iPad 的产品需求也趋近饱和，很多用户即使再迷恋苹果也没必要连续购买那么多新出的同类产品，而这些事实摆在库克面前意味着：如果苹果继续在硬件领域创新，会造成一种单一的盈利模式，潜伏着巨大的危险性。

相比之下，苹果的死对头谷歌推出的 Android 系统，他们的大小厂商纷纷投入到开放的潮流中并积极开展数据共享 + 合作互利的战略模式。种种迹象表明，谷歌和它的小伙伴们正在大举蚕食苹果一度稳稳控制在手中的消费级市场。

以上事例充分说明，在没有乔布斯的苹果时代，库克如果只想着依靠苹果自身的能力去垄断研发用户产品的全过程，只能将苹果彻底拖垮，毕竟开放平台的聚合之力，恐怕早晚都会给苹果致命的打击。为了打动消费者的心去占据下一个新市场，库克认定苹果必须将企业级用户拿下，最终的选择就是跟 IBM 进行合作，为苹果寻找新的拓展重点。

在苹果和 IBM 的合作协议公布之后，库克接受 CNBC 的采访时说："IBM 与苹果是'没有竞争，完全互补'的两家企业。"现在，库克迈出了和乔布斯明显不同的步伐，他以一种开放与合作的心态拥抱了 IBM，至于这个尺度到底会有多大，强强联合能否持续下去，还存在着诸多变量。

13
时代潮流下的苹果

智能时代大洗牌

在 IT 领域，发烧友们对技术革新向来十分推崇，不过扩大到普通消费者群体中就有些难度了，毕竟实用性和个性很难兼得，因此任何一款产品都不可能让所有人都满意，一些出色的产品就是在市场化的浪潮下变成了让人们鄙视的产品。

库克曾经分析过一个案例，帮助他理解产品移植的风险性问题。

一款著名的电子书 ebook，在美国和日本一度畅销，然而在韩国却遭受冷遇，这让很多人感到费解。按理说，韩国拥有着世界一流的宽带普及率和网速，国民对电子读物和电子漫画也十分喜爱，然而在这样一个被看好的预估市场中，2009 年三星推出的 papyrus 却倒在了自己家里，在 2010 年就关闭了这项业务。

对于 papyrus 的失败，三星对外给出的借口是要腾出更多的注意力用在开发平板电脑上，不过这个理由实在禁不起推敲，因为 papyrus 和平板电脑没有直接冲突，后者反而会给前者提供良好的平台，而且如果 papyrus 真的赚钱为什么要中断？分析起来，papyrus 的失败主要有这样几个因素。

第一，电子书的推广将给整个出版业造成了震荡。如果电子书得到了普及，那么今后作者只要电子出版就足够了，而不再需要印刷厂，这样会触犯到一大批该行业从业者的切身利益。第二，由于出版社方面抵制电子书，这导致电子书的内容服务遭遇尴尬，所以读者不可能喜欢这样一个缺乏有价值读物支撑的应用。在这种两头都不讨好的环境下，三星自然没有理由去发展 papyrus 这款应用了。

这个真实的案例并没有让库克对三星的失败冷嘲热讽，相反他联想到了自家的 iPhone 在刚推出的时候，也曾经遭遇过类似的危机。当时有很多消费者不得不学会适应苹果带来的有关手机模式和软件的新定义，而这个过程确实也给消费者带来了负担。在当今这样一个强调简化操作的时代，让一个消费者拿起一款手机用几下就得看一眼说明书，的确是比较痛苦的事情，特别是面对全新的触屏按键系统，很多人都会产生自己捡到了外星人遗留的高科技产品的错觉。

尽管适应新鲜事物会有一个痛苦的过程，但是 iPhone 毕竟有它的独到之处，那就是其超越功能机的强大功能，也正是这种产品自身的吸引力，让很多消费者愿意克服陌生感去适应 iPhone，这就是跨越鸿沟的重要一步。

　　除了消费者之外，智能手机推广要超越的另一个鸿沟就是通信公司。因为智能手机最大的优势就是上网。尽管功能机也有上网功能，但巨额的上网费用不是随便一个消费者都愿意承受的。以韩国为例，在 2009 年上市和即将上市的智能手机一共有七款，其中拥有无线上网功能的只有四款，这是因为当时通信公司的要求很多，比如 Apple store 等增值软件，由于和通信公司关系不大所以会引起他们的反感，因此他们对上网价格十分便宜的智能手机始终秉持着敌视态度。

　　随着智能手机的逐渐普及，通信公司一家独大的地位也发生着变化，它们不得不向这个有力的竞争对手妥协退让，而那些长期受到行业龙头压制的二三线通信公司更是将智能手机当成了帮助其扩大市场份额的有力工具，所以它们积极地和智能手机厂商开展了业务合作。出于这个目的，美国、日本以及韩国排行第二的通信公司都和苹果进行了合作并取得了成功。比如美国的 AT&T、日本的 softbank、韩国的 KT 都通过和 iPhone 牵手提升了品牌知名度。

　　iPhone 就是通过打破行业壁垒，在乔布斯和库克努力下冲进了更多消费者的视野，并且引导了手机行业的新风尚和新潮流。

　　库克在推进苹果系列产品走向属于它的移动互联网时代之际，也将平板电脑这个新生产品推向了市场，iPad 的出现和热销让它成为了同类产品中当之无愧的王牌。

　　库克知道，在智能时代，能够引起消费者关注的不仅仅是 IT 产品，那些首位字母为"I"的同样引人注意，比如 iWatch、icar、ihouse 等新鲜事物，也能充分反映出消费者对苹果的迷恋。

显然，这就是苹果破坏性革新的威力发挥作用了。在此之后，诺基亚、谷歌、微软等公司也顺势发力研究其智能电子产品，却丧失了开疆扩土的最好时机。

苹果就是在这样一个得到了"先入许可证"的时代放开手脚发展智能产品的，而且乔布斯和库克都将这块市场提前耕作了一番，让日后推出的产品拥有了可以合理投放的生长土壤，也抢占好了制高点应对即将拉开的红海大战。

不管是在乔布斯时代还是库克时代，库克都致力于将苹果的最大产品优势转化为竞争优势，缔造出了两个旁人难以比拟的强项。第一个强项是苹果的敏锐战略眼光，虽然苹果不做业内第一，但是它在思想上和眼界上总是先行一步，做足了台下功夫，因此只要一有时机就能娴熟地展示它的技艺，智能手机也好，平板电脑也好，都成为了苹果实践它一系列奇思妙想的战场，而一块蛋糕一旦形成，只要认真维系就能保证定量的市场份额不会被别人夺走。

苹果的另一个强项是，它虽然不是崭露头角的第一人，却是做得最出色的那个，无论是哪一次业界震荡，最终走上颁奖台的都是苹果。比如提到智能手机人们就会想到 iPhone，提到智能播放器就会想到 iPod……这种品牌效应所带来的直接或间接的价值难以估量，而这种明星光环也给苹果披挂上了胜利者铠甲，一旦日后出现新的产品革新，人们首先想到的就是苹果，即使它不是第一个推陈出新的。

库克深知智能产品市场千变万化，随着它的进一步成熟，会有越来越多的竞争对手涌进来争抢这块蛋糕，因为越是成熟的市场，各种产业链就会越发达，生产营销所需的成本也会降低，这就意味着进入者的门槛也不会很高。相比之下，苹果在这块市场处于构建时期就进入，必然要投入了一些高昂的成本，但这恰恰也给苹果的品牌增添了无限魅力。

虽然智能手机依靠的软件，和配件看似毫无联系，然而软件想要模仿比硬件要容易很多，因此在 iPhone 火爆之后，全球范围内都冒出一大批的模仿者，它们根据苹果现有的状态进行改善，到了 2011 年时已经形成了一条完整的产业链和成熟的模仿机制，就连 iPad 也难以幸免。

目前，智能手机时代出现了一个有趣的新状况——公开市场上的参与者越来越少，一反在功能机时代，大家为了抢到一块蛋糕而参差不齐地挤在了一起。在智能机时代，实力逊色的小玩家发现这种方法越来越难以行得通了，因为整个行业渐渐被那些巨头们所把持。

以韩国智能手机市场为例，在功能机时代，排行第一的三星电子，第二是 LG 电子，第三是泛泰。不过在 2009 年 11 月 iPhone 进入韩国之后，整个市场中就剩下苹果和三星两家角逐了，其他的竞争者由于无法研发出具有竞争力的手机渐渐退出了历史舞台。

2009 年，SK 公司曾经在手机生产领域爆发出强劲的势头，可是到了 2011 年 9 月 14 日，他们也不得不从市场中抽身而出，这自然是和他们在智能机市场上的表现不无联系。SK 一度还要请明星来做推广代言，并且拉来了韩国最大的通信公司 SK 电信背后支持，然而在 2010 年它们的手机赤字竟然高达 200 亿韩元。

应当说，SK 在一个全新的智能机时代沿用了功能机的营销策略。在智能机时代，手机的自主性增强，通信公司的力量弱化，让 SK 公司的一切计划都变成了泡影，甚至连 SK 电信自己都表示："机子本身的确差强人意，虽然是兄弟公司的产品，但我也找不到向消费者强推的理由。"

LG 电子也是一样，从它的发展历史来看，在功能机时代它曾经是王者，然而它对时代潮流的变化总是存在着迟钝、慢半拍的状况，所以在智能机时代它也依然如此，不过这次的跟风却显得十分乏力。尽管 LG 推出了 optimus 这款主打机型，然而市场反响却很糟糕，特别是在其他智能机厂商的冲击面前几乎没有什么优势，在 2011 年 LG 的智能机账面上也是赤字一片，和排名第一的三星相比差距拉得更大了。

智能机时代引发的行业大洗牌，不仅在韩国悄悄发生着，也在整个世界范围内发生着，没有推出像样智能机的厂商如诺基亚、摩托罗拉之类，也都渐渐败下阵来，尽管他们今天还顽强地打出"王者回归"的旗号，却不能从根本上扭转颓势，而购买者多是带有一种怀旧情结，并非是冲着产品本身而来的，甚至连走商务路线的黑莓也显得疲软无力。

库克认为，智能机从表面上看只是一个微小的计算机，然而它背后隐藏的东西却十分玄妙，绝非一般厂商能轻易设计生产出来的。因此苹果的成功绝非偶然，也不是谁都能模仿得来的。

库克很清楚，对于苹果来说有两个重要的问题需要解决，一个是怎样管理，另一个就是出路在哪。毫无疑问，现在的苹果还处于一个稳定发展的阶段，不需要太多破坏性的革新，因此从某个角度来看，库克比乔布斯更适合出任当前的 CEO。

从 iPod 到 iPhone 再到 iPad，苹果耗费了六年的时间完成了这一系列明星产品的缔造，如果要进行新一轮的创新就需要更多的资金来支持，因为创意本身是需要花钱的，从目前苹果所维持的

30%的利润率和掌握的巨额资本来看，在未来的一段时间内它将会有更多的时间和精力去创造新一轮的改革，而库克存在的作用就是帮助苹果和谐地完成这个过渡阶段。

舌战避税，酷毙了

站在风口浪尖上，背靠着乔帮主的光环影响，库克经常会遭受一连串的尖锐质疑，然而每一次他都通过危机公关来扭转公众对他的认识，其中最典型的要数2013年的苹果避税风波了。

2013年，美国参议院下属委员会发表报告，提到了苹果身为跨国公司利用美国税法漏洞而合法避税。报告中宣称，苹果通过设立爱尔兰子公司和复杂的税务体系，在2011年规避了至少35亿美元联邦企业所得税，2012年避税至少90亿美元。当年5月22日，库克为了回应有关苹果设立爱尔兰子公司以避税数十亿元美元的指责，参与了一场听证会。

这是库克头顶苹果CEO光环首次自愿参加的参议院听证会，和库克一起出席的还有苹果CFO皮特·奥本海默和税务运营负责人飞利浦·布洛克。在听证会上，库克舌战多名参议员，让在座的参与者见识到了这位新CEO的实力。

与此同时，美国政客对苹果的税务问题进行了严密的审查，目的是为了平息社会大众对大型企业避税行为的不满。听证会开始后，美国共和党参议员约翰·麦凯恩对库克说："外界传言你是一个既聪明又强势的人，事实证明果然如此。"随着库克回答问题逐渐增多，麦凯恩被他的从容表现渐渐征服了，在听证会临近尾声时，麦凯恩还十分热情地询问库克有关苹果应用更新的问题。库克在听证会上的表现，让那些总是说他缺乏领袖魅力的人见识到了他的另一面，也让不少美国的参议员们领教了乔布斯式的说服力。

库克首先向在场的参与者们讲述了苹果一直以来就是一家创新公司，并为美国创造了大量就业机会，很快就将这场本来是要对苹果进行口诛笔伐的听证会变成了宣传苹果的舞台。库克呼吁美国的企业税率必须要降低，以此来鼓励苹果将存放在海外的1000亿美元转移回美国本土。库克解释说，爱尔兰的苹果子公司是他苦心创办的，因为在那企业的利润税率仅为2%，这是不得已而为之的策略，这种办法只是对美国税法缺陷的理性回击。

在问答环节中，一位参议员问了库克一个人哭笑不得的问题："我一直都非常忙碌，但为什么总得花时间去更新 iPhone 上面的软件？你就不能把这点处理好吗？"面对这样犀利且有些摸不着头脑的提问，库克微笑着作了解答：一直以来，苹果都在致力于怎样将产品做得更好。除此之外，他没有多说废话，因为对方显然是想趁着他滔滔不绝做辩解的时候找出更多的漏洞。

这位奇葩参议员的奇葩问题，只能是这次听证会上的一个缩影。尽管这次听证会是以盘问苹果避税事件为名，然而在场的参议员们却从各个角度向库克等人发起了攻势。身为苹果的 CEO，库克在会上也只能变成一名"受审者"，回答关于苹果产品的很多问题。据说，听证会上的很多参议员都拥有至少一款或者多款苹果产品，这也是他们向库克发出各种疑问的原因之一，因此从这个角度看，美国参议院将这次听证会转化成了苹果售后问答，不过因为多数参议员也算得上"果粉"，所以他们没有对库克提出太过分的问题。

　　在提到苹果避税的问题时，库克斩钉截铁地表示，苹果赚得的每一块钱都是纳过税的，他们无需依赖于税务漏洞。另外，库克还讲到，那家爱尔兰子公司并没有像外界想象的那样帮助苹果减轻税负，而苹果不想把海外利润汇回美国，是因为不想被联邦政府对海外利润征收 35% 税收——这种做法在很多跨国企业中十分常见。众所周知，苹果依靠 iPhone 的热卖，目前在海外积累的现金多达 1020 亿美元。

　　库克在听证会上也表明了苹果的立场，苹果向股东承担了尽可能减少纳税的义务，这是符合常理的不应该遭到指责，而且苹果为美国创造了 60 万个工作机会，是美国最大的纳税企业之一。此外，库克还很乐于公开苹果的故事，他慷慨激昂地说："不管我们在哪里，我们都是一家美国公司。"

　　在这次听证会上，库克以满满的自信来应对各种诘难和问责，强调了税制改革的重要性。库克深知当前这个阶段，正是监管者和政客紧盯科技企业一言一行的敏感时刻，从苹果电子书反垄断案到谷歌不断的数据保护官司。如果是喜怒无常的乔布斯处理这样的问题，真不知道他会作出何种反应。当然，库克对于参议员质疑苹果的批评声进行的有力回应，并不意味着他真的解决了苹果目前存在的实际问题：在没有乔布斯的时代，苹果还能创造出光彩夺目的产品吗？

　　库克曾经说过，乔布斯叮嘱过他，永远不要问"史蒂夫会怎么做？"事实上，库克的表现恰好证明了这一点。虽然库克推出的产品似乎没有乔帮主设计的那么"高大上"，但二者之间的差别反应的其实是一种资产而非缺陷。尽管大家都不得不承认，库克的魅力比乔布斯差了一些，然而他的个人能力是不应当被怀

库克：苹果的后乔布斯时代

疑的。

在这次听证会上，库克化劣势为优势，用五大沟通法则捍卫了苹果的企业形象，也展示了他不同于乔布斯的个人魅力。

第一，灵活地转移话题。

参议员约翰麦肯曾经问库克："你是否觉得被委员会欺压?"库克回答说："能参与其中，我感觉很好。我非常希望今年能通过税改法案。"这个聪明的回答，十分巧妙地把问题的注意点由苹果海外避税转移到整体税法改革。随后库克又回答说："苹果支持将企业税制简化，针对海外营收设定合理的税率，促使企业将资金移回美国。尽管苹果将因此支付更多税金，但依旧会给予支持。"

第二，不卑不亢的态度。

在听证会上，库克的说话语调自始至终地保持着温和而冷静，哪怕他在回答过于尖锐的问题时仍然不为所动，不会被激怒。参议员卡尔·莱文不断强调，苹果海外避税的行为是"将皇冠上的宝石（全球智财权的获利）转移至苹果控制的爱尔兰公司，然后不支付企业税……导致美国税收短缺。"

尽管这句话的针对性十分强烈，然而库克还是能够保持心平气和的态度倾听莱文的说词，不过他还是最终决定打断莱文的提问，从而表达出明确的个人立场。其中留给大家深刻印象的就是：无论议员的问题有多么刁钻苛刻，库克在回答之前都会先加上一句"谢谢你的问题"，或者是"这是很好的论点"，他的这种回答技巧表现出了对提问者的尊重，从而削弱对方的敌意，也避免因为言行不当而被对方抓住把柄。

第三，拥有主见。

库克在回答问题时，不会被对方的问题牵着鼻子走，而是能站在一个主观的叙事角度上来回答，比如当议员问及"和美国本土企业相较，苹果是否拥有不对等的优势"时，库克作出的回答是："我的看法和你不同。我们在美国以外地区的税率确实较低，但是针对在美国以外地区的销售所得……就我看来，并没有收入移转的问题。"

第四，用事实和数据来说话。

当听证会进入到起初的致词阶段时，库克提到，苹果每40美元的收入，便要支付1美元的税额给美国财政部。另外，库克还说在2012年苹果一共支付了60亿美元的企业税。这种回答让人们很难怀疑苹果真的偷税漏税，增强了对苹果的好感度。

第五，采用自信的肢体语言。

在整个听证会上，库克始终保持笔直的坐姿，身体微微前倾，双手轻松自然低放在胸前或者桌子上，他说话的口吻不会让人感到有所迟疑或态度闪躲，展示出了一种良好的自信和必要的气势。

众所周知，美国的税制是比较复杂的，为了尽可能地增加利润空间，任何一种避税策略都不应当被看成是"十恶不赦"。库克为了消除外界对苹果的负面认识，竭尽所能地在听证会上扭转了苹果和他自己的劣势，赢得了社会公众的理解，也极大地维护并提升了苹果的企业形象。

避税背后

苹果的避税背后，到底有多少人参与其中？他们又是如何运作的呢？

根据一家名为 Guardian. co. uk 的英国网站报道：爱尔兰有一个行踪神秘的女人名叫凯茜·科尔尼，她看起来普通平常，实际却是库克的重要助手，她帮助苹果拯救了数以亿计的利润。

科尔尼是一个家庭美满幸福的会计师，她和丈夫及孩子一起生活了 49 年，住在一个很大的农舍，科尔尼在工作之余会去教堂，过着循规蹈矩的生活。Guardian. co. uk 网站指出："科尔尼是硅谷电脑巨头的顶级爱尔兰中尉，监督了由库克领导的苹果运营团队的爆炸性成功。"根据分析，科尔尼主要帮助苹果处理 iPad、iPhone 和 MacBooks 在欧洲、中东和非洲的销售。仅仅在 2011 年，就有至少 220 亿美金的利润来自科尔尼所在的公司，这可是苹果当年利润的三分之二，难怪库克说，苹果这种国际性的成功是前所未有的。

几年前，科尔尼曾被爱尔兰独立组织评价为"当地 20 位最有影响力的女性之一"。这个组织认为，苹果的成功很大程度要归功科尔尼的"精明方向"，因为科尔尼是一个深居简出的人，经常行踪不定，而且她始终拒绝提供任何有关她的简历和照片。

科尔尼曾经提到她接受过美国参议院官员的一次私访，那时候正是参议院积极调查苹果在爱尔兰逃税的问题，所以千方百计搜查各种不利于苹果的运营业务信息，参议院甚至怀疑：苹果搞的这项业务具有侵略性，尽管爱尔兰以帮助世界各地尤其是美国企业转移经营利润著称。

在参议院调查苹果避税问题时，工作人员研读文件时发现了一个熟悉的名字——库克，此外科尔尼的名字也出现了不止一次。紧接着，参议院发现了位于爱尔兰科克地区、由苹果公司拥有的苹果运营国际，而科尔尼是 AOI 唯一的董事。

根据 Guardian. co. uk 调查所称：科尔尼的职责包括参加董事会。然而美国参议院工作人员却发现，科尔尼在过去的七年间只参加了 33 次董事会中的 7 次，而且只有一次是亲自前往，剩下的都是电话参与。而且，四年内苹果差不多有 300 亿美金的利润流向 AOI。然而这家公司根本没有实体存在也没有雇佣任何员工，最后美国参议院调查小组委员会打趣地说：AOI 可以冠名为"iCompanies"（虚拟的）。

1997 年，科尔尼的官方职位是财务总监，目前她的职位是另一个科克公司——苹果经销国际，主要是负责欧洲运营业务的副总裁。当然，科尔尼最引人注意的身份是身为 AOI 和苹果其他附属公司的董事。这些复杂独特的身份，让科尔尼能够按照爱尔兰法律安全注册并能雇佣一些人员。让美国参议院调查人员引起注意的是：至少有三个类似 AOI 的公司，它们在全世界都不需要承担任何税务。

尽管有了这么一点证据，但是参议院也无法认定科尔尼到底是否在管理或控制这些公司，毕竟大部分市场方面的决定都来自苹果总部。

自从苹果被指责为逃税之后，媒体一直关注着库克，不过人们对苹果的行为表示理解，毕竟沉重的税负是任何一个企业都难以承受的，只是和很多企业相比，苹果的避税手段更加高明。库克用了四年的时间，将 300 亿美金的利润送进了一个远在爱尔兰的子公司中，达到了避税的目的。

根据爱尔兰的政策，谁实际控制公司谁就需要缴税，而跨境企业的子公司根本不需要向爱尔兰当地缴税，而美国的税法政策是，只有公司地址在美国的企业才应当缴税。换个角度看，苹果的这部分利润在爱尔兰和美国都没有交税，和其他企业相比这几乎是免税制，因为它们的做法是选择一个税率低的地方，可见库克的高明和老道。

在听证会上，库克不仅游刃有余地和参议员们舌战，而且还向国会提出了三点建议：首先，苹果没有和爱尔兰政府签署任何协议；其次，苹果纳税在美国比谁都多；最后，美国税法漏洞很多，而且资料冗长繁杂，让人厌烦。库克表示："我们将这件事视为一次机会而不是曝光，因为它可以帮助人们理解真正的问题所在。"其实在美国，很多公司的 CEO 都难免会被叫到国会里就一些问题进行调查，不过他们通常会否认不当行为或者推脱个人责任，比如企业太过庞大参与者是属下等等，还有人会采取"第五修正案"，即规定政府不能强迫个人去说一些伤害自己的话，表示他们有权不因为公司的事情而连累自己。

库克十分清楚美国人已经不能容许上述反应的出现，因此他敢于直面问题并试图提出新的解决方案，打破了传统规则。一位苹果供应链研究专家 Andy 评论说："美国一些怀疑论者可能会认为苹果是在做公关，因为他们知道现实层面政府永远不会在税收政策领域做出改变。但我对此持开放态度，如果一个像苹果这样高姿态的公司愿意提出方案，我们应该认真观察和对待。"

2014 年 5 月 30 日，硅谷一位德国创业者在接受记者采访时说："我很肯定苹果行为完全合法……我最近为我的公司咨询了三个不同专家，准备把公司重组为一家开曼群岛的公司。如果一个公司有国际业务，这样避税是做生意的绝佳方式。"

事实上，有很多人都给苹果的高超避税手段点赞，有专家指出：在供应链环节，人们能够将中间机构放在第三个国家，这样就能把利润拆成两个部分，一个是中间机构而另一个是零售商，这样一来，中介在渠道销售上就能产生很大利润，而这个利润就是爱尔兰产生的利润。当然，这个中间机构应该满足一定的要求，而不能是一个空架子。首先，它应当是独立的，其次，它可以独立设置交易价格，严格遵循"公平交易原则"。

除了认同苹果的避税做法，还有一种批评的声音：苹果在爱尔兰避税得以最大程度地少缴税，也就少了投资教育，从而导致美国缺乏工程师。不过，库克并不承认他们对此负有责任，他认为真正的解决办法是让美国政府开放更多绿卡给外国人。

库克向华盛顿研究所提出过这样一条建议：一个最高的企业营业税应在 25% 左右，这对那些来自硅谷的企业特别具有吸引力。不过人们认为这条建议被国会通过的可能性极低，除非它会搭配着其他一些消除漏洞和税收减免。目前最引人注意的是，美国总统奥巴马正在努力将企业税收降低到 28% 同时关闭几十个法律漏洞，能否做到这一步尚未可知，那么库克的 25% 的建议就太过遥远了。

库克强调："随着我们建议的推出，苹果在税收方面并不会少支出，而实际上可能是多付出一些……但我们认为这是值得的，因为这将是能够将资产从其他市场撤回，在美国重新投资，而无需纳税这些资金。"

发展在瓶颈时代

如今，库克带着苹果已经实现了公司历史上最好的业绩，那么在下一站，苹果将何去何从呢？库克比任何人都清楚，他所面临的挑战要比乔布斯时代更大。因为苹果无论是在技术、营收、利润亦或是公众认知度及好评度等方面，都保持着领先优势，而这种领先恰恰让人们认为库克再想拔得更高就充满了难度，换句话说，当苹果达到顶峰时，等待它的会是另一个极端吗？

有专业人士认为，苹果的这种衰落完全有可能，并将库克当前遭遇的情况称为"创新者红利"。这个概念的解释是，库克能够从创新中获得更高的利润，哪怕有一些动作迅速的追赶者在性能上和苹果并驾齐驱，但是因为苹果先行一步或者名气更大，所以市场和消费者会继续认同苹果的创新形象，也会容忍其品牌溢价的存在。不过，这种红利肯定不会一直被发放下去，它通常会在出现的第8年进入生命中期时，这就意味着如果苹果不能继续进行一些吸引人眼球的创新，那么它将失去为自身产品获得溢价的能力。

2015年第一财季，苹果取得了傲人的业绩，因此大家都将艳羡和赞美的目光投向了苹果并关注它在下一个阶段采取何种措施，当然也有人为此思考：这究竟是苹果的昙花一现还是更伟大乐章的开篇？关于种种猜测，答案也有很多：苹果可能继续保持着增长记录，也可能业绩下滑，更可能保持不变。只是最后一种情况会让人觉得意外，因为它代表的往往是企业发展历程中某个阶段的分水岭，另外两种可能所带来的震撼是不相伯仲的。

正是基于这种微妙的猜测，一些专业人士认定苹果陷入到了"创新者困境"当中，而具体的症状很可能在2015年或者2016年就充分暴露出来。尽管人们对库克时代的苹果创新程度不高保持认同状态，但不可否认的是，库克将苹果的另一个强项挖掘了出来：对一种前卫设计不断进行完善，比如iPhone，或者是不断进行产品迭代，直至让它变得充满魅力，其实苹果所依靠的不是某个在一夜之间走俏的热销产品，而是整个产品链条的漫长成长过程，这个过程让苹果扬名立万，也让苹果真正走向成熟。

当苹果进入到 2015 年第二财季之际，它在 iPhone 手机方面具备了两大优势：一个是在中国市场份额的不断扩大，会让 iPhone 系列销量继续增长，而苹果也将继续开疆扩土占领更大的市场份额，另一个是自从 iPhone 6 Plus 的生产和组件供应线趋于稳定，会让该产品越来越成熟，也越来越具备市场竞争力，从而提升每一部手机的净利润，有利于苹果的财务表现，也有利于苹果的品牌建设，当然也能平衡 iPad Air 和 iPad mini 平板电脑销量下滑的负面数据。

库克为苹果挖掘的强项是，不断增强外界对苹果产品的信心和销量。库克深知广大用户需要购买"自己满意的智能手机"，所以他会向消费者灌输这样的理念：大家都准备购买这款手机，因为它拥有众多可用的应用程序，还能搭载大量的新款软件和高端的硬件支持……这就是苹果，这种营销策略有助于提升用户对苹果产品的信心。

随着苹果业务的成长，另有一种观点新鲜出炉：苹果可能会出现产品销量下滑的情况。这个观点的诞生，恐怕是和果粉对大屏 iPhone 手机压抑已久的需求有关，现在这些人已经购买了新款的 iPhone，那么当苹果再度推出同类产品的话，可能购买的人会大大减少。不过这个观点有些牵强，因为没有任何数据或合理的逻辑能支持它。比如过去苹果发售的 iPhone 5s、5Ss 和 5Cs 究竟是卖给了谁呢？这些用户显然不会因为已经购买了苹果手机就在几年里断了购买新品的念头。

如果苹果会走下坡路的话，最有可能导致这个事情发生的就是消费者丧失了对它的信心。众所周知，iPad Pro 和新款笔记本电脑 Macbook air 在 2015 年的第二财季进入市场，假设这两款新产品的销量欠佳，那么的确会影响到苹果的品牌吸引力，而舆论接受度偏低的 Apple Watch 也可能会变成损害苹果品牌形象的产品之一。

当然，让这么多负面因素在同一个季度爆发出来，其概率实在是很低。由于手机合约的到期以及产品的更新换代，这些负面因素的影响很难超过一年以上，所以即便不幸被言中，也很难对苹果造成实质性的致命打击。我们只能说，苹果可能因为自身的麻痹大意，而让这些负面因素在 2015 年的下一季度生根发芽。

很多业内人士还是相信，苹果能够继续保持着上升的轨道，虽然在 2015 年的第二财季业绩很难超过第一财季，但其发展趋势是稳健上行，哪怕第二财季的业绩平平，却不能阻挡它成为苹果"有史以来最出色的第二财季"这个事实。如果苹果会突然丧失其优势，显然这个观念是充满恶意的，无论是事实还是理论依据都不够充足，苹果的发展势头依旧强劲。更重要的是，苹果目前没有什么对它来说非常可怕的竞争对手，因为大多数的安卓制造商都在微薄的利润线上垂死挣扎，它们期待着能通过匆忙上线的芯片组和性能不佳的硬件赢得业绩。

现在安卓市场的情况是：索尼已经让出了产品高地，努力以中端价格出售更高规格的手机，不过结果却不容乐观——索尼近期裁员并营收下滑；小米的 M4 上市半年多，依靠的是薄利多销的策略；三星的 Galaxy S6 上市较晚，很难和苹果的 iPhone 6 和 plus 相抗衡。所以从这个角度来看，库克应该正是志得意满之际，他所统帅的苹果此时销量居高不下，增长动力十足，人们都在使用苹果的产品，媒体都在讨论有关苹果的话题，苹果从产品到营销再到广告等诸多环节和组成部分，都已经进入到了一个良性的循环中。如果非要说苹果会彻底失败，那么唯一能击败它的，恐怕只能是它的自大。

2015 年，由百度百家组织的科技论坛"THE BIG TALK"在美国计算机博物馆召开，苹果的联合创始人史蒂夫·沃兹尼亚克在会上表示："乔布斯去世之后，很多人都在质疑，苹果公司是不是丢失了自己的创新能力？我不同意这种说法。苹果一直在创新，iPhone 曾经创造了智能手机的时代，但那种级别的创新不可能每年都有。就像无人驾驶汽车，你不能希望每年都有颠覆性的技术创新出现。任何技术都有自身的瓶颈期，需要慢慢积淀，到合适的时机才能完成跳跃。"

在沃兹看来，外界应当再等几年去评价库克现在所做的一切，对此他给出的理由是："甲骨文创始人拉里艾利森说没有乔布斯的苹果已经不行了，但你要明白，其他人和乔布斯不一样，但他们也可以让苹果变得更好。你不能预测未来。"沃兹表示自己喜欢有创新能力的公司。他也认为想要让一家企业始终保持在"很酷"的状态的确很难。一个人可以做出一个很出色的产品，但不"酷"的话用户会立即察觉到。

当然，人们或许能够感觉到，苹果现在的处境是陷入到了一种创新的瓶颈中，时而抑郁，时而无奈。每当人们在提及苹果的硬件产品时，说的最多的词汇就是"创新"。因为在乔布斯时代，这个被咬了一口的苹果留下的最深刻的烙印就是"创新"。因此人们不得不怀疑，在库克时代，苹果的产品正在变得平庸吗？

如果从理性的角度思考，目前整个消费电子产品市场都缺乏着创新，这是因为智能终端经历了几年的发展，在硬件上想要作出颠覆性的突破是非常困难的。而现在库克的做法是，带着苹果推出屏幕更大、更轻薄的产品来顺应时代和市场的发展趋势。尽管这种突破谈不上真正意义的创新，但毕竟是库克在一个既有市场力求挖掘出更深潜力的表现。受制于时代，很多天才都会有束手无措的时刻。

从苹果目前的产品布局来看，库克正在打造一种闭环的智能生活圈。我们可以看到，苹果的新产品已经涉及到了智能家居、车载、健康医疗、可穿戴设备以及移动支付等多个领域。

在移动医疗领域，苹果推出了 HealthKit，自家的智能产品如 iPhone、iPad 和 Apple Watch 都能将这个平台上收集的数据进行整合。显然，库克正努力打造一个健康数据中心去打动用户。

在移动支付领域，苹果最近推出的 Apple Pay 巧妙结合了 NFC 和指纹识别技术，让用户的移动支付生活更加简便和快捷，极大地提高了用户体验，也在导引着未来移动支付市场的发展方向。与此同时，随着 iOS 系统的不断改造和演进，苹果的软硬件会进一步融合，在智能生活领域的布局也会逐步深入。显然，苹果的产品正在走向互通互联，最终形成一种"多设备协同工作"的理想状态。

在库克时代，苹果仍然具备狼一样的斗志和野心，或许是因为时代发展的脚步和过去有所不同，消费者们很难被从未体验过的巨大惊喜所震撼，但人们还是看到了苹果带给世界的种种奇迹。社会在发展，苹果也在成长，而库克也在乔布斯创新精神的指引下，行走在属于他的不朽时代。